KB079294

감정 상했어요?

감정 상했어요?

인간감정 VS 인공감정

양선이 지음

좋은땅

책머리에

우리는 서사(삶의 역사)를 가지고 있다. 우리는 발단, 전개, 결말로 이어지는 삶의 역사를 만들어 간다. 이 서사는 이야기로 구성되어 있고 이야기하는 자와 이야기를 듣는 자의 '공감'을 통해 전개되어 간다. 이야기하는 자가 마음을 다하여, 자신의 '감정'을 넣어서 이야기를 들려줄 때, 이야기를 듣는 자는 '감동'받는다. 이 '감정', '감동'을 통해 대인관계는 끈끈해지고 지속적일 수 있다. 대인관계로 맺어지는 사회생활에서 '감정'은 필수적이며, 자신에게 주어진 환경에서 자신을 보호하기 위해서도 '감정'은 필수적이고 소중하다. 그런데 우리는 이렇게 소중한 감정이 매일매일 상처받고 상하는 환경에 노출되어 있다. "기분 나쁘게 듣지 마시고요⋯." 이 말에 더 감정이 상하기도 한다. 이것은 이성적으로는 기분 나쁘지 않고자 했지만 감정은 그렇게 쉽게 통제되는 것이 아니라는 것임을 보여 주는 사례이다. 분노는 올바른 이성적 판단을 위해서 억제해야 한다고들 한다. 하지만 분노할 줄 몰랐던 인류가 현재의 최상위 포식자의 위치에 오를 수 있었을까? 이민족의 침략과 부당한 대접에 분노할 줄 몰랐던 민족은 역사에서 자취를 감추었다. 권리 침해에 분노하지 않는 시민들이 우리가 현재 누리는 수준의 자유와 평등을 지켜 낼 수 있었을까?

이 책은 진화론자와 사회구성주의자들 간의 화의 근원에 대한 논쟁을 소개한다. 이러한 논쟁을 통해 우리는 분노, 즉 화는 인류가 진화하는 과정에서 자연선택된 것이며 문명을 이룩하고 사회를 구성하는 과정에서 필수적 요소였음을 알 수 있다.

 이 책은 우리의 소중한 감정을 어떻게 하면 보호하고 잘 다스려 행복감을 느낄 수 있을까 하는 고민에서 쓰였다. 그러나 구체적인 처방을 제시하고자 하는 것은 아니다. 철학자로서 필자는 '감정의 본성'을 파헤치고 이를 분석하여 보여 주고자 한다. 이 책을 읽고 감정의 본성을 알게 되면, 우리가 '분노'하게 될 때 나의 이 분노는 적절하다, 즉 분노할 만하다 또는 부적절하다는 것을 깨닫게 될 것이다. 그러고 나서, 행복하기 위해서 내 감정이 어때야 하는지에 대해 한 번쯤 고민해 볼 수 있을 것이다. 이런 이유에서 이 책은 1-2장 '분노'에서 출발하여, 3장 감정의 본성, 4-5장 연민과 공감, 6장 사랑을 논한다. 그리고 7-9장 인공지능 시대에 인간의 감정을 학습한 인공지능이 과연 감정을 가질 수 있을까? 만일 갖게 된다면 어떤 일이 일어날까? 감정을 가진 인공지능과 사랑과 공감이 가능할까 하는 문제를 다룬다. 인류의 미래를 위협하는 것 중에서 가장 치명적인 것은 인간의 감정을 재현하고 뛰어난 공감 능력으로 타인의 감정을 상하게 하지 않는 '인공감정'의 출현일 것이다. 인간의 외형을 완벽하게 닮고 로봇과 결합된 인공감정을 가진 존재의 출현은 인간 사회에 괴멸적 결과를 가져올 것이다. 이러한 인공지능이 감정의 통제가 필요한 일에서 인간을 대체하게 되면 인간은 서로에게 상처를 주는 인간끼리의 관계를 피하게 될 것이다. 그렇게 되면 치열한 감정 단련의 기회를 잃어버린 인간의 감정은 퇴행을 겪게 될 것이다. 인간관계와 사회구성의 근본이 되는 감정 소통과 공감 능력의 상실은 공동체의 붕괴를 야기할 것이다. 이는 초지능이 등장하여 인간이 이해할 수 없는 방식으로 세상을 지배할지도 모른다는 가설

보다 훨씬 실현가능하다. 이 책은 인공감정의 출현에 대비하면서도 인간의 자연적 감정을 잘 다스려 행복에 이를 수 있는 비결을 제시한다. 그래서 마지막 장에서는 '감정과 인간의 행복'을 다룬다.

인공지능 시대에 딱 필요한 철학

필자는 흄의 철학을 많이 소개하였다. 왜 우리는 흄을 알아야 할까? 이 시대의 지도자들은 왜 흄의 철학을 공부해야 할까? 우리는 현재 제4차 산업혁명의 등장과 함께 로봇과 인공지능이 인간의 전통적인 일자리를 대체할 것이라는 우려 속에 살고 있다. 이에 대비하려면 4차 산업혁명의 기술을 활용할 수 있는 창의적인 인재를 길러야 한다. 지식 그 자체보다도 지식의 종합능력, 활용능력 및 기반으로서 상상력과 창의성, 인문적 소양 등을 학습할 필요가 있다. 이러한 맥락에서 우리는 '상상력'과 '감수성'을 강조한 흄의 철학을 살펴볼 필요가 있다.

오늘날을 살아가는 현대인들에게 흄의 철학이 제공하는 통찰력은 무엇일까? 오늘날 많은 사람들은 이성은 보편타당한 원리를 찾아낼 수 있고, 옳고 그름을 판가름할 수 있는 능력이라고 주장한다. 그래서 이성을 따르는 것이 합리적이고 조화롭고 질서 있는 사회를 유지하는 데 도움이 된다고 생각한다. 그러나 이러한 사고방식은 창의적인 사고를 하는 데 방해가 될 수 있다. 여기서 창의적 사고를 한다는 것은 틀을 깬다는 것인데, 만약 이성에 의해 보편타당한, 누구나 다 동일하게 도달할 수 있는 결론이 이미 있다면, 정작 새로운 것이 나올 수 있을까? 흄은 아니라고 주장했다.

현대는 어느 때보다 상상력이 필요한 시대이다. 나아가 앞으로 더욱더 필요할 것이다. 4차 산업혁명 시대에 살아남을 수 있는 길은 상상력을 키우는 것이다. 기존의 것들이 이미 포화된 사회에서 우리는 상상력을 통해 끝없이 숨겨진 가치를 찾아냄으로써 새로운 비전을 제시할 수 있다. 그러나 이때 우리는 흄의 교훈을 잊어서는 안된다. 상상력은 어디까지나 경험에 바탕을 두고 작동해야 한다는 점을 말이다. 그렇지 않으면 상상은 허구적 관념을 만들어 낼 수 있다.

흄은 상상력은 공감을 할 때 필수적 요소라고 주장했다. 타인의 고통에 내가 공감을 하려면 내가 최대한 나의 상상력을 동원해서 그 사람이 겪고 있는 고통과 유사한 나의 경험을 떠올려 봄으로써 그 사람의 현재 상태에 더욱 잘 공감할 수 있다고 그는 말한다. 따라서 상상력은 타인의 고통에 공감하게 만드는 원동력으로서 이를 통해 우리는 '함께'할 수 있고 '우리'라는 관념을 형성할 수 있다. 이것은 오늘날 우리 사회에 꼭 필요한 것이 아닌가 생각된다.

결국, 흄은 우리의 삶을 변화시키고 개선시키는 데 있어서 이성보다는 우리의 본성에 주어진 자연적 원리에 따라 **상상**하고 **공감**하는 것이 더 중요하다고 보았다. 그리고 새로운 것에 대한 **호기심**, 앎에 대한 **열정** 그리고 **도전과 야망** 그러한 것이 우리의 삶을 변화시키고 발전시킬 수 있으며 이러한 감정들의 원동력이 **상상력**이라는 것을 강조하였다.

필자는 독자의 편의를 위해 먼저 이 책의 각 장의 내용을 간략히 소개한다.

1장
우리는 왜 분노하는가?
이 책은 인간의 감정 중 가장 원초적이고 기본적인 '분노'로부터 출발한다. 1장에서 우리는 분노는 사회생활 속에서 맺게 되는 관계의 격차(계급, 신분, 성, 인종, 부 등)에서 파생되는 사회적이고 심리적인 복합적 감정이라고 정의 내린다. 즉 분노는 사회적 관계에서 생기는 감정이기도 하지만, 원초적인 감정이기도 하다. 1장에서 필자는 분노란 인류가 진화를 통해 보편적으로 갖게 된 기본 감정 중의 하나이지만 다른 어떤 감정보다 더욱 도덕적으로 발전될 수 있는 씨앗이 되는 감정이라는 사실을 밝힌다.

인간은 사회적 관계를 맺는 과정에서 무시당하거나 부정의를 경험하게 될 때, 인정을 받기 위한 투쟁을 하게 되는데, 이를 촉발하는 심리적 계기가 바로 '분노'이다. '분노' 감정을 논하기 위해 필자는 특별히 18세기 영국 철학자 데이비드 흄의 철학에 주목한다. 왜냐하면, 그는 사회 불평등, 부정의에 관해 인간 본성에 있는 감정을 통해 접근했기 때문이다. 흄은 도덕감정론을 통해 사회 속에서 개인들이 자부심을 느끼는 데 있어 불평등한 현실을 지적하고 평등으로 이끌 수 있는 그림을 제시했다. 그와 같은 그림에 따르면, 우리는 자연적으로 타고난 덕으로서 공감(연민, 동정)을 통해 불평등, 부정의를 인식하게 되고, 다른 하나는 사회구성원들의 합의를 통해 만들어진 인위적인 덕인 정의(justice)라는 덕목을 통해 정의가 무엇인지를 깨닫게 된다. 따라서 우리는 공감과 도덕감정을 통해 사회정의를 바라보는 흄의 관점에 주목할 필요가 있다.

'공감'의 역할과 발생 기제 그리고 도덕감정의 역할에 대해서는 이 책의 4장과 5장에서 자세히 다룬다. 그 전에 2장과 3장에서는 분노의 본성과 발생 기제에 관해 현대적 관점에서 살펴본다. 구체적으로 2장에서는 진화심리학적 그리고 사회구성주의 관점으로부터 접근한다. 3장에서는 이러한 접근을 토대로 감정이란 무엇이며 인간의 행동과 어떻게 연결되는

지에 대해 살펴본다.

2장
분노
: 진화의 산물인가? 사회구성의 산물인가?

2장에서 필자는 감정이 인간의 삶에 어떤 역할을 하는가에 대하여 생물학적 관점에서 접근하는 다윈주의 진화심리학과 사회문화적 관점에서 접근하는 사회구성주의의 입장을 비교 분석한다. 이를 통해 각각의 이론의 난점을 밝히고 이 둘이 화해할 수 있는 하나의 입장을 제시하고자 한다. 즉 진화심리학자들은 문화의 공헌과 학습을 경시한다. 즉 그들은 감정이 어떻게 발생하는가를 설명하는 데 결함 있는 이론이라 할 수 있다. 한편 사회구성주의자들은 신체적인 반응의 중요성을 무시하고 인지적인 것을 지나치게 강조한다. 그들은 감정의 본성이 무엇인가에 대한 결함 있는 이론이라 볼 수 있다. 결론적으로 말하자면, 감정은 생물학적으로 결정된 프로그램도 아니며, 인지적으로 매개된 규약적인 것도 아니다. 필자는 이러한 성찰을 토대로 3장에서 이 두 입장을 화해할 수 있는 절충적 입장을 제시한다.

3장
감정이란 무엇인가?

3장에서 필자는 다양한 감정이론을 소개하고 각각의 이론의 문제점을 지적한 후, 필자의 입장을 밝힌다. 필자의 입장에 따르면, 감정은 환경과 유기체가 상호작용하는 과정에서 '만들어지는 것'이다. 이때 '환경'은 자연

세계뿐만 아니라 생활세계 혹은 사회적 환경을 모두 포괄한다. 필자는 감정을 인지적인 것으로 보는 입장에 반대한다. 필자는 감정을 순전히 인지적인 것으로 보면서 인지를 신체의 나머지 부분에서 분리된 두뇌와, 환경에 독립적인 두뇌에서만 일어나는 것으로 보는 입장을 거부한다. 필자의 입장에 따르면 감정은 두뇌와 그리고 시간이 지남에 따라 역동적으로 전개되는 신체와 환경의 인과적 상호작용에서 생기는 것이다. 이러한 입장을 정당화하기 위해 필자는 인간과 자연환경과 상호작용 과정에서 일어나는 감정과 행위, 그리고 사회환경과 상호작용 과정에서 일어나는 감정과 행동의 상관관계에 대해 살펴본다. 그리고 이러한 관계를 잘 보여 주는 다양한 감정을 소개한다. 공포, 분노, 기쁨, 슬픔, 공포증(포비아), 우울증, 양가감정 등을 통해 감정은 환경과 상호작용하는 과정에서 행동으로 표출되는 것이라는 점을 보인다. 나아가 필자는 감정과 관련하여 '규범성'의 문제를 제기한다. 즉 감정이 행동으로 이어지는 데 있어 중요하다면 그것의 '적절성'의 문제 그리고 더 나아가 그것이 어떻게 도덕적일 수 있는지 하는 문제를 제기한다.

4장
도덕적이기 위해 왜 공감이 필요한가?

감정이 행위로 이어지는 것이 3장의 주제였다면 4장에서는 어떻게 공감이 행위로 이어질 수 있는지를 살펴본다. 4장에서는 '공감'이 어떻게 '도덕적' 행위로 이끌 수 있는지를 검토한다. 이를 위해 연민과 도덕(관습)이 충돌하는 하나의 사례로서 마크 트웨인의 소설 『허클베리 핀의 모험』 16장에서 일어나고 있는 에피소드를 통해 접근해 본다.

노예상태에서 도망쳐 온 그의 친구 짐을 도운 후에 허클베리 핀은 그를 되돌려주기로 결심한다. 그러나 그가 짐을 돌려줄 기회가 왔을 때, 허클베리 핀은 스스로가 그 반대로 행동하는 것이 옳다는 것을 깨닫는다. 그래서 짐을 노예 사냥꾼에게 돌려주는 대신 그의 친구 짐을 보호하기 위해 거짓말을 하게 된다. 헉은 짐에 대한 연민 때문에 이러한 행동을 하게 된다. 설령 그가 그의 감정을 정당화하지 못하고 그의 의지 나약함에 대해 그 스스로를 비판할지라도 그는 연민 때문에 그렇게 행동할 수밖에 없었던 것이다. 허클베리 핀이 그 당시의 도덕(노예는 소유물이다. 타인의 소유물은 돌려주어야 한다)을 포기하고 연민을 따른 이유는 헉의 사회에서 용인하는 도덕은 편협하고 잔인한 반면, 헉의 '연민'은 관대하고 친절하기 때문이다.

혹자는 '연민'이 작동하지 않을 때 우리의 나쁜 행동을 막아 주는 그런 도덕원칙은 칸트의 정언명법과 같은 절대적 도덕원칙이어야 한다고 말할지도 모른다. 그러나 필자는 '연민'과 '공감'이 제대로 작동하여 도덕적일 수 있도록 도덕감정을 교육하는 것이 중요하다고 생각하기에 4장에서는 이와 같은 주장을 뒷받침할 수 있는 아담 스미스의 공감이론과 흄의 공감이론을 살펴본다.

5장
왜 이성이 감정의 노예이어야 하는가?
: 우리를 도덕적으로 행동하도록 이끄는 것은 이성이 아니라 감정이다

이 장에서 필자는 우리를 도덕적으로 행동하도록 이끄는 것은 이성이 아니라 감정이라는 것을 주장하는 철학과 이를 지지하는 뇌인지과학적 근거를 소개한다. 이를 위해 도덕판단에 있어 칸트와 같은 이성주의 모델을 거부하고, 4장에서 살펴본 영국 철학자 흄의 정서주의 모델을 옹호한다. 나아가 흄의 입장을 지지하는 현대 뇌인지 심리학자 조너던 하이트의 입장을 소개한다. 하이트에 따르면, 도덕판단은 이성을 통해 생기는 것이 아니라 직관(감)에 의해 먼저 판단된다. 즉 우리는 살아가면서 도덕적 문제에 직면했을 때 '즉각적'으로 판단하고 행동하는 경우가 많으며 도덕적 추론은 이후에 직관적 판단을 합리화할 때 사용된다는 것이다. 하이트에 따르면 우리의 도덕적 직관과 동기는 진화를 통해 인간의 마음이 발달해 오면서 준비한 몇몇 직관에서 유래했다. 또한 도덕판단은 신속하고도 자동적인 직관의 산물로, 이를 바탕으로 상대적으로 느리고, 의식적인 도덕적 추론을 하게 된다고 그는 주장한다.

이러한 하이트의 주장의 철학적 근거를 따져 보기 위해 이후 필자는 "이성이 감정의 노예이어야 한다."라는 흄의 논변을 살펴본다. 흄에 따르면 우리가 행동으로 나갈 때 이성 홀로 그 행동을 이끌 수 없다. 즉 이성 홀로 행위를 위한 동기가 될 수 없다. 흄에 따르면 우리가 행위 하는 데 있어 목표를 설정하고 이를 위한 동기를 유발하는 것은 우리의 욕망이나 감정이다. 이성은 행위의 동기부여력과 관련하여 '도구적 역할'만 할 뿐이다. 또한 이성은 욕구하는 것을 성취할 수 있는 방법을 알 수 있게끔 돕는 사실적인 믿음만을 제공한다. "이성이 감정의 노예이어야 한다."라는 흄의 주장에 대한 일반적 해석은 이 비유의 이름이 이미 암시하고 있는 것처럼 이성은 행위의 산출과정에서 보조적인 역할을 담당하고, 감정, 욕망이 주된 역할을 담당한다는 것이다. 즉 감정과 욕망은 행위의 목표를 설정하는데 반하여 이성은 오직 연역추론이든, 귀납추론이든, 논증적 추론과 인과적 추론을 통해서 행위의 방향만을 조정할 수 있다는 것이다. 그리고 감정은 행위로 나가도록 충동을 유발하는 데 반하여, 이성은 그렇지 못하다는 것을 의미한다.

하이트는 '이성이 정념의 노예'라는 흄의 명제를 정당화하기 위해 신경과학적 증거의 예시를 제시한다. 예를 들어, 다마지오의 뇌과학 연구는 정서의 번쩍임이 도덕판단을 위해 본질적이라는 점을 보여 준다고 하이트는 주장한다. 다마지오의 뇌과학 연구는 정상적인 의사결정에 있어 감정이 매우 중요한 역할을 한다는 사실을 말해 준다. 다마지오는 이를 '피니어스 게이지'의 사례를 통해 말하고 있다.

필자는 인간이 도덕적 행동을 하게 하는 동기가 감정과 관련된다는 신경과학적 증거로써 최근의 조슈아 그린의 이중처리 모델 또한 소개한다. 조슈아 그린은 트롤리 딜레마에서 뇌의 인지영역과 정서 부위가 모두 활성화된다는 연구 결과에 기초하여 2010년에 월간 『인지과학의 논제(Topics in Cognitive Science)』 7월 호에 실린 논문에서 트롤리 딜레마에서처럼 도덕적 판단이 인지 과정과 정서 반응에 모두 의존한다는 의미에서 '이중처리(dual-process)' 모델을 제안하였다.

끝으로 필자는 감정이 도덕적으로 발현될 수 있는 과정을 하이트의 '사회적 직관주의'를 통해 소개한다. 하이트는 감정이 도덕에 역할을 할 수 있는 방안을 도덕적 직관과 다섯 가지 기초적 직관으로서 기본 정서가 '긴밀하게' 연결되는 방식을 통해 보여 준다. 결론적으로 말하자면 덕은 사회적 산물이지만 특정한 방식으로 사회적 세계에 대해 해석, 반응하기 위해서는 진화되어 내재된 '준비' 위에서 가능하다.

6장

사랑에 이유가 있는 것일까?

: 사랑이란 원래 우리는 '하나'였을 것이라는(아리스토파네스 신화) 확신을 상호 간의 서사 공유를 통해 키워 가는 과정이다

많은 사람들은 만일 사랑할 이유가 있다면 그것은 올바른 이유이어야 한다고 생각한다. 그렇다면 올바른 이유는 어떤 것인가? 그것은 사랑하는 사람이 갖고 있는 '그 자체의 것'과 관련되는 것이어야 한다. 사랑하는 사람에 대해 그 자체로 사랑한다는 말은 곧 그 사람에 대해 조건 없이 사랑한다는 것이고, 이는 어떤 이유들 때문에 사랑한다는 것과 양립불가능하다. 왜냐하면, 만일 우리가 어떤 이를 다른 조건 없이 그 사람 그 자체에 대해서만 사랑하여 "그 사람이 가진 조건이 변한다 해도 사랑은 변하지 않는다면", 어떤 이유가 필요하지 않을 것이기 때문이다. 이러한 맥락에서 필자는 사랑에 대해 사랑의 이유와 사랑의 대상 그 자체를 구분하여 설명한다. 후자 즉, 사랑의 대상 그 자체를 '데레(de re) 사랑', 전자, 즉 사랑의 이유로서 사랑을 '데 딕토(de dicto) 사랑'으로 구분하겠다. 이렇게 어떤 이를 조건 없이 사랑한다는 것과 어떤 이유 때문에 사랑한다는 것의 양립불가능성을 우리는 '사랑에 관한 퍼즐'이라고 부를 수 있다. 필자는 6장에서 이와 같은 '사랑의 퍼즐'을 해결하기 위한 몇 가지 방안을 소개한다.

이러한 퍼즐을 해결하는 하나의 방법으로 해리 프랑크푸르트(Harry Frankfurt)가 제안한 것에 따르면, 내 사랑의 이유를 이루는 결정적인 성질들은 사랑하는 사람에게 내가 '부여한 것(bestowing)'이라고 말하는 것이다. 하지만 이러한 해결책이 가지는 문제는 과연 내가 부여한 것이 정말로 내가 사랑하는 그 사람에게 있는 것일까? 하는 것이다. 내가 그 사람

에게 부여한 성질이 실제로 그 사람에게 없는데 단지 나의 욕망의 투사에 불과한 것일 수 있기 때문이다.

사랑의 퍼즐에 대해 필자가 소개하는 두 번째 해결 방식에 따르면 사랑할 이유들이 그 자체로 있고 우리는 그러한 이유들 때문에 사랑한다고 주장하는 것이다. 데이비드 벨레만이 대표적으로 그러한 부류의 철학자인데, 그에 따르면 우리는 사랑할 이유들 때문에 사랑할 뿐만 아니라 그와 같은 이유들은 모든 사람들에게 동일하다. 이러한 주장에 따르면 인간의 진정한 사랑에 있어 '사랑스러움'을 유발하는 것은 항상 동일한데, 벨레만에 따르면 그것은 사랑하는 자의 이성적 자아 또는 의지 이외 어떤 것도 아니다. 달리 말하면, 사랑하는 사람은 대체불가능한데, 그 이유는 인간은 이성적 본성을 가진 탓에 존엄성을 가지고 있고, 모든 인간은 동일한 가치를 가지고 있기 때문에 비교하는 것은 존엄한 가치에 응하는 것이 아니라는 점에서 대체불가하다. 각 개인을 존경심으로 특별하게 대우해야만 하는 이유는 목적 그 자체에 담겨진 가치 때문이며, 그 점에서 모든 사람은 각자가 가치를 가지고 있다고 벨레만은 주장한다. 그러나 이러한 해결책은 사랑은 선택적이라는 사실과 배타성을 설명하기 어렵다.

사랑의 퍼즐에 관한 세 번째 해결방안은 사랑을 '관계 가치'로 보고자 하는 주장이다. 니코 콜로드니(Nikko Kolodny)는 관계의 존재(the existence of relationship)가 그 자체로 사랑을 위한 타당한 이유라고 주장한다. 우리가 역사를 되돌아보면 관계를 통해 역사를 만들어 가고, 그렇기에 사랑의 이유를 역사성에 두는 이러한 이론에는 당신이 사랑하는 사람 속에 있는 결정적인 성질에 대해 진지하게 주목한다든가 하는 그런 것은 없다. 왜냐하면 콜로드니와 같은 사람이 제안한 '역사성'에 근거한 해결책

감정 상했어요?

은 본질적으로 '관계적'이기 때문에, 관계적 역사에서 비롯되는 어떤 "이유"는 어떤 이가 사랑하는 이에게 부여한 특성 때문에 생기는 것이 아니다. 또한 이것은 앞에서 살펴본 사랑할 이유가 '그 자체로' 있고 그것 때문에 사랑한다는 칸트의 입장을 따르는 벨레만과도 대조적이다.

나아가 사랑을 조건 짓는 역사적 사실들은 도덕적인 성질들과도 무관하다. 그와 같은 역사적 사실들은 이성이나 가치 또는 심지어 칸트주의의 핵심에 있는 합리성이라기보다 우연적인 가까움, 친근한 순서, 페로몬의 적합성, 유전적 영향, 감정전이, 습관 등에서 비롯된다. 그렇게 되면 이러한 주장은 우리의 사랑이 '어떻게 정당화될 수 있는가?'라는 질문에 대한 답을 제시하지 못한다.

다음으로 필자는 사랑의 느낌은 사랑하는 대상의 자율성에 대한 존중이기에 사랑의 대상은 소유할 수 없다는 벨레만의 주장과, 이에 대립적인 사랑은 소유에 대한 갈망이거나 환상이라는 이 두 주장을 화해시킬 수 있는 방안을 소개한다. 그 방안은 "사랑의 역사성"에 의존하는 것이다. 이는 개인의 본질에 관한 두터운 다양성(a thick variant)을 묘사하는 것이 될 것이다. 다시 말하자면, 한 개인의 서사를 알기 위해서는 두꺼운 책으로 서술될 수도 있다. 이에 반해 단순히 개인의 고유한 특성이나 정체성을 통해 개인의 역사성을 말하기에는 그 책은 너무 "얇다(thin)"고 할 수 있다. 그러나 둘 다는 시간을 통해 지속하는 특수한 개인으로서 어떤 역사성을 가지고 있다는 것을 전제한다.

필자가 제안하는 사랑의 역사성은 다음과 같은 특징을 갖는다. 첫째, 우리 둘만이 공유한 행위, 괴로운 시련, 생각의 교환이라는 특별한 역사성을 갖는다. 둘이 쌓아 온 과거의 추억이 많을 때, 교류를 지속하기 위한 욕망을 강하게 자극한다. 둘째, 서사를 공유해 온 관계는 배타적인데, 이와 같은 배타성은 서로에 대해 갖는 느낌을 강화할 수 있는 프로젝트를 계속 만들어 갈 수 있게 한다. 셋째, 나 자신의 기호와 선호 그리고 나의 기억과 그를 통해 연상되는 것을 갖게 되면, 나는 사랑하는 사람의 성격의 특이성에 우연히 즉각적으로 매력을 느끼게 되며, 그와 같은 특이한 성격 속에서 사랑하는 사람이 모든 사람과 다름을 발견하게 된다. 역사성과 관계성에서 비롯되는 위의 세 가지 고유성에 '상호적인 역동성'을 추가하면 사랑의 이유에 관해 달리 말할 수 있게 된다. 왜냐하면 사랑하게 하는 핵심을 연인이나 물체에 대해 인식하는 것과 달리 본래적이고 상호적인 과정으로 이해한다면 사랑이라는 관계는 유지될 필요가 있는 것으로 생각되기 때문이다. 그리하여 상호 역동적인 관계 속에서 사랑할 이유들을 끊임없이 만들어 가는 과정에서 우리의 사랑은 지속될 수 있을 것이다.

　이상의 고찰은 결국 사랑은 고정지시적(de re)이어야만 한다는 주장을 함축하고 있다. 어떤 이에 대한 사랑은 '바로 그 사람☞'으로 향해진 것이어야 한다는 것은 이 장의 시작에서 말한 '데레(de re)적'인 사랑을 의미한다. 데레적 의미의 사랑은 그 자체로 존재하는 순수 이유도 아니고, 내가 사랑하는 사람에게 투사해 넣은 이유도 아니다. 그렇다면 사랑이라는 가치는 내가 상대방에게 부여한 것인데, 그 이유는 서로가 서사를 공유하며 쌓아 온 역사성 때문이며, 이 역사성은 거슬러 올라가 보면 먼 옛날 아리스토파네스의 신화에서 비롯되었을지도 모른다고 결론 내릴 수 있다.

감정 상했어요?

7장

인공지능과 사랑에 빠질 수 있을까?

6장에서 필자는 사랑의 핵심적인 요소를 '대체불가능성'이라고 보았다. 몇몇의 철학자들은 대체불가능성을 사랑의 본질적인 측면이라고 하면서 이를 데레(de re)적 사랑이라고 부른다. 필자는 이 구분을 사랑의 이유를 설명하는 데 적용하면서, de re 사랑은 특정 대상에 고정되어 '대체불가능한' 사랑을 의미한다고 주장한다. 이에 반해 데 딕토de dicto는 어떤 것에 대해 여러 방식으로 기술이 가능한 것을 의미한다. 이를 사랑에 적용하면 de dicto적 사랑은 여러 이유로 사랑에 빠질 수 있으므로 사랑의 대상이 대체불가능한 것이 아닐 수도 있다. 그래서 만일 어떤 이를 de re적이 아닌 어떤 이유 때문에 사랑하게 되었다면, 그러한 이유가 사라지면 사랑할 이유도 사라지므로 그 사랑이 변한다 해도 뭐라고 할 수 없을 것이다.

필자는 이러한 사랑에 관한 입장을 인공지능과의 사랑에 적용하여 설명해 보고자 한다. 이를 위해 인공지능과 인간과의 사랑을 다루고 있는 영화 「그녀Her」를 통해 분석해 본다. 영화 「Her」의 테오도르는 사만다에게 "지금까지 단 한 번도 당신을 사랑한 것과 같이 누군가를 사랑한 적이 없다."고 말한다. 테오도르의 말이 진심이라는 가정하에 그의 활동 혹은 표현의 방법을 보면, 그는 분명 사만다에게 그 어떤 것도 대체될 수 없을 듯한 사랑의 감정을 느끼고 있다. 즉 테오도르는 사만다에게만 'De re적(대체불가능한)' 사랑을 느끼고 그로 인해 진정한 사랑이란 어떤 것이라는 것을 알아 간다. 그리하여 처음에는 그녀의 기능, 즉 어떤 화도 내지 않고 자신을 받아 주는 요소에서 매력을 느끼다가 점차 그녀의 모든 모습을 '아무런 조건 없이 사랑'하는 완벽한 '데레적 사랑'의 단계로 접어든다. 테오도르는 사만다를 AI의 모습으로 사랑하는 것이 아닌, 사만다 그 자체를 사랑하는 것이라고 볼 수 있다.

그러나 그 반대의 경우로 사만다는 테오도르를 제외한 8,316명의 사람과 대화를 하고 있으며, 그중 641명의 사람은 모두 사만다에게 사랑의 감정을 느낀다. 이 경우 둘의 사랑은 진실한 사랑일까? 사만다는 테오도르의 경우를 제외하고도 641명의 남자들과 사랑할 수 있으며 이는 사만다에게 있어 사랑은 '대체가능한' 사랑임을 의미한다. 인공지능과 인간의 사랑에 관한 이 영화의 분석을 통해 필자는 현시점에서 사용자들, 즉 인간이 인공지능에 대한 의인화와 과몰입 등을 경계해야 할 것을 제안하며, 그들이 이를 잘 활용할 수 있도록 인공지능 윤리가 필요하다고 주장한다.

8장
인공감정이 어떻게 구현될 수 있을까?

8장에서는 인간의 마음을 본떠서 만든 인공지능이 감정을 가질 수 있을까? 하는 문제를 다룬다. 현대 공학자들이 감성로봇에 구현하는 감정이론은 찰스 다윈의 생각을 이어받은 에크먼의 이론이다. 공학자들은 에크먼의 얼굴 행동 부호화 시스템(Facial Action Coding System, FACS)을 정서적 지능을 지닌 컴퓨터 시스템을 개발하는 데 적용한다. FACS(얼굴 행동 부호화 시스템)을 적용하여 감성로봇을 구현한 경우는 약한 인공지능의 경우라 할 수 있다. MIT 인공지능 연구실에서 개발한 감정로봇 '키스멧(Kismet)'이나 '페퍼'의 경우가 그 예이다. 만일 이와 같은 감성로봇이 복잡한 감정표현이 가능하다면 에크먼의 기본 감정 즉, 기쁨, 슬픔, 두려움, 놀람, 분노, 역겨움의 얼굴 행동 부호화 시스템(Facial Action Coding

System, FACS)과 플럿칙의 '색상환 원리'를 이용하여 기본 감정을 섞어서 복합감정을 만드는 방식이 될 것이다.

나아가 필자는 현재 급속도로 발전하고 있는 인공지능이 미래에 감정을 가질 수 있다면 생길 수 있는 여러 윤리적 문제들을 진단해 본다. 최근 등장한 ChatGPT의 경우도 채팅을 통해서 감정을 만들어 낼 수 있으며, 영화 「Her」의 경우는 동일한 생성형 인공지능인데, '대화'를 통해서 '사랑'이라는 감정을 '만들어 내는' 경우이다. 이런 식으로 감정을 만들어 낼 수 있는 인공지능이 미래에 등장하게 된다면 이와 관련된 감정 이론은 3장에서 다룬 '행위화 이론(enactivism)'이 적합할 것이라고 필자는 제안한다.

이뿐만 아니라 필자는 감성로봇, 사교로봇, 케어로봇 및 생성형 AI와 관련된 사용자 윤리를 제시한다. 생성 AI와 관계 형성은 상호작용을 통한 정서적 안정에 도움이 될 수도 있지만, 이용자에 맞춰 개인화할 수 있기 때문에 이러한 AI에 익숙해지면 인간의 자연적 감정에 대응하는 것이 어려워질 수 있다. 왜냐하면, 사람과의 관계에서는 기대와 예상 밖의 감정적 반응이 가능하기 때문에 내가 원하지 않는 감정을 피할 수 없이 만나게 될 수 있다. 하지만 감성로봇은 사용자의 요구에 따라 반응하는 특징을 갖기 때문에 감성로봇에 익숙하게 된 사용자는 까다로운 인간과의 감정적 소통을 꺼리게 될 것이고 감성로봇에 대한 의존도가 높아질 것이다.

필자는 여기에 그치지 않고 앞으로 등장하게 될 강한 인공지능이 감정을 갖게 될 경우, 그것이 어떻게 가능하며 또한 어떤 일이 일어날지 상상해 보기를 제안한다. 이를 위해 필자는 SF영화들과 최근에 영국에서 히트를 친 드라마 「휴먼스」(2015년에서 2016년까지 시즌 1-2로 각각 8부로 구성된 영국 SF드라마)의 경우를 분석하며 살펴본다. 또한 영화 「엑스 마키나」,「아이 로봇」 등의 SF영화가 우리에게 던진 물음을 통해 미래에 등장할 인공지능과 인간이 잘 공존할 수 있을지 고민해 보아야 한다고 제안한다. 18세기 영국 철학자 데이비드 흄이 말했듯이 인간이 타인의 고통에 대해 '상상'을 통해 그 '느낌'을 공유해 봄으로써 이해할 수 있듯 인공지능이 인간과 공존하면서 인간을 이해하기 위해서는 그리고 더 나아가 도덕적이기 위해서는 인공지능이 '감정'을 가질 수 있어야 한다.

필자는 끝으로 미래에 강인공지능이 등장한다면 그래서 영국 드라마「휴먼스」에서처럼 '특이점'으로서 '감각질(퀄리아)'을 갖게 되어 인간과 같이 '느낌'을 갖는다면 인간과 유사한 방식으로 감정을 느끼고 공감을 하게 될지도 모른다고 주장한다. 미래에 등장할 인공지능 로봇이 인간과 공존하기 위해서는 인간과의 상호작용 속에서 사회적 관습을 이해하고 그 과정에서 자신의 역할과 관련하여 인간이 갖는 기대에 부응할 수 있어야 할 것이다. 이를 위해서는 인공지능(로봇)이 도덕감정을 가질 수 있어야 한다고 필자는 주장한다. 인공지능이 어떻게 도덕감정을 가질 수 있느냐는 문제는 다음 장(9장)에서 다룬다.

9장
윤리적 인공지능이 가능할까?

9장에서 필자는 미래에 인간과 공존할 윤리적 인공지능을 위한 이상적 모델을 제안하고자 한다. 인간이 도덕적이기 위해 필요한 조건이 있듯이 인공지능도 도덕적 행위 주체가 될 수 있기 위해서 갖추어야 할 조건에 대해 논의하는 것이 필요하다. 미래에 인간과 공존할 인공지능이 단순히 인간의 대리인(agency)을 넘어 '행위 주체'로 인정받기 위해서는 인공지능이 법적 인격뿐만 아니라 도덕적 인격을 가져야 할 것이다. 인공지능이 도덕적 인격을 갖기 위한 조건으로 1) 합리성, 자율성을 가져야 한다. 2) 쾌·고 감수능력이나 3) 자아 정체성을 가지고 미래를 설계하는 능력이 필요하다고 말해진다. 1)의 경우 현재 인공지능은 어느 정도 갖추었다고 볼 수 있지만, 2)와 3)까지 갖게 되었을 때 인간과 유사한 도덕적 주체라고 볼 수 있을 것이다. 나는 인공지능이 2)와 같이 쾌락과 고통에 대한 감수성을 갖게 되는 시점을 '특이점'으로 보며, 이 시점과 관련하여 윤리적 인공지능에 대한 논의가 중요하다고 생각한다.

필자는 미래에 인간이 인공지능과 공존하기 위해서는 도덕감정을 프로그래밍해야 한다고 제안한다. 인공지능이 도덕적 감정을 가질 수 있어야 한다는 말은 인간과 같이 공존할 수 있는 감정을 가지고 인간의 고통에 공감하면서 같이 살아가는 주체가 되어야 한다는 말이다. 따라서 필자는 인공지능이 도덕적 행동을 하기 위해서는 '감정'을 프로그래밍하는 것이 중요하고, '적절한' 감정이 어떤 것인지에 대해서도 프로그래밍하는 것이 중요하다고 주장한다. 인공지능이 도덕감정을 가질 수 있는지는 어려운 문제로 남아 있지만, 우리가 연구해야 할 과제임은 분명하다. 이제 우리는 인공지능이 인간의 지능을 넘어서 감정을 갖게 되었을 때를 상상해 보고 대비해야 한다.

10장
어떻게 행복에 이를 수 있을까?

마지막 장에서 필자는 우리가 행복하기 위해서는 감정을 꼭 알아야 함을 강조한다. 많은 사람들은 감정이나 욕망은 눈앞의 쾌락이나 단기적 이익을 추구하는 것이고, 이성은 장기적인 이익을 추구하도록 하는 능력이라고 말한다. 하지만 필자는 우리가 장기적 이익을 위해 행위 하도록 동기부여하는 것은 이성이 아니라 '차분한 감정'이라는 흄의 주장을 소개한다. 필자는 차분한 감정과 격렬한 감정이 구체적으로 어떤 것인지 알아보기 위해 흄의 감정 분류를 소개한다. 흄에 따르면 감정은 개인의 자기보존(삶에 대한 사랑과 욕구), 다음 세대를 보호하고자 하는 욕구(아이들에 대한 친절), 사랑의 지속(자애심)을 목표한다고 할 수 있다. 이때 '지속' 또는 '보존'에 대한 의지는 우리 자신을 유지하고자 하는 힘이지 지배하거나 파괴하고자 하는 힘은 아니다.

필자는 흄의 잘 알려지지 않은 후기 저작 『에세이』의 「회의주의」 장에서 다루어지는 행복과 불행의 차이를 소개한다. 그에 따르면 사람들이 불행한 이유는 부적절한 것을 욕망하거나 그들의 욕구를 만족시키는 데 실패하기 때문이다. **차분한 감정**은 올바른 욕구를 갖도록 하고 어떤 종류의 욕구를 만족시키기 위해 필수적이다. 또한 필자는 흄이 차분함과 격렬함을 도덕적인 덕과 부덕에 연관하여 논의한 부분을 소개하며 차분한 감정은 우리가 유덕한 삶을 살기 위해 근본적이라는 사실을 보이고자 한다. 필자는 흄의 이러한 생각이 18, 19세기 영국 사회의 도덕성을 '신사' 계급에서 찾는 문헌들을 통해 짐작해 볼 수 있다고 주장한다. 예를 들어 현대 영시의 거목 예이츠에게서 우리는 흄이 말한 차분한 정념의 상태를 유지하는 강인한 정신, 즉 현자의 모델을 발견할 수 있다. 나아가 필자는 차분한/격렬한 정념 논의를 통해 흄이 '관용'에 관해 언급한 내용을 소개한다. 흄은 차분한/격렬한 두 반대되는 정념을 통해 마음이 완전한 평정 상태에 이르는 것을 말함으로써 '관용'을 말한다. 흄에 따르면 우리가 행복을 위해서는 격렬한 정념을 제한해야 하는데, 이를 위해서는 반대되는 격렬한 정념이 서로 조우하는 상황, 예컨대 "알칼리와 산"이 섞여 중화되는 그런 상황을 만드는 것이 필요하다. 그는 정치적·종교적 관용을 논할 때도 이와 유사한 주장을 한다.

인생에서 우연적으로 일어나는 것들은 우리가 통제할 수 없는 것이기 때문에 그것들에 격하게 대응하는 사람들은 종종 더 불행하다. 이에 반해 차분한 정념은 다른 여타의 정념들보다 항상적이고 통제 가능한 것이다. 차분한 정념들은 때로 이성과 혼동되기도 하는데, 그 이유는 그것들이 어떤 지각할 수 있는 감정을 일으키지 않기 때문이다. 흄은 이와 같은 마음의 평정심 상태를 유지하는 것을 '강인한 정신the strength of mind'이라고 불렀으며, 이와 같은 상태는 이성을 통해서가 아니라 차분한 정념이 격렬한 정념을 지배할 때만이라고 주장한다. 따라서 행복에 이르는 길은 차분한 정념을 강화하는 데 있으며, 즉 마음의 평정심을 유지하는 것이다. 이를 위해서는 문예교육(liberal arts)이 필요하다고 흄은 말한다. 결론적으로 말하자면 행복에 이르는 길은 차분한 감정을 강화하는 것이며, 이를 위해서는 우리의 느낌과 행위를 변화시킬 수 있는 (강단 철학이 아닌) '쉬운 철학', 예를 들면 이 책에서 다루는 내용과 같은 책을 읽는 것이다.

감사의 글

이 책이 세상에 나오게 되기까지 도움을 주신 분들께 감사를 드리고자 한다.

국내 흄 연구의 선구자이신 김효명 스승님(서울대학교 지도교수) 덕분에 흄의 철학을 알게 되었고 대학원 시절에 선생님께서 베풀어 주신 은덕에 힘입어 평생 철학자의 길을 걸어갈 수 있었다. 스승님께서 필자에게 영국 유학을 권하신 덕분에 영국에서 선진 문화를 접할 수 있었고 이 책이 나올 수 있는 토대를 마련할 수 있었다. 영국 더럼대학교 박사과정 지도교수인 앤디 해밀턴(Andy Hamilton) 교수는 나의 독창성과 창의적 사고를 존중하고 격려하여 세계적 수준으로 도약할 수 있도록 도와주셨다. 그의 친절과 배려심에 항상 감사의 마음을 가지고 있다.

필자가 특별히 감정철학을 공부하게 된 계기를 만들어 주신 몇 분께 감사를 드리고 싶다. 2004년 에딘버러 대학교 철학과에서 감정을 철학의 영역으로 끌어들인 피터 골디(Peter Goldie) 강연이 있었는데, 필자는 골디의 그 강연을 듣고 깊은 감명을 받게 되었다. 이후 골디와 학문적 교류를 하게 되었고 골디 교수는 필자의 박사 논문의 주요 부분에 대해 훌륭한 조언을 해 주었다. 골디는 필자의 감정연구에 커다란 영향을 미쳤다고 할 수 있다. 지금은 이 세상에 안 계신 분이지만 그에게 진심으로 감사드린다. 골디와의 인연으로 2008년 그가 개최한 맨체스터 대학에서의 감정철

감정 상했어요?

학 학회에 필자가 초대되어 거기서 감정철학의 거목이라 할 수 있는 로날드 드 수자(Ronald De Sousa) 교수를 만나게 되었다. 이후 드 수자 교수와 학문적 교류를 통해 많은 배움을 얻을 수 있었고 그는 필자가 감정 연구에 관한 논문들을 국제저명 학술지에 발표하여 세계적인 수준으로 도약할 수 있게 도움을 주셨다. 감정철학의 두 거목이라 할 수 있는 피터 골디와 로날드 드 수자의 도움이 없었다면 지금까지 감정연구를 지속할 수 없었을지도 모른다. 두 철학자를 알게 된 것은 필자의 인생에서 참으로 큰 행운이었다고 생각된다.

감정철학과 관련하여 필자는 이 책에서 18세기 영국철학자 흄과 아담 스미스의 연구에서 출발하여 현대에 이들의 정신을 잇는 철학적 전통을 다루었다. 대표적으로 제시 프린츠(Jesse Prinz)와 다니엘 후토(Daniel Hutto)를 들 수 있는데, 필자는 이들과 국제학회에서 지속적으로 학문적 교류를 하면서 그들과 생각을 공유하게 되었다. 그러한 학문적 성과를 이 책에 담았다. 그 과정에서 제시 프린츠는 2012년 필자가 공동연구원으로 있었던 고려대학교 중점연구 〈호모 센티엔스〉에 초대된 바 있으며, 다니엘 후토는 중앙대 마음연구, 한국외대 국제학술대회에 초청된 바 있다.

국내에서도 필자가 감정연구를 지속적으로 할 수 있는 환경을 만들어 주신 분들께 감사드리고 싶다. 필자가 박사학위를 받고 귀국했을 때 서울대 철학과 BK철학교육연구사업단에서 연구에 전념할 수 있도록 도움을 주셨던 백종현 교수님과 윤선구 교수님께도 감사드린다. 이 사업단에서 국제교류 업무를 담당하면서 국제 학술대회에서 다수의 감정철학 논문을 발표하고 국제 저명 학술지에 게재하는 성과를 얻을 수 있었다. 2012~2014년 고려대 철학과에서 수행된 중점연구소 과제 〈호모 센티엔스(Homo Sentiens)〉의 공동연구원으로 연구하면서 동·서철학의 감정에 관해 치열하게 토론하고 연구할 수 있는 환경을 마련해 주셨던 이승환 교수님께도 감사드리고 싶다. 또한, 오랜 기간을 마음연구에 관심을 가지고 연구 모임을 주관해 주셨던 중앙대 철학과 유권종 교수님께도 감사드린다. 유권종 교수님께서 여러 차례 마련해 주신 〈마음 국제학술대회〉를 통해 감정철학에 대한 연구를 지속할 수 있었다. 그뿐만 아니라 인제대 인간환경미래 연구원에서 수행한 중점연구소 과제 〈의료실천의 인문학: 고통·공감에 대한 인문학적 탐구와 의학적 치유의 접목〉 연구과제를 수행하면서 공감과 감정연구에 관한 심도 있는 연구를 수행할 수 있었다. 필자에게 연구 환경을 마련해 주신 이태수 원장님과 김혜경 원장님께도 깊은 감사의 말씀을 드린다.

개인적으로 가까운 인연과 관련하여 감사의 인사를 나누고 싶다. 필자의 연구에 관심을 가지고 항상 응원을 아끼지 않은 제자 DGIST 김병재 교수와 강릉원주대 백승환 교수에게도 진심으로 감사드린다. 무엇보다도 항상 옆에서 사랑으로 지켜 주는 남편과 엄마의 책에 사랑을 담아 끝까지 탈고를 도와주었던 사랑스러운 딸에게도 감사를 전한다. 그리고 항상 응원해 주고 있는 동기지친(同氣之親)에도 감사로 답하고 싶다. 이 책을 작성하기 전 최근 몇 년간 겪고 있던 건강상의 어려움을 치료해주셔서 이 책이 나올 수 있게 도움을 주신 김인식 원장님께도 특별히 감사의 말씀을 전하고 싶다. 아울러 좋은땅 출판사의 편집부에 감사를 표한다.

끝으로 낳아서 길러 주신 친부모님과 돈 안 되는 철학공부를 하겠다는 며느리를 말리지 않으시고 흔쾌히 영국 유학을 보내 주신 시부모님께 이 책을 바치고 싶다. 양가 부모님의 사랑과 희생이 없었다면 학자로서의 길은 상상도 할 수 없을 것이다. 필자의 이 길을 열어 주시고 응원해 주신 양가 부모님께 이 책을 바친다.

미네르바 교양대에서

양선이

목차

1장 우리는 왜 분노하는가?

2장 분노

: 진화의 산물인가? 사회구성의 산물인가?

3장 감정이란 무엇인가?

4장　도덕적이기 위해 왜 공감이 필요한가?

5장 왜 이성이 감정의 노예이어야 하는가?

: 우리를 도덕적으로 행동하도록 이끄는 것은 이성이 아니라 감정이다

6장　사랑에 이유가 있는 것일까?

: 사랑이란 원래 우리는 '하나'였을 것이라는(아리스토파네스 신화) 확신을 상호 간의 서사 공유를 통해 키워 가는 과정이다

7장 인공지능과 사랑에 빠질 수 있을까?

8장 인공감정이 어떻게 구현될 수 있을까?

9장 윤리적 인공지능이 가능할까?

우리는 왜 분노하는가?

1. 분노는 인정받고자 하는 욕망이 좌절되었을 때 일어나는 감정이다

역사적으로 노예주와 노예, 영주와 농노, 자본가와 노동자의 구도로 관계의 격차가 형성되고 전개되어 왔는데, 분노는 이러한 관계의 격차에서 파생되는 사회적이고 심리적인 복합적 감정이라 할 수 있다. 강자와 약자의 대립이 극대화되는 과정에서 분노와 적개심이라는 사회적 감정이 생긴다.

인간은 동물과는 달리 자기의식(자의식, 자존감)을 갖는다. 인간을 특징짓는 이 자의식, 자존감으로 인해 인간은 타인을 인정하기보다 타인으로부터 인정받기를 원한다. 즉 타인을 존중하기보다 타인의 자기의식을 부정하고 그 사람이 자신의 자기의식을 존중하며 섬겨 주기를 바란다. 계급과 계층이 구분되는 사회에서는 이 인정받고자 하는 욕망 때문에 필연적으로 원한과 분노의 감정이 존재할 수밖에 없다. 그렇다면 이와 같은 감정, 즉 '분노'는 숨겨져야만 하고, 억눌러야만 하는 감정인가? 18세기 영국 철학자 데이비드 흄(David Hume, 1711-1776)은 분노는 긍정적 효과가 있다고 말한다. 그는 '분노'는 '자부심'과 관련이 있다고 말한다.

인간의 감정 중 '자부심', '수치심'은 자신의 존재와 관련된 감정이기 때문에 매우 중요하다. 자부심은 '소유'와 '힘'과 관련된다. 흄에 따르면 노예는 소유가 보장되지 않는 존재이므로 자부심을 가질 기회를 박탈당한 존재이다. 그래서 소유를 보장받지 못하고 그로 인해 자부심의 기회를 박탈당한 것에 대해 분노한다. 주인이 자부심을 느끼기 위해서는 주인의 우월성을 확증해 줄 노예의 '존경'이 필요하다. 노예는 주인의 자부심을 인정하고 존경하지만 주인은 노예의 분노를 인정해 주지 않는다. 따라서 노예

　　　　　　　　　　　　　　　　　　　　感情 상했어요?

의 '원한'은 깊어진다.

주인과 노예는 상호 인정을 통해서 존재할 수 있는 관계이다. 노예는 주인의 자부심을 인정해 주지만 주인은 노예의 분노를 인정해 주지 않기 때문에 불균형이 생긴다. 주인의 입장에서 이 '인정의 상호불균형'을 깨트리고 화해할 수 있는 방법은, 그래서 자신이 인정받기 위해서는 주인이 노예에게 '인정'을 주는 것일 것이다. 흄은 이를 '공감'이라고 말한다. 이 불균형이 지속되어 축적되면 인정받지 못하는 노예의 분노는 스스로 힘을 가지게 되고 그 힘은 변혁의 단초가 된다.

이렇게 분노는 사회적 관계에서 생기는 감정이기도 하지만, 원초적인 감정이기도 하다. 흄에 따르면 분노는 기본 감정으로서 인간본성에 있는 성향이다. 분노가 기본 감정인 이유는 그것은 자신에게 고통을 준 적(敵)을 처벌하고자 하는 기본 욕구로부터 발현되기 때문이다. '적을 처벌하고자 하는 욕망'으로서 분노는 보다 적극적이며, 보복적인 공격을 가하고자 하는 형태로 표현되며, 다소 "깊은" 의미의 상처를 주고자 하는 감정의 표현이다. 분노는 어떤 잘못된 것으로 보이는 것에 대해 일어날 때 '화(anger)'[1]의 형태를 띤다. 분노는 인류가 진화를 통해 보편적으로 갖게 된 기본 감정 중의 하나이지만 다른 어떤 감정보다 더욱 도덕적으로 발전될 수 있는 씨앗이 되는 감정이다.

---

1) 이 장에서 다루는 '분노'는 영어로는 Resentment이다. Resentment는 분개, 원한으로 흔히 번역되지만, 필자는 이 단어를 '분노'와 '분개' 두 표현으로 사용할 것이다. 어떤 사람들은 Resentment를 '원한'으로 번역하지만 필자가 보기에 이 의미로만 보면 필자가 다루고자 하는 내용을 다 포괄할 수 없는 좁은 의미이기 때문에 보다 포괄적인 의미로 '분노'라고 번역하겠다. 또한, 어떤 사람들은 '분노'와 '화'를 동일시한다. 여기서는 분노와 분개(resentment)를 구분하지 않는 대신 분노와 화(anger)를 구분하여 사용하기로 하겠다. '화(anger)'는 고통에서 비롯되는 신체적 증상을 동반하는 감정이다. 이에 반해 분노 또는 분개는 사회적 관계 속에서 표출되는 보다 복잡한 감정이다.

2. '분노'는 '자부심'을 느낄 기회를 박탈당했을 때 일어나는 감정이다

분노(resentment)는 자부심(pride)과 관련이 있다. 우리는 자부심 때문에 즉각 행동을 하게 되지는 않지만, 자부심을 가질 어떤 기회를 박탈당했을 때 분개하게 된다. 분개, 시샘, 그리고 존경심, 이 모든 감정은 '비교' 때문에 일어난다. 즉 분노는 타인과의 관계에서 그 자신에 대한 평가와 관련된다. '시샘(envy)'은 무언가를 소유한 사람이 다른 사람의 소유물 때문에 느끼는 것이다. 어떤 사람은 그의 이웃의 차, 옷, 책, 정부에 대한 그 사람의 영향력을 부러워할 수 있다. 그렇다면 '분노'는 어떻게 해서 일어나는가? 분노는 존경하기 싫거나 혐오감이 더 지배적일 때 느껴진다. 그것은 자부심과 보다 복잡한 감정이다. 분노는 상처를 주었거나 잘못을 행한 사람을 '처벌'하고 싶은 욕망이다. 그것은 '굴욕감'에 의해 촉발된다.

분노는 '부정의(injustice)'에 대해서뿐만 아니라 '상처', '모욕', '배제', '무시' 등에 대해 느껴지는 감정이다. 그러나 분노감정은 어떤 것이 도덕적이라는 것을 아는 자에 의해서만 그리고 도덕적으로 잘못된 것 때문에 고통받는 자들만이 느낄 수 있는 것이다. 모욕, 무시, 배제, 부정의와 같은 것이 분노의 원인들인데, 이러한 것들은 공통점이 있다. 그것은 분노를 느낄 당사자의 품위를 손상시킨다. 분노의 원인인 '모욕', '무시', '배제', '부정의' 등은 어떤 사람의 자부심의 원인인 '소유'를 부정하는 것이다. 다시 말하면, 우리가 누군가를 소유할 수 있는 존재로 다루기를 거부할 때 그 사람의 분노가 촉발된다. 그렇기에 분노는 공동체 내에서 어떤 사람이 다른 사람에 의해 자부심을 느낄 기회를 박탈당했을 때 일어나며, 공동체 내에서 자부심을 느낄 권리에 대한 요구 때문에 일어난다.

감정 상했어요?

분노는 어떤 사람이 자신에 대해 긍정적인 평가, 즉 자부심을 느끼는 것을 상대방이 받아들이기를 거부할 때 생기는 '자연적' 감정이다. 주인의 허가가 있을 때만 소유가 가능한 노예는 소유와 관련하여 정상적인 형태의 자부심의 기회를 박탈당한 존재이다. 따라서 흄은 '자부심'은 본질적으로 '소유'에 대한 것인데, 노예는 어떤 것에 대해서도 소유하는 것을 보장받지 못하기 때문에 그들이 소유한 것이란 본능적으로 갖고 있는 '상처감'이라고 말한다. 분노는 잔인함이나 "인간의 법"을 어긴 것에서 시작한다. 그것은 처벌하고자 하는 욕망이다. 분노는 자신이 부당하게 그리고 잔인하게 다루어진 것에 대해 처벌하고자 하는 욕망의 실현이다. 그리고 노예는 자신이 처벌자의 위치를 차지하기 위해서 그들이 그와 같은 지위를 갖지 못한 것에 대해, 그리고 소유를 보장받지 못한 것에 대해 그리고 자부심의 기회를 박탈당한 것에 대해 '분노'할 수밖에 없는 것이다.

3. 자부심은 '소유'에 대한 느낌이고, 소유는 '힘'이다

이러한 맥락에서 흄은 분노는 자부심을 지키기 위한 것으로서, 자부심을 막는, 상처를 주는 자에 대한 자연적 반응이라고 주장한다. 흄은 말하길, 자부심을 일으키는 "원인"은 자부심을 갖는 "대상"(나 자신)이 갖는 좋은 소유물이다. 우리는 '우리의 것'에 대해 자부심을 느낀다. 또한, 우리는 누구의 것에 대해 '사랑'을 느낀다. 그렇다면 소유한다는 것은 무엇을 의미하는가? 흄은 어떤 것을 소유한다는 것은 "그것을 갖기 위해 그것을 사용하고, 움직이고, 변경하고, 파괴하고 등등의 것을 할 '힘'이 우리에게 있을 정도로, 그것과 관련한 지위를 가져야"[2] 한다. 자부심은 본질적으로 '소유'에 관한 느낌이고, 소유는 '힘'이다. 흄의 주요 저작 『인성론』(A Treatise of Human Nature) 제3권의 주제가 '도덕'에 관한 것인데 이를 논하기 이전에 제2권의 「정념론」에서 흄은 자부심을 '힘'과 관련하여 말한다. 이때 자부심이 일어나는 원인을 덕과 부, 그리고 힘(권력)이라고 말한다. 자부심은 어떤 것을 소유한 '힘'에 대해 느껴지는 것이다.

여기서 흄은 자본주의의 도덕성을 말하기 위해 '유덕한 자부심'을 논한다. 우리는 도덕적으로 부를 축적했을 때 자부심을 느낄 수 있고, 그렇게 했을 때 유덕한 사람으로 평가받는다. "모든 경우에 우리 자신의 힘을 아는 것이 요구된다. 그리고 자부심은 우리 자신의 장점을 지각하게 만들고 우리의 모든 프로젝트나 기획에 대한 자신감과 확신을 제공한다."[3] 적어도 흄이 살던 시대에는 자부심은 도덕적인 것과 관련되었고, 그것은 '힘'에 대한 느낌이었다. 자부심이 '소유'에 대한 느낌이고 유덕한 자부심에 대해 말하기 위해 흄은 다음과 같은 예를 든다. 어떤 사람이 어느 날 다른 나라에 휴가를 가서 휴가를 즐기고 있는 그 나라의 기후에 대해 자부심을 느낀다면 타락한 경우[4]라고 흄은 말한다. 왜냐하면, 그가 그때 "소유하고 있는 것"(그 나라의 기후)은 그의 능력을 넘어서는 것이기 때문이다. 즉 기후나 나라는 그의 힘을 넘어서는 것이기 때문이다. 이처럼 자신의 능력 밖의 것, 자신의 소유가 아닌 것에 대해 자부심을 느끼는 것에 대해 흄은 부도덕한 것이라고 말한다.

만일 우리가 흄이 말한 것처럼 자부심이 본질적으로 '힘(power)'에 대

---

2) D. Hume(1978), A Treatise of Human Nature, p. 506. 이하 페이지 표기는 Treatise로 표기하겠다.
3) Hume, Treatise, p. 597.
4) Hume, Treatise, p. 307.

감정 상했어요?

한 느낌이고, '분노'는 자부심의 파수꾼(watchdog)이라는, 즉 자부심을 지키기 위한 것이라는 주장을 받아들인다면 분노를 일으키는 대상은 다음과 같은 것이다. 즉, 정의롭지 못한 방식으로 소유를 막았다거나, 몰수했다거나, 억압, 모욕, 굴욕을 준 것 등이라는 결론에 도달할 수 있다. 그렇다면 흄이 말한 것처럼, 분노를 느낄 힘을 소유할 수도 있고, 못 할 수도 있는 노예계급은 그들의 소유의 불안정성 때문에 어떤 형태의 힘도 갖지 못한다. 그들이 가진 '힘'이란 분노를 느낄 힘뿐이며, 자부심을 느낄 어떤 것도 갖지 못한 존재이다. 여기서 흄은 주인과 노예의 관계를 화해시킬 방안으로 '정의(justice)'를 내세운다. 즉, 우리는 '정의로움'의 덕목 하에 이런 상황을 극복할 수 있다는 것이다.

4. 분노는 무시당하거나 부정의를 경험하게 될 때 인정받기 위한 투쟁을 촉발하는 힘이다

17세기 영국의 철학자 홉스(Thomas Hobbes, 1588~1679 영국 철학자)는 인간이 사회생활을 하는 목적을 상호경쟁을 통해 자기보존을 하기 위한 것이라고 보았다. 홉스와 달리, 흄은 사회적 삶의 기초를 도덕적인 것으로 보고자 했다. 흄에 따르면 인간이 사회적 생활을 하는 이유는 개인의 자연적 자기보존을 위해서라기보다 사회적 인정을 얻음으로써 도덕적 정체성을 확보하기 위해서이다. 따라서 흄은 인간은 오로지 자기 이해만을 추구하며 사회적 투쟁은 그러한 개인들 간의 자기보존 투쟁에 불과하다는 홉스의 주장에 반대한다. 그렇다고 흄이 고대 그리스 로마 시대의 폴리스 공동체 이념, 즉 개인의 삶의 목표를 공동체적 질서 속에서 공동선의 실현에 두는 것을 찬성한 것은 아니다.

홉스는 그의 「정부론」에서 인간은 자연상태에서 만인 대 만인의 투쟁상태에서 벗어나기 위해 절대군주에게 권리를 양도하고 사회상태에 들어왔다고 주장하면서 개인의 자연적 자기보존을 위해 '국민저항권'을 말한다. 하지만 흄은 자신의 「정부론」에서 인간은 사회적 인정을 얻음으로써 도덕적 정체성을 확보하기 위해 '국민저항권'이 필요하다고 말한다. 이와 같은 저항권의 근거로서 흄은 '분노'를 든다. 흄이 말하는 이 '분노'는 사회적 투쟁의 도덕적 정당화를 위한 토대가 된다. 즉 인간이 사회생활을 통해 실천적 관계를 맺는 과정에서 '무시'당하거나 '부정의'를 경험하게 될 경우, 인정을 받기 위한 투쟁을 하게 되는데 이것을 촉발하는 심리적 계기가 바로 '분노'라는 것이다.

5. 정부에 복종하는 것은 힘에 대한 공포로 습관적으로 하는 것이지 우리가 하지도 않은 사회계약 때문이 아니다

흄은 「정부론」에서 사회계약론을 거부하면서도 정부의 기원과 정부에 복종해야 하는 의무의 근거를 '규약론'을 통해 설명한다. 그는 정부의 기원을 인간 본성이나 존재 조건과 관련하여 설명하고 정부의 정당화에 대해 계약론자들과 다른 입장을 취한다.[5] 흄과 달리 홉스나 로크와 같은 계약론자들에 따르면 정부의 정당화는 자연상태에서 사회상태로 들어올 때 구성원들의 계약 때문에 가능한 것이다. 하지만 흄에 따르면 정부의 정당화는 실질적 힘을 가진 정부에 대한 국민의 '승인(approval)' 때문에 가능하며, 이 '승인'은 '합의(agreement)'와 달리 '공감'으로서 감정에 해당된다. 반복된 힘의 행사는 '습관적으로' 그 권위를 인정하도록 만들며, 마치 그것이 국민들의 자발적인 충성인 것처럼 보일 뿐이다. 새로운 정부가 수립되었을 때 국민이 복종하는 이유는 그 정부에 대한 충성심이라는 도덕적 의무 때문이 아니라 그 정부가 행사할 수 있는 '힘'에 대한 공포와 자기를 보호하기 위해서이다. 계약론자들은 복종의 의무를 계약의 결과에서 찾은 반면, 흄은 그것을 자기이익에 대한 기대와 규약의 힘에서 찾았다. 즉 우리는 습관적으로 오랫동안 복종해 왔기 때문에 정부에 대한 충성의 의무가 인정되는 것이지 계약론자들이 가정하는 아주 오래전에 있었던 원초적 계약 때문은 아니라는 것이다.[6]

통치자가 힘과 권력에 있어 국민보다 우위에 있다고 해서 그들이 국민

---

5) D. Hume(1978), *A Treatise of Human Nature*, 3권, 2부, 7, 8절. Hume, D. (1987) *Essays, Morals, Political, and Literary*, ed. Eugene F. Miller, Indianapolis. 1부 4, 5. 2부, 12, 13.

6) 김용환(1992), p. 110 참고

보다 본성상 우위를 점하는 것은 아니다. 통치자는 질서를 유지하고 정의를 실현시킬 의무가 있을 뿐이며 국민은 자신의 이익을 무시하고 통치자가 부정의를 행할 때 '저항'할 수 있다. 그러나 이 저항 근거로 흄은 계약 조건이 아닌 일반적인 인간의 자기 보호 감정으로서 '분노'를 들고 있다. 그는 정의(Justice)를 논하는 맥락에서 이러한 분노의 감정을 말하고 있다.[7]

6. 정의(justice)는 힘없는 자들의 분노의 효과를 느낄 때, 그리고 그들을 배려하는 데서 생긴다

흄에 따르면 사회정의는 '힘없는 자들의' 분노의 효과(the effects of resentment)를 사회구성원이 느낄 수 있을 때 실현될 수 있다.[8] 만일 힘없는 자들의 분노의 효과를 지배자들이 느낄 능력이 부족하다면, "그들(지배자)"과 "우리(피지배자)"의 관계는 한쪽에서는 '절대적 명령'과 그리고 다른 한쪽에서는 '시민 불복종'이 될 것이다. 이때 해결책은 한쪽에서의(주인의) '연민'과 '친절'이 다른 쪽에서의(노예의) 초법적 의지를 제지할 수 있는 유일한 억제수단이 될 것이다.[9] 이러한 생각은 흄 이후에 헤겔 철학에서도 나타난다. 헤겔은 주인과 노예의 인정관계를 다음과 같이 말한다. 즉 서로가 서로를 부정하게 되면 주체의 붕괴를 맞이하게 된다. 주인과 노예는 대립하고 투쟁하는 관계이지만 그 관계를 지속하게 되면 자신의 존립근거도 사라지게 되므로 서로를 인정할 수밖에 없다는 것이 헤겔

---

7) D. Hume(1975), *Enquiries concerning Human Understanding and concerning the Principles of Morals*, p. 190. 이하 페이지 표기는 *Enquiries*로 표기하겠다.

8) Hume, *Enquiries*, p. 190.

9) Hume *Enquiries*, p. 190.

감정 상했어요?

의 인정투쟁의 핵심이다. 즉 헤겔은 사물을 가공하는 노예의 노동과 노동의 생산물을 향유하는 주인의 인정관계가 상호화해와 용서 속에서 실현되는 것을 가장 이상적인 것으로 보았다.[10] 반면, 마르크스의 인정관계는 주체와 타자의 적대적 대립을 통해 지배구조의 전복을 통한 사회변혁에서 실현된다.

흄은 힘없는 존재의 입장을 명령에 대한 복종, 재산이나 보유, 욕망하는 것들의 포기 등으로 묘사한다. 그러나 흄은 힘없는 자들과의 이러한 상호작용은 평등한 사회라고 볼 수 없다[11]고 말한다. 따라서 힘없는 자들에 대한 배려로 인해 정의의 의무를 지킬 규약을 만들 수 있는 사회가 되어야 하며, 그런 사회가 평등을 실현하고자 하는 진실된 사회라고 흄은 말한다.

7. 분노는 모든 이에게 이익을 제공하는 힘이 된다

이 장의 2절에서 필자는 분노의 역할을 '자부심'이라는 관계를 통해 논했다. 즉 어떤 이가 자신이 '힘', '능력'이 있다고 생각하고 그 힘을 발휘하려고 할 때 다른 사람이 이를 받아 주지 않으면 '분노'가 일어난다. 흄은 사회적 힘과 지위를 인식함으로써 다양한 종류의 감정이 생기게 된 것을 강조했다. 이러한 것에는 자부심, 존경심, 시샘, 질투, 분노, 원한, 복수심 등이 있다. 이와 같은 감정들은 사회적 불평등을 함축하고 있다. 흄은 사회 불평등에 관해 인간본성에 있는 감정으로부터 접근했다. 그는 도덕감정

---

10) 김상환(2010), 「헤겔의 '불행한 의식'과 인문적 주체의 역설」, 『철학사상』(36) 43쪽 참조
11) Hume, *Enquiries*, p. 190.

론을 통해 사회 속에서 개인들이 자부심을 느끼는 데 있어 불평등한 현실을 지적하고 평등한 사회로 갈 수 있는 그림을 제시했다. 그는 이와 같은 과정에 대해 두 가지의 설명을 제시한다. 하나는 자연적으로 타고난 덕으로서 공감(연민, 동정)을 통해서, 다른 하나는 사회구성원들의 합의로 만들어진 인위적인 덕인 정의(justice)라는 덕목을 통해 평형에 대한 인식으로 이끈다. 이처럼 흄이 공감과 도덕감정을 통해 사회정의를 논한 것은 아주 흥미로운 점이다.

흄은 분노가 효과를 발휘할 때 사회정의가 실현될 수 있다고 보았는데, 이를 위해서는 규약(관습)들이 정의의 규칙이 되어야 한다고 제안한다. 사람들이 어떤 규약 속에서 협동할 때 그 안에서 이익을 얻지 못한다면 그들이 이익을 얻지 못한 것에 대해 '분노'를 느낄 것이다. 그들은 협동을 포기함으로써 그들의 분노가 효과적으로 느껴지게 만들 수 있는 방안을 찾을 것이다. 그렇게 되면 규약은 그들의 이익을 제공하는 방향으로 바뀔 가능성이 있다. 그런데 규약들이 그들의 이익을 위해 바뀌지 않으면 대책의 부족에 대한 분노로 확대된다. 그뿐만 아니라 사회가 그들을 구제하기 위한 권한 부여에 있어서 미흡하며 양도 가능한 소유물의 안정성을 보장하지 못한다는 것에 대한 분노로 확대된다. 이와 더불어 그들의 분노는 그와 같은 소유물에 대한 자부심을 느낄 기회조차 빼앗겼다는 사실을 인지하는 방향으로 확장된다. 그리하여 그들은 분노를 느끼게 만드는 '힘'을 갖는다. 그리하여 그들을 분노하게 만드는 힘은 모든 사람에게 이익을 제공하는 힘으로 바뀔 수 있다.

감정 상했어요?

8.정당하게 부를 축적하여 좋은 평가를 받을 때 '자부심'을, 소유가 부당하게 부정당할 때 '분노'한다

그러나 국민저항권 문제에서 흄은 그 정당성을 인정하면서도 '혁명'과 같은 급진적인 정치적 변혁에 대해서는 좀 더 심각하게 고려해야 한다고 하면서 그의 정부론을 끝낸다. 그 이유는 어떤 개혁이 모든 인간의 제도 내에서 필수적이긴 하지만, 그와 같은 개혁은 계몽된 그 시대의 천재들이 이성과 자유와 정의의 편에 서서 개혁의 방향을 제시할 때만 선하다고 보았기 때문이다. 흄에 따르면 그 누구도 폭력적 개혁의 권리는 없다.[12] 이러한 맥락에서 많은 사람은 흄을 보수주의자라고 해석한다.[13] 흄을 보수주의자로 볼 수 있는 이유는 그의 시대가 혁명이 필요 없는 안정된 사회였기 때문이다. 그러나 그의 이론을 역사적 한계라는 틀 안에 갇혀 있기만 한 것으로 해석해서는 안 된다. 그보다는 그가 속해 있던 18세기 영국 사회의 변화를 위해 규범적 질서를 재정립하기 위한 시도로 그의 이론을 이해해야 한다.[14]

흄이 살던 시대는 이미 도래한 상업 금융 사회였으며, 그와 같은 시민사회에서는 개인의 사적 취향과 이해의 추구가 사회 진보의 동인이 되었다. 따라서 인간은 공공사에 참여를 통해 전인적 자아실현보다는 자신의 개인적 능력과 취향에 따라 전문적 직종에서 재부를 창출하고 문화를 향유

---

12) Hume, *Treatise*, pp. 553-554.
13) 대표적으로 Donald W. Livingston(1995), "On Hume's Conservatism," *Hume Studies* 21 (2):151-164.
14) 김용환(1992), p. 112.

하면서 살 수밖에 없었다.[15] 그러나 흄은 인간의 내면에 자리 잡은 남으로부터 좋은 평가를 받으려는 성향 때문에 사적 욕망과 이해를 조절한다고 주장했다. 이때 정당하게 부를 축적하여 남으로부터 좋은 평가를 받을 때 '자부심'을 느낄 수 있고, 부당하게 소유를 막거나 억압할 때 '분노'한다고 보았다.

흄은 그의 후기 저서 『에세이』에서 유덕한 자부심에 대해 말한다. '중상층의 삶'이란 절에서 그는 소위 '젠틀맨'이라 불리는 사람들의 도덕성에 관해 말한다.[16] 여기서 중상층이란 그 당시의 젠트리 계층을 의미하며, 소위 '젠틀맨'이라 불리는 사람들이다. 이들은 영국 근대 시민사회 형성에서 도덕적 그리고 취미의 기준이 되었다. 흄은 18세기 젠틀맨의 의식에서 선택된 신념과 태도에 근거를 두고 도덕적 이상을 명료화하고자 했다. 그 당시 젠틀맨은 자연적 경향성에 따라 습관적으로 행동하고 궁극적으로 '효용성(utility)'의 원리를 따랐다. 그들은 자연적인 덕으로서 공감(연민, 동정)에 따라 행동하면서도 궁극적으로는 '공익'을 우선시하는 사람들로 평가된다. 흄의 윤리학이 공리주의로 평가받는 이유도 이러한 맥락에서이다. 젠틀맨은 친교를 통해 우정을 쌓는데, 흄이 말한 이 '우정'은 '동료애', 더 나아가서는 '동포애', 그리고 '인류애(humanity)'로 확장될 수 있는 것이다.

---

15) 조승래, 『국가와 자유』, 청주대학교 출판부, 1998, pp. 34-35.
16) Hume *Essays*, p. 547.

감정 상했어요?

9. 공감을 통해 부정의를 인식하고, 사회구성원의 합의를 통해 정의라는 덕목을 만들어 낸다

흄은 도덕감정론을 통해 덕과 악의 구분은 느낌의 문제라고 말한다. 즉 유덕하다거나 부덕하다는 것의 구분을 대상들과의 관계에서 찾거나 이성을 통해 찾는 것은 잘못이며, 감정이나 공감을 통해 가능하다고 보았다. 그는 사회비판의 이론적 근거를 경험적 세계에서 확보하고자 했다. 흄은 사회불평등에 관해 인간본성에 있는 감정으로부터 접근했다. 즉 한편으로 자연적 덕인 공감(연민, 동정)을 통해 평등에 대한 인식으로 이끌고, 다른 한편으로 인위적인 덕으로서 정의라는 덕목을 통해 평등에 대한 인식으로 이끌고자 했다. 그는 사회정치철학에서 한쪽, 즉 가진 자의 못 가진 자에 대한 "힘에 대한 자만"과 다른 쪽에서의 그에 대한 상대적인 '분개'와 같이 불평등한 힘의 불안정성에 대해 진단하고, 이와 같은 "악과 무질서에 대항한" 인류에게 '공통적이고 보편적인' 능동적 원리를 보편적인 감정인 '인류애(humanity)'에서 찾았다.[17]

이상에서 우리는 18세기 영국 철학자 흄이 경험적 사회세계, 즉 생활세계를 단순히 실천을 위한 것만으로 보지 않았고, 그 속에 있는 인간의 본성을 분석하고 이를 통해 역사의 발전과정을 설명하고자 했던 점을 살펴보았다. 또한 흄이 덕과 악이 이성에 의해 구별될 수 있는 것이 아니라 '감정'이나 '공감'을 통해 가능하다고 보았던 점, 그리고 사회불평등에 관해 인간 본성에 있는 감정으로부터 접근했다는 사실 역시 확인할 수 있었다. 따라서 우리는 이러한 점들에 주목하면서 오늘날 이성, 합리성을 강조하

---

17) Hume, *Enquiries*, p. 275.

는 우리 사회에서 해결하지 못하는 문제해결의 실마리를 모색할 필요가 있다. 특히 그가 도덕감정론을 통해 사회 속에서 개인들이 '자부심'을 느끼는 데 있어 불평등하다는 것을 진단하고 평등으로 이끌기 위해서는 상호 인정으로서 '공감'이 중요하다는 것을 강조한 점은 오늘날 우리 사회에 시사하는 바가 크다고 할 수 있겠다.

10. 사회정의는 공감과 도덕감정을 통해 실현될 수 있다

이 장에서 우리는 '분노'는 사회 속에서 관계를 맺는 과정에서 관계의 격차 때문에 생기는 감정일 뿐만 아니라 기본 감정으로서 인간본성에 있는 성향이라는 입장을 살펴보았다. 인간이 사회생활을 하면서 관계를 맺는 과정에서 무시당하거나 부정의를 경험하게 될 경우, 인정을 받기 위한 투쟁을 하게 되는데 이것을 촉발하는 심리적 계기가 바로 '분노'이다. 분노는 인류가 진화를 통해 보편적으로 갖게 된 기본 감정 중의 하나이지만 다른 어떤 감정보다 더욱 도덕적 감정의 씨앗을 포함한다.

흄은 사회 불평등, 부정의에 관해 인간 본성에 있는 감정을 통해 접근했다. 그는 도덕감정론을 통해 사회 속에서 개인들이 자부심을 느끼는 데 있어 불평등한 것을 지적하고 평등으로 이끌어 낼 수 있는 그림을 제시했다. 그와 같은 그림에 따르면, 우리는 자연적으로 타고난 덕으로서 공감(연민, 동정)을 통해 불평등, 부정의를 인식하게 되고, 다른 하나는 사회 구성원들의 합의를 통해 만들어진 인위적인 덕인 정의(justice)라는 덕목을 통해 정의가 무엇인지를 깨닫게 된다. 따라서 우리는 이러한 깨달음을 얻기 위해 공감과 도덕감정을 통해 사회정의를 바라보는 흄의 관점에 주

감정 상했어요?

목할 필요가 있다.

'공감'의 역할과 발생 기제 그리고 도덕감정의 역할에 대해서는 이 책의 4장과 5장에서 자세히 다루겠다. 그 전에 2장과 3장에서는 분노의 본성과 발생 기제에 관해 현대적 관점에서 살펴보기로 하자. 이를 위해 진화심리 학적 관점과 사회구성주의 관점으로부터 접근하겠다. 3장에서는 이를 토대로 감정이란 무엇이며 인간의 행동과 어떻게 연결되는지에 대해 살펴볼 것이다.

참고문헌

프리드리히 니체, 김태현 옮김,『도덕의 계보/이 사람을 보라』, 청하, 1982.

G. W. F. 헤겔, 임석진 옮김,『정신현상학』, 한길사, 2005.

Honneth, A., 문성훈·이현재 (역),『인정투쟁. 사회적 갈등의 도덕적 형식론』, 동녘, 1996.

김상환(2010),「헤겔의 '불행한 의식'과 인문적 주체의 역설」,『철학사상』: 36.

김용환(1992),「흄의 규약론에서 본 정의론과 정치론」,『사회계약론연구』.

서도식(2008),「자기보존과 인정: 의사소통사회의 사회적 투쟁 모델에 대한 반성」,『철학논총』51: 183-202.

양선이(2019),「사회적 감정으로서의 분노: 흄의 철학에 나타난 분노감정의 도덕적, 친사회적 기능에 관하여」,『동서철학연구』제93집: 121-142.

조승래(1998),『국가와 자유』, 청주: 청주대학교 출판부.
조승래(2004),「18세기 영국의 시민사회론」,『역사와 경계』51: 145-184.

Baier. A. (1980), "Hume on Resentment", *Hume Studies* 6: 133-149.

Hume, D. (1751), 1975, *Enquiries Concerning Human Understanding and Concerning the Principles of Morals*. ed. by L. A. Selby-Bigge. 3rd edition. Oxford: Oxford University Press.

Hume, D. (1740), 1978. *A Treatise of Human Nature*, ed. by L. A. Selby-Bigge. 2nd edition. Oxford: Oxford University Press.

Hume, D. (1987) *Essays, Morals, Political, and Literary*, ed. Eugene F. Miller, Indianapolis.

Solomon, R. C. (1976), *The Passions*, New York: Doubleday.

2장

분노

: 진화의 산물인가?
사회구성의 산물인가?

1. 분노: 생존을 위한 반응을 준비하는 신체변화에 대한 지각인가? 사회적 양육과 학습의 산물인가?

이 장에서 필자는 감정이 인간의 삶에 어떤 역할을 하는가를 생물학적 관점에서 접근하는 다윈주의 진화심리학과 사회문화적 관점에서 접근하는 사회구성주의 입장을 비교 분석하겠다. 이를 통해 각각의 이론의 난점을 밝히고 이 둘이 화해할 수 있는 하나의 입장을 제시하고자 한다.

감정 연구와 관련하여 다윈은 전 인류에게 공통적으로 나타나는 표정과 관련된 감정에 관심을 가졌다. 다윈에 따르면 만일 표정이 타고난 것이라면 감정 또한 타고난 것이다. 그는 타고난 표정과 관련된 감정들은 생존을 위한 적응의 기능을 가진다고 주장한다. 다윈의 생각을 이어받은 다윈주의자들은 원초적인 몇 가지 감정들은 성향으로서 전수된 것이며 생물학적 적응반응과 관련된다고 주장한다. 그들에 따르면 감정이란 유기체가 생존을 위해 적응하는 과정에서 반응을 준비하도록 고안된 것이며, 유형화된 신체변화에 대한 지각이다. 한편, 사회구성주의자들에 따르면 감정이란 자연적 산물이 아니라 사회적 양육이나 학습의 산물이다.

진화심리학자들은 감정이 문화에 걸쳐 정확히 동일하다는 것을 확립하지 못하며 문화의 공헌과 학습을 경시한다는 비판을 받는다. 이러한 입장은 감정이 어떻게 발생하는가를 설명하는 데 있어 결함 있는 이론이라 볼 수 있다. 한편 사회구성주의자들은 신체적인 반응의 중요성을 무시하고 인지적으로 매개된 문화적 규약을 지나치게 강조한다. 필자는 감정은 어떤 측면에서는 생물학적으로 결정된 프로그램이기도 한 동시에 인지적으로 매개된 규약적인 것이기도 하며, 때로는 상황의존적이고 역동성을 가진 것이라는 점을 보이고자 한다. 이 장에서는 '화', '분노'를 중심으로 다루겠다.

2. 원초적 감정에 대한 다윈과 현대 다윈주의의 입장

2-1. 다윈의 입장

• 표정이 타고난 것이라면, 감정 또한 타고난 것이다

감정 연구와 관련하여 다윈의 주된 관심은 전 인류에게 공통적인 얼굴 표정과 관련된 감정이다. 그의 저서 『인간과 동물의 감정표현』에서 다윈은 다음과 같이 주장한다. 즉, 만일 표정이 타고난 것이라면, 감정 또한 타고난 것이라고 말할 수 있을 것이다.[1] 그는 타고난 감정의 존재를 타고난 표정의 존재를 통해 정당화하고자 했다. 이를 위해 다윈은 고립된 문화 속에 살고 있는 사람들 사이에 유사한 표정에 대한 증거를 발견하고자 했다. 다윈은 지구상에서 아주 먼 지역에 고립된 영국 사람들에게 그들 간에 서로 관찰된 표정에 관해 답변해 줄 것을 요구했는데, 그들의 보고에 따르면, 영국에서 멀리 떨어진 곳에 있는 영국 사람들과 영국에 머물고 있는 영국 사람들 간의 표정 사이에 유사성이 뚜렷이 존재한다는 것이다. 타고난 감정의 존재를 타고난 표정의 존재로부터 추론하는 다윈의 또 다른 대표적인 예는 다음과 같은 것이 있다. 즉 다윈은 6개월 된 그의 아들이 그의 보모가 우는 척했을 때 그 아이의 반응을 다음과 같이 묘사한다.

---

[1]   C, Darwin(1889/1988), *The Expression of the Emotions in Man and Animals*, with an introduction, afterward and commentary by P. Ekman, London: HarperCollins.

"나는 그 아이의 입 끝이 아주 침울해지면서 그 아이의 얼굴이 즉각 침울한 표정을 나타내는 것을 봤다. 이 아이는 결코 다른 아이의 우는 것을 본 적이 없기 때문에, 그가 아주 어린 나이에 어떤 주제에 대해 추론할 수 있었는자 의심하지 않을 수 없다. 따라서 내가 생각하기에 보모가 우는 척하는 것에 대해 그 아이는 타고난 감정을 통해 그것이 슬픔이라는 것을 이해할 수 있었을 것이다. 그와 같은 타고난 감정이 존재했기에 상호 교감을 통해 그 아이 속에 비탄을 일으켰음이 틀림없다."[2]

- **감정을 나타내는 표정은 적응의 유용성 때문에 획득되어 후손에게 전수된 것이다**

다윈의 이와 같은 생각을 이어받은 현대 다윈주의자 예컨대, 에크만과 이자드에 따르면, 감정은 부분적으로 표정을 통해 드러나며, 표정의 보편성은 감정의 보편성에 대한 증거가 된다.[3] 다윈에 따르면, 인간 얼굴의 근육 구조는 신의 고안에 의해 주어진 것이 아니라 우리 조상들로부터 물려받은 것이며, 우리 조상들은 그러한 것을 생존을 위한 적응의 유용성 때문에 결과적으로 획득하게 된 것이다. 그리하여 그와 같은 것을 후손들에게 물려준 것이다. 이와 같은 관점에서 볼 때 어떤 표정들은 생존을 위한 적응의 기능을 가진다. 예컨대, 놀람과 눈썹이 올라가는 것 사이의 관계는 우연적인 것이 아니다. 왜냐하면, 그와 같은 눈썹의 움직임은 선사시

---

2) Darwin, Ibid.

3) P. Ekman(1972), 'Universals and Cultural Differences in Facial Expressions of Emotion', in J. Cole (ed.), *Nebraka Symposium on Motivation*, 1971 (Vol. 19, pp. 207-283), Lincoln; University of Nebraska Press.; C. E. Izard(1971), *The Face of Emotion*, New York: Appleton-Century-Crofts.

감정 상했어요?

대 적부터 보통 놀람을 촉발하는 환경 속에서 그 역할을 잘해 왔기 때문이다. 따라서 다윈은 안면 근육 운동은 우리 조상들이 물려준 자연적 성향의 산물이라고 주장한다.

그러나 이와 같은 입장은 전수된 성향의 산물이 아닌 단지 관습적인 표정들을 설명할 때 어려움에 직면한다. 이러한 어려움에 직면하여 다윈은 모든 감정표현이 다 전승된 성향의 산물은 아니라고 주장한다. 다윈에 따르면, 예컨대 나무람의 표현으로 이빨을 입술 위로 포개는 것은 어릴 적부터 습득된 것이며 문화마다 다를 수 있다. 하지만 관습적으로 갖게 된 감정의 경우에 대해 다윈은 더 이상 상세한 논의를 전개하지 않는다. 관습적 감정표현과 관련된 다윈 이론의 이와 같은 불충분함은 이후 사회구성주의자들의 비판의 표적이 된다. 이 점에 관해서는 다음 장에서 구체적으로 논의하겠다. 그 전에 다음 절에서는 다윈주의자들이 다윈의 이러한 생각을 어떻게 발전시켰는지를 살펴보기로 하자.

2-2. 진화심리학

• 감정이란 그것이 표현될 때 전형적으로 안면 운동과 신체적 운동을 포함하는 신경생리학적 사건이다

현대 다윈주의자들은 기본적인 몇 가지의 감정들은 전수된 성향의 산물이란 점에 착안하면서 감정이란 그것이 표현될 때 전형적으로 안면 운동과 신체적 운동을 포함하는 신경생리학적 사건이라고 본다. 그리고 그러한 것이 감정에 대한 참된 표현이라고 주장한다.[4] 에크만은 보편적 표

---

4) Ekman(1980), 'Biological and Cultural Contributions to Body and Facial Movement in the

정들과 관련된 놀람, 행복, 분노, 공포, 혐오, 슬픔이라는 여섯 종류의 원초적 감정을 제안하였다. 플럿칙과 프리다 등의 연구자들은 전적으로 표정에만 의존하지 않고, 대신 여러 신체 부위들과 관련된 반응 경향을 중요시하였다. 이와 같은 공통점에도 불구하고 그들이 제시하는 기본 감정의 목록에 있어서 차이가 있다. 비록 다윈주의자들 가운데서도 기본 감정의 수가 얼마나 되며 어떤 감정이 특별히 기본 감정에 포함되는가에 불일치가 존재하긴 하지만 그들은 대부분 다음과 같은 감정들, 즉 '기쁨', '슬픔', '분노', '역겨움', '놀람', '공포', '불만' 등을 기본 감정의 범주에 포함시키고 있다. 그들에 따르면, '기쁨(joy)'은 행복(happiness), 흥겨움(excitement), 만족(satisfaction) 등등을 포괄하고, '화남(anger)'은 격분(rage), 분개(resentment) 등등을 포괄한다.

기본 감정론자들 간에 여러 감정 가운데 특별히 몇 가지를 기본 감정으로 분류하는 기준을 선택하는 데 있어서 또 다른 차이점을 보인다. 어떤 이는 원초적 감정을 심리적인 측면에서 기본적인 것으로 보는 반면, 어떤 이들은 기본 감정을 생물학적인 측면에서 원초적이라고 본다. 그러나 현대 다윈주의자들은 **생물학적 기준**을 기본 감정을 분류하는 기준으로 택하고 있다. 생물학적 기준을 택하는 주된 이유는 기본 감정은 정상적으로 진화하는 모든 인류가 타고난 것이라 보기 때문이다.

Expression of Emotion', in A. Rorty (ed.), *Explaining Emotions*, Berkeley: University of California Press. pp. 79-82.

감정 상했어요?

- 기본 감정들이 통합되어 보다 고차적인 감정을 유발하는 과정에는 인지적 작용이 개입된다

대부분의 기본 감정 이론가들은 기본 감정들 외에 이들의 복합을 통해 나타나는 복합적 감정들이 있다고 주장한다. 기본 감정을 주장하는 이론가들 중에 어떤 사람들은 기본 감정들이 통합되어 보다 고차적인 감정을 유발하는 과정에는 인지적 작용이 개입된다고 주장한다. 그들에 따르면, 공포와 분노와 같은 기본 감정들은 인간과 하등동물 모두에게 생물학적으로 유사한 기제를 갖고 있지만, 기본 감정 이외의 고차적인 감정들은 인간에게만 특징적으로 나타난다. 그러한 고차적인 감정의 형성에는 인지적 과정이 개입되므로, 만일 인간과 동물이 고차적인 감정을 공유할 수 있으려면 두 종 간의 인지적 능력이 동일하다고 전제해야만 할 것이다. 이와 같은 문제에 직면하여 뇌과학자들은 인간의 인지적 능력이 다른 종들의 그것에 비해 월등하다는 전제하에, 기본 감정과는 달리 인지적 과정이 개입되는 복잡한 감정에 있어서는 인간이 다른 동물들과 공유할 수 없는 것이 있다고 가정한다. 예를 들면, 라자루스는 '자부심', '수치심', '감사'하는 마음 등이 인간의 고유한 감정이라고 주장한다. 나아가 기본 감정 이론가들은 이상과 같은 고차적인 감정이 표정과 관련되어 진화해 왔다고 주장한다.

3. 화(anger)는 인간과 하등동물이 공유하는 감정으로 공격하고자 하는 비자발적 성향이다?

3-1. 동일한 얼굴표정이 존재한다고 해서 그와 관련된 원초적이고, 기본적인 감정이 존재한다고 추론할 수 있는가?

이제 필자는 이상과 같이 주장하는 다윈과 다윈주의 입장에 대해 '화'라는 감정을 중심으로 문제를 제기해 보겠다. 진화심리학자들에 따르면 공포와 분노와 같은 기본 감정들은 정상적으로 진화하는 모든 인류가 타고난 것이며, 인간과 하등동물 모두가 이에 관한 생물학적으로 유사한 기제를 갖고 있다. 그런 점에서 공포와 분노 같은 감정은 '원초적' 감정이다. 그렇다면 어떻게 원초적 감정을 확인할 수 있는가?

에크만에 따르면, 원초적 감정을 확인하기 위해서는 문화적으로 보편적인 표정들을 찾아볼 필요가 있다. 만일 동일한 표정이 전 문화에 걸쳐 동일한 조건에서 생긴다면 그와 같은 반응은 적어도 부분적으로는 타고난 감정을 통해 매개된 것이라고 믿을 이유가 있는 것이다. 하지만 동일한 얼굴 표정이 존재한다고 해서 그를 통해 그와 관련된 원초적이고, 기본적인 감정이 존재한다고 추론하는 것은 문제가 있다. 왜냐하면, 에크만 자신도 인정했듯이, 어떤 감정은 타고났다고 하더라도 그에 상응하는 표정을 갖지 않을 수도 있기 때문이다. [5] 또한 타고난 감정이 존재한다고 해서 전 인류에게 보편적인 기본 감정이 있다고 추론하는 것도 문제가 있다. 왜냐하

---

5) Ekman(1999), 'Basic Emotions', in T. Dalglesish & T. Power (ed.), *The handbook of cognition and emotion*, 45-60, New York: Wiley.

면 어떤 타고난 감정들은 원초적이지 않을 수도 있기 때문이다.

이러한 비판에 직면하여 에크만은 원초적 감정을 지지하는 학자이지만, 원초적 감정표현이 늘 정확히 똑같은 형태로 나타난다고 주장하지는 않는다. 그는 보편적 안면 감정표현조차도 학습과 문화적 요인에 따라 조절될 수 있다고 지적한다. 그는 표현규칙(display rules)이라는 개념을 도입하는데, 이것은 사람들이 각기 자신들의 감정표현을 제어하기 위해 발전시킨 나름의 관습, 규범, 그리고 습관 등을 지칭하는 것으로, 누가 어떤 감정을 언제, 누구에게, 얼마만큼 드러낼 수 있는지를 규정한다. 그는 이 표현규칙이 개인에 따라 다를 수 있고, 이러한 개인차가 문화적 규범보다 더 중요하게 작용할 수 있다고 주장한다.[6]

3-2. 타고난 보편적 감정이 있지만 관습이 감정표현을 제어하기도 한다

에크만은 자신의 가설을 입증하기 위해 실험을 수행했다. 서양인들이 동양인들에 비해 더 적극적으로 감정을 표현한다는 가정을 바탕으로, 일본인과 미국인 피험자들이 감정을 유발하는 영화를 보고 있는 동안, 이들의 안면감정표현들을 연구하였다. 피험자들은 각각 자신의 나라에서 실험에 참여했는데, 그들은 방 안에서 혼자 영화를 보거나 흰 가운을 입은 권위적 인상의 실험자와 함께 영화를 보았다. 그들의 표정은 비밀리에 비디오테이프에 기록되었다. 나중에 안면 감정표현이 관찰자들에 의해 분석되었는데, 이들은 피험자들이 무엇을 보고 있었는지 모르는 사람들이었다. 그 결과 혼자 영화를 보는 조건에서, 일본과 미국 피험자들은 여러

---

6) 르두, 『느끼는 뇌』 162쪽 참조

시점에서 매우 유사한 감정표현을 나타냈다. 그러나 흰 가운을 입은 실험자가 있었을 때, 얼굴의 움직임은 더 이상 같지 않았다. 일본인 피험자들은 미국인 피험자들에 비해 더욱 공손하였고, 미소를 짓는 빈도가 더 많았으며, 표정 변화의 폭이 더 단조로웠다. 흥미롭게도, 그 비디오테이프를 슬로우 모션으로 재생하여 분석한 결과, 일본인 피험자들이 보여 준 공손하고 미소를 띤 표정들에 가려져 있다가 찰나에 나타나는 표정들이 관찰되었다. 이는 에크만에 따르면 그것은 원초적 감정이 새어 나온 결과이다.[7] 즉, 다시 말하자면, 선천적이고 보편적인 원초적(기본) 감정이 존재하지만, 개인이 자신의 감정표현을 제어하기 위해 갖고 있는 규범(관습)을 어떻게 작동시키느냐에 따라 원초적 감정이 얼굴표정으로 각기 달리 나타날 수 있다는 것이다.

이상을 통해 볼 때 에크만은 원초적 감정과 표현규칙이라는 개념들을 가지고, 문화권을 초월하여 나타나는 선천적, 보편적 감정표현과 그에 동반하는 안면 근육 움직임을 설명하는 동시에 문화권별로 차이를 보이는 학습된 감정표현들을 설명한다. 이와 같은 맥락에서 타고난 얼굴 표정의 존재들로부터 원초적 감정의 존재를 추론하는 시도에 대해 의문을 제기할 수 있다. 예컨대, 오토니와 투너는 원초적 감정이론가들이 서로 다른 항목들을 제시한다면 서로 다른 선택을 정당화할 어떤 객관적 기준이 없다는 점에서 그와 같은 항목들은 자의적인 것이라고 주장한다.[8] 필자가 보기에 원초적 감정이 어떤 것인가에 대해 원초적 감정론자들 사이에 불일치가 존재한다는 사실 자체가 원초적 감정의 항목들이 바뀔 가능성이

---

7) 르두, 『느끼는 뇌』 162-163쪽 참조

8) Ortony and Turner(1990), 'What's basic about basic emotions?', *Psychological Review* 97: 315-331.

감정 상했어요?

있다는 것을 의미하며 이는 원초적 감정이 타고난 것이라는 주장이 문제가 있음을 보여 주는 것 같다.

오토니와 터너는 원초적인 감정들이 보편적인 표정들에 의해 정의될 수 있을지 아니면 다른 기준들이 필요한 것인지에 관한 중요한 문제를 제기했다. 그들의 물음은 원초적 감정들이 그처럼 '원초적인 것'이라면 무엇이 원초적인가에 대해 왜 그토록 이견이 분분한가, 즉 어떤 학자들에 의해서 원초적 감정으로 간주되는 것들(흥미나 욕구 등)을 다른 학자들은 아예 감정으로 인정조차 하지 않는 일들이 어떻게 가능한가 하는 것이다. 이러한 문제 제기와 함께 오토니와 터너는 결국 원초적인 것은 어떠한 감정 자체나 그 표현방법이 아니라는 주장에 이르렀다. 대신에 그들은 감정 표현에 있어서도 사용되고, 감정을 유발하는 상황과 무관하게도 사용되는, 기본적이고 선천적인 반응 구성요소들을 제안하였다. 즉 그들은 "감정표현은 생물학적으로 결정된 요소들의 레퍼토리를 기반으로 구성된다. 많은 감정들은 항상은 아니지만 매우 높은 빈도로, 매번 동일한 특정 구성요소들의 부분 집합들과 연관된다."고 주장한다. 그들은 특정 정서 표현과 유사한 신체 표현들이 감정과 무관하게, 즉, 감정 없이 나타날 수도 있으며 특정 감정에 의해 전형적으로 유발되는 표현들이 다른 감정의 국면에서도 유발될 수 있다고 주장하였다. 우리는 추워서 떨기도 하지만 무서울 때에도 떤다. 슬플 때에도 울지만 지극히 기쁠 때에도 울 수 있다. 분노할 때 인상을 찌푸리듯이 좌절감을 느낄 때에도 그러하며, 우리는 분노할 때 보통 눈썹을 치켜뜨지만 그뿐 아니라 주위 상황에 정신을 집중하는 모든 경우에도 눈썹을 치켜뜨곤 한다.[9]

---

9)   드루, 『느끼는 뇌』 165쪽 참조

또 한 가지 진화심리학의 문제점은 다음과 같은 질문과 관련된다. 우리는 무엇 때문에 어떤 감정들이 보편적이라고 보아야만 하는가? 앞서 살펴본 바와 같이 다윈주의자들에 따르면, 어떤 감정이 보편적이라고 볼 수 있는 이유는 문화적으로 보편적인 표정이 존재한다는 것이었다. 그러나 이러한 주장을 하기 위한 실험에 문제가 있음을 우리는 알 수 있다. 즉 에크만의 연구에 따르면, 북극 사람의 44퍼센트 반응자들에게서만 정확히 '역겨움'이라는 표정을 확인할 수 있었으며, 50퍼센트 반응자들에게서만 이 '화'를 확인할 수 있었다. 어떤 경우들은 북극 사람들의 통제 샘플과 서구 사람들의 그것과는 일치하지 않았다. 대략 45퍼센트의 북극 사람들이 나타낸 '놀람'의 얼굴은 놀람이라기보다 '공포'와 관련됨을 알 수 있다. 56퍼센트의 사람들의 경우 '슬픔'에 상응하는 표정이 서구 사람들의 경우에 '화'에 가까웠다.[10]

3-3. 문화가 타고난 감정의 창고를 상이한 방식으로 관례화할 수도 있다

이상과 같은 발견은 오히려 사회구성주의 입장을 지지하는 것이라 볼 수도 있다. 그렇다면 에크만의 실험 결과를 통해 우리는 감정이 얼굴표정을 통해 드러나고 표정의 보편성을 통해 기본 감정이 존재한다고 하는 주장이 문제가 있음을 알 수 있다. 북극 사람들의 감정이 서구의 그것과 표현에 있어 유사할지 모르겠다. 하지만 개념적, 행동적, 인지적, 현상학적 등등에서 미묘한 차이가 존재할 수도 있다. 그래서인지 에크만 자신은 이후의 글에서 보편적 감정이라기보다 문화가 우리의 타고난 감정의 창고

---

10) Ekman(1972)

를 상이한 방식으로 관례화할 수도 있음을 시사하는 보편적 감정군들에 관해 말한다.[11] 하지만 이런 주장은 사회구성주의 입장과 양립가능하다.

어떤 이는 진화심리학자들이 주장하는 '적응'이라는 개념에 대해 문제를 제기한다. 어떤 감정이 적응 반응이라는 것을 증명할 때 그것이 생물학적 적응이라는 것을 반드시 함축하지는 않는다. 적응 반응은 개인에 의해 발견될 수도 있고 문화에 의해 재단될 수도 있다. '화'의 종류들은 문화적 적응의 가능성을 함축하기도 한다. 질투심의 예를 살펴보자. 강경한 진화심리학자들은 질투심이 타고난 것이라고 주장한다. 보다 온건한 진화심리학자들은 질투심이 몇 가지 기본 감정들, 즉 슬픔, 공포, 화, 그리고 역겨움이라는 것들의 조합이라고 주장한다. 당신이 당신의 배우자에 대해 성적으로 신뢰하지 못할 때, 그것은 우선 '슬픔'을 야기한다. 당신은 그를 잃을지도 모른다. 그와 같은 상황에서 당신은 배신을 당했다는 것 때문에 '화' 날 수 있고, 당신 홀로 살아야 하기 때문에 '공포'를 느낄 수도 있다. 끝으로 그와 같은 배신감은 '역겨움'을 유발할 수도 있다. 왜냐하면 당신은 당신의 사랑하는 사람의 신체가 오염되었다고 느낄 수 있기 때문이다. 질투심은 이상과 같은 기본 감정들(슬픔, 공포, 화, 역겨움)이 복합된 것에 대한 이름일 수 있다. 그렇다면 우리는 원초적 감정 몇 가지를 넘어 특별히 타고난 감정을 가정할 필요가 없다.

3-4. 질투심은 타고난 것인가? 후천적으로 획득된 것인가?

진화심리학자들은 질투가 성(gender)의 차이라는 것을 지적함으로써

---

11) Ekman(1999)

타고난 것(innate)임을 확립하려고 했다. 하지만 이러한 것은 사회구성주의 모델에서 더 잘 설명될 수 있다. 여성은 감정적 불신에 대해 보다 민감하다. 왜냐하면 역사적으로 그들은 물리적 자원에 대해 남성에 의존적이었기 때문이다. 남자를 잃는다는 것은 삶에 필수적인 자원을 잃는다는 것을 의미했다. 따라서 여성의 질투심은 여성이 체계적으로 불이익을 당해왔던 문화 속에서 발견되는 패턴을 통해 알 수 있다. 한편 남성은 여성을 재산으로 간주하고 그것들을 통제하기를 원하기 때문에 그들은 그들의 재산인 여성의 감정을 상관하지 않는 방식으로 양육되어 왔다. 그들은 로맨틱 신뢰감보다 성적 신뢰감을 더 중시한다. 이상을 통해 볼 때, 사회구성주의자들은 남성의 질투심이라는 것이 타고난 것이라는 것을 가정하지 않고도 남성의 성적 충동을 잘 설명할 수 있는 듯하다. 그러한 것은 후천적으로 획득된 것들이다. 만일 질투심에 있어 성의 차이가 유전적인 것에 토대를 두고 있다면, 우리는 문화적 다양성을 별로 기대할 수 없을 것이다.

진화심리학은 이상과 같은 난점을 가짐에도 불구하고 많은 지지를 받고 있다. 그 이유는 첫째, 감정이 기본적인 신체적 반응들과 조상들로부터 전승된 뇌 구조와 연관되어 있다는 엄청난 증거들이 있기 때문이다. 모든 감정은 우리의 자율신경계의 변화에 동반되며, 이와 같은 변화들은 통제하기가 아주 어렵다. 또한, 감정은 다른 동물들과도 분명 유사하며, 어떤 감정들은 발달에 있어 문화적인 학습이 있기 훨씬 전에 나타나기도 한다. 그렇다면 어떤 특수한 감정을 어떻게 획득하게 되었는가는 일반적으로 생물학적으로 주어진 것에 의존한다고 봐도 무방할 것이다.

4. 감정은 사회적 산물인가?

4-1. 감정은 사회적 규약에 따라 행동할 때 발현되는 인지적 평가이다

이상과 같은 다윈주의 진화심리학적 입장에 대해 감정은 자연적 산물이 아니라 사회적 양육이나 학습의 산물이라고 주장하는 사람들이 있다. 이들에 따르면 감정이란 사회적으로 구성된 것이다. 사회구성주의자들은 감정의 본성에 관한 진화심리학자들의 주장을 다음과 같이 반박한다. 즉 그들은 감정이란 유기체가 생존을 위해 적응하는 과정에서 반응을 준비하도록 고안된, 유형화된 신체적 변화에 대한 지각이라는 점을 거부한다. 사회구성주의자들은 주장하길, 감정은 결코 즉각적 반응이지도, 신체적이지도 않다. 에이브릴에 따르면, 감정은 사회적 규약에 따라 행동할 때 발현되는 인지적 평가이다.[12] 평가란 인간 스스로가 처해 있는 상황이 어떻게 자신을 잘 보전할 수 있는지에 관한 판단이다. 이처럼 평가는 인간이 처해 있는 환경이나 상황에 대해 관심을 나타내는 것이다. 규약이란 우리의 관심과 관련된 어떤 것이 나타날 때 무엇을 해야 할지에 관한 지침이 된다. 각각의 감정과 관련된 규약은 서로 다른 행위의 범위를 말해 주며, 이와 같은 행동들은 아주 복잡할 수도 있고 지속적일 수도 있다. 평가와 규약은 사회문화적인 것이다. 그와 같은 것들은 어떤 문화적 가치나 믿음을 반영한다. 어떤 사람이 그의 문화에 맞는 감정표현과 행위를 할 때, 그는 그의 문화에 의해 처방된 행위와 결정을 하고 있는 것이다. 한

---

12) J. R. Averill(1980), 'A Constructivist view of emotion', in *Emotion: Theory, research and experience*. Vol. I. (ed. R. Plutchik and H. Kellerman), Academic Press: New York, NY, pp. 305-399.

편 그는 자신의 문화적 규범을 어길 수도 있으며, 다른 사람들과 다른 평가들을 할 수도 있다. 그러나 사회구성주의자들에 따르면, 이와 같은 선택은 비자발적인 것이다. 에이브릴에 따르면 감정은 비자발적 선택이지만 신체적 동요일 필요는 없다. 우리는 심장 박동 없이도 감정을 느낄 수 있기 때문이다. 감정을 신체적 상태와 연관하여 생각하려고 하는 시도는 감정을 수동적인 것으로 보려는 것이다. 이는 곧 우리를 인지적인 존재로 보기보다 본능에 따르는 동물과 유사한 것처럼 가정하는 것이다.

사회구성주의자들은 때때로 우리가 앞서 살펴본 신체적 상태와 관련이 없는 감정의 예를 들면서 자신의 입장을 옹호한다. '죄책감'과 '사랑'과 같은 고차적 감정들은 분명 신체적 상관자를 갖지 않는다. 그들에 따르면, '공포'와 '분노'에는 확인될 수 있는 표정들이, '사랑'이라든가 '죄책감'에는 찾아볼 수 없다고 주장한다. 이와 같은 문제에 직면하여 다윈 자신은 직접 대답하지 않았지만, 다윈을 변호하는 현대 다윈주의자들은 사회구성주의자들의 주장에 다음과 같이 반박한다. 예를 들어 제시 프린츠(Jesse Prinz)는 다음과 같이 다윈 입장을 변호하고 있다.

> "아마도 죄책감이라는 감정은 눈을 내리깔고 턱이 아래로 쳐지는 표정으로 나타날 것이다. 죄책감을 느낄 때 보다 더 원초적인 감정인 당황이라는 것으로부터 빌린 얼굴 붉어짐의 경우도 있을 수 있다. […] 도덕적 감정은 우리로 하여금 행위를 하도록 자극하는 것이라고 일반적으로 믿어진다. 미적인 감흥은 뼛속 깊이 파고드는 찌릿한 느낌으로 말할 수 있을 것이다. 지적인 감정은 놀람이나 즐거움과 중복될 수 있

감정 상했어요?

고 거의 확실히 신체적 징표를 갖는다."[13]

4-2. 사랑이나 죄책감 같은 감정은 신체적 동요 없이도 일어난다

그러나 사회구성주의자들에 따르면, 사랑이나 죄책감과 같은 감정은 신체적 동요 없이도 일어난다. 어떤 사람은 그의 신체는 지속적인 동요의 상태에 있지 않더라도 오랫동안 '사랑'이란 감정을 느낄 수 있다고 말할 것이다. 이와 같은 감정들은 장기지속적(long-lasting)이다. 게다가, 이러한 감정들은 즉각적인 본능적 반응(gut reaction)이라기보다, 복잡한 행위의 패턴과 연관되며, 사회적 산물이라 볼 수 있다. 이와 같은 반론에 직면하여 현대 다원주의자들은 장기지속적 감정의 경우를 아래와 같이 설명한다. 장기지속적 감정들은 신체적 반응의 패턴을 통해 설명될 수 있을 것이다. 왜냐하면 프린츠가 주목했듯이, "성향은 그것이 발현되지 않더라도 행위자 속에 항상 존재하기 때문에 이와 같은 감정이 느껴지지 않는다고 해서 사라졌다고 말하는 것은 아니기 때문이다."[14] 다원을 지지하여 프린츠는 성향적(dispositional) 상태와 발현적(occurrent) 상태를 구분하고 장기지속적 감정을 성향적인 것으로 간주한다. 만일 어떤 사람이 배우자를 항상 사랑한다고 말한다면 이 경우 그 사람의 사랑은 사랑이라는 발현적 상태를 갖는 지속적 성향이다. 다시 말하면, 그와 같은 감정은 성향으로서 항상 잠재되어 있으며, 조건이 주어지면 일어난다. 프린츠에 따르면, 사랑이라는 발현적 상태는 "어떤 사람이 그의 사랑의 대상에 직면했

---

13) Prinz(2004a), 'Embodied Emotions', in *Thinking about Feeling*, Oxford University Press, p. 50.
14) Prinz Ibid., p. 50.

을 때 그가 가지는 체화된(embodied) 반응이다."[15] 이와 같은 상태가 체화된 것이라 보는 이유는 그러한 상태에 있는 어떤 사람은 그가 사랑하는 사람의 모습을 봤을 때 사지와 연결된 두뇌 활동이 신체적 반응과 연관되어 있다는 것을 보여 주기 때문이다. 이러한 관점에서, 프린츠는 장기간 지속된 사랑이란 감정은 이상과 같이 체화된 상태라고 제안한다. 왜냐하면, 어떤 사람이 자신이 사랑하는 사람을 꼭 껴안았을 때 느껴지는 살의 부드러운 감촉을 경험하지 않고 그와 관련하여 그 사람을 사랑한다고 말하는 것은 넌센스이기 때문이다. 다윈의 이론을 발전시킨 현대 다윈주의자인 프린츠의 이상의 입장을 인정한다 할지라도 이러한 입장이 미학적 감흥이라든가 도덕적 감정 등 신체적 동요 없이 차분하게 일어나는 감정을 제대로 설명할 수 있을지는 의문이다.

4-3. 다윈주의의 반박: 어떤 감정은 원초적이고 나머지 감정들은 이와 같은 원초적 감정들을 복합한 것이다

이러한 문제점에 직면하여 프린츠 자신은 다시 다윈주의 기본 입장에서 원초적 감정 이론에 호소한다. 이에 따르면, 어떤 감정은 원초적이고 나머지 감정들은 이와 같은 원초적 감정들을 복합한 것이다. 예컨대, '경멸'은 '화'에 '역겨움'을 더한 것이고, '전율감'은 '기쁨'에다 '공포'를 더한 것이다. '죄책감'은 나의 죄나 범법 행위에 관한 생각에다 '슬픔'이란 감정을 보탠 것이라 볼 수 있다. 이러한 주장은 플럿칙의 정서환 개념을 통해 보

---

15) Prinz(2003), 'Emotion, Psychosemantics, and Embodied Appraisals', in A. Hatzimoysis (ed.), *Emotion and Philosophy*, Cambridge University Press, p. 83.

다 분명해진다. 플럿칙은 기본색들을 섞어서 새로운 색들을 만들 수 있는 색상환의 개념을 본떠서 소위 감정환을 구성하였다.

감정환의 각 위치에는 기본적인 감정들이 배열된다. 이러한 감정환 내에서 두 가지 기본 정서의 통합은 쌍이라 칭한다. 의미상으로 가까운 감정들끼리의 통합은 일차적 쌍이라 하고, 하나 건너 있는 감정들끼리의 통합은 이차적 쌍이라고 한다. 이러한 도식에 근거하면, '사랑'은 서로 접해 있는 즐거움과 수용이라는 두 기본 감정의 일차적 쌍이라 할 수 있고, '죄책감'은 수용을 사이에 두고 서로 떨어져 있는 '즐거움'과 '공포'라는 두 기본 감정의 이차적 쌍이라 할 수 있다. 두 기본 감정들이 서로 떨어져 있을수록 그들 간의 통합이 일어날 가능성은 낮아진다. 만일 그처럼 동떨어진 감정들 간의 통합이 일어나면 갈등이 발생할 확률이 높아진다. '공포'와 '놀람'이라는 두 감정은 서로 인접해 있고, 이들 간의 통합은 '경악'이라는 보다 고차적인 형태의 감정을 유발한다. 반면 '즐거움'과 '공포'는 수용을 사이에 두고 서로 떨어져 있으며, 그러므로 이들 간에 완전한 통합은 불가능하다. 이로 인해 갈등이 발생하고 이는 '죄책감'이라고 하는 감정의 근본적인 원인을 제공한다.[16]

4-4. 사회구성주의의 재반박: 감정은 문화마다 다양하며 사회적 산물이다

한편, 사회구성주의자들은 이와 같은 복합적 감정 외에 진화심리학자들이 생물학적으로 기본적인 것으로 간주하는 하위 감정까지 확대하여

---

16) 르두, 『느끼는 뇌』 156 참조

이것 역시 신체적 변화와 상관이 없음을 주장하고 싶어 한다. 우리는 종종 '화(anger)'가 다른 동물과 공유하는 감정이라고 가정한다. 즉 그와 같은 감정은 공격을 하고자 하는 비자발적 성향이라고 간주된다. 그러나 사회구성주의자들에 따르면 이러한 가정은 하나의 편리한 환상에 불과하다. 왜냐하면 우리는 때때로, 어떤 가게에서 산 물건을 반품하고자 할 때 그것이 결함이 있음을 지적하면서 전략적으로 화를 낼 때가 있다. 모든 종류의 화라는 것이 전략적 선택일 수도 있는 것이다.[17] 그렇다면, 화는 결국 세계에 대처하는 데 있어 세계를 아주 복잡하게 개념화하는 데 관여하는 것일 수 있다. 사회구성주의자들에 따르면, '화'를 내기 위해 우리는 어떤 것을 '모욕'이라고 간주할 필요가 있으며, 이를 위해서는 아주 복잡한 것이 요구되며, 이는 문화적으로 도덕적 판단이라고 알려진 것과 관련된다. 따라서 '화'는 동물적인 것을 반영하는 것이 아니라, 복잡한 도덕적 태도라고 주장한다.

사회구성주의자들은 이상과 같은 그들의 입장을 지지하기 위해 우선 일차적으로 그 증거로서 문화적 다양성을 든다. 감정이란 분명 문화에 걸쳐 다양하다. 다시 '화'라는 감정을 예로 들어 보자. 진화심리학자들은 '화'라는 감정은 억누를 수 없는 타고난 원초적 감정이라 간주한다. 하지만 에스키모의 이뉴잇족 문화에서는 '화'라는 것을 거의 보기 힘들다고 한다. 왜냐하면 아주 엄한 동질적 문화 속에는 공격적인 반응이란 아주 위험하기 때문이다. 또 한 보고에 따르면, 말레이시아에는 '화'와 유사한 것이 있긴 하지만, 그들은 다른 형태를 취한다고 한다. 말레이시아 언어는 '화'에

---

17) R. C. Solomon(1980), 'Emotion and Choices', in A. Rorty (ed.), *Explaining Emotions*, Berkeley: University of California Press, pp. 263-264.

감정 상했어요?

정확하게 맞는 동의어가 없다고 주장된다. '화'에 가장 가까운 용어는 공격이라기보다 부루퉁하고 시무룩한 것과 연관된 'marah'라는 용어가 있다고 한다.[18]

사회구성주의의 대표적인 이론가인 에이브릴은 원초적 감정이 생물학적 산물이 아니라 사회적 산물이라는 것을 주장하기 위해 각 문화권들 사이에서 나타나는 감정의 다양성을 근거로 제시한다. 그는 구루룸바 사람들의 독특한 행동 패턴인 '야생돼지 되기'라는 유형의 특유한 감정 상태 사례를 통해 이를 보여 주고 있다. 뉴질랜드 고산지대에 원예업을 하며 살아가는 구루룸바 사람들은 때때로 마치 야생돼지와 같이 폭력적이고 공격적으로 돌변하여 약탈을 일삼는 행동을 보인다. 대부분의 경우 이들은 타인에게 심각한 위해를 가하거나 중요한 물건을 약탈하지는 않고 결국 일상적인 삶으로 돌아온다. 어떤 경우에 이들은 숲속에서 약탈한 물건들을 모두 파괴하면서 며칠을 보내는데, 그러다가 그와 같은 경험을 잊은 채로 자발적으로 마을로 돌아오며, 마을 사람들도 그 사건을 그에게 상기시키지 않는다. 그러나 자발적으로 마을에 돌아오지 않는 이들의 경우 마을 사람들은 그를 붙잡아 그가 예전의 모습을 되찾을 때까지 연기가 피어오르는 불 위에 붙들어 매 놓는다. 구루룸바 사람들은 그들이 최근에 사망한 사람의 혼령에 붙들렸을 때, 야생돼지가 되는 행동이 나타난다고 믿는다. 그 결과 그 행동에 대한 사회적 통제가 없어지고, 원시적 충동은 자유로워진다. 에이브릴에 따르면, 야생돼지가 됨은 사회적 상태이며, 생물학적이거나 심지어 개인적인 상태도 아니다. 서구인들은 이것을 정신병적 비정상 행동으로 생각하는 경향이 있지만, 구루룸바 사람들에게 그것

---

18) G. Goddard(1996), 'The "social emotions" of Malay', *Ethos* 24: 426-464.

은 스트레스를 해소하고, 마을 내 집단 정신건강을 유지하는 하나의 방법이다. 에이브릴은 '야생돼지 되기'를 자신의 주장 즉, "대부분의 표준적 감정 반응들은 사회적으로 구성된 혹은 제도화된 반응 패턴들이며", 생물학적으로 결정된 사건들이 아니라는 주장을 지지하기 위해 사용한다.[19]

이처럼 감정이 문화마다 다양하고 특수하다는 사실을 받아들이게 되면 진화심리학에 대한 확신을 보류하게 된다. 즉, 감정은 생물학적으로 보편성을 갖는다기보다 문화적으로 학습된 규약이라는 주장이 설득력이 있어 보인다.

그렇다면 사회구성주의의 문제점은 무엇인가? 사회구성주의는 감정이 신체와 무관하다고 보는 점에서 오류를 범하고 있는지도 모른다. 어떤 감정, 예컨대, 죄책감과 사랑과 같은 것들은 신체적 동요와 상관이 없을지도 모른다. 하지만 최근 뇌과학자들의 연구에 따르면, 어떤 사람이 죄책감을 느낄 때 전대상회 피질(anterior cingular cortex)과 인슐라(insula) 부위가 활성화되는 것을 발견할 수 있다.[20] 또한 어떤 사람은 그들이 사랑하는 사람의 사진을 봤을 때 같은 부위에 활성화가 일어난다고 한다.[21]

사회구성주의는 감정을 설명하는 데 있어 인지적인 역할을 지나치게 강조한다. 감정은 분명 숙고의 복잡한 작용 속에 들어온다. 하지만 그것은 일말의 사고 없이도 일어날 수 있다. 예컨대, 공포는 뱀의 이미지가 대뇌의 신피질에 도달하기 전에 뱀을 봄으로써 편도체의 활성화에 의해 일어날 수 있다. 여성의 질투심은 남편의 와이셔츠에 묻은 립스틱 자국을

---

19) 르두, 같은 책, 158-9쪽 참조

20) Antonio, Damasio(2006), *Looking for Spinoza*, Vintage. p. 97.

21) A. Bartels and S. Zeki(2000),'The Neural basis of Romantic love', *Neuroreport, 11:* 829-834, Cambridge, MA.

감정 상했어요?

보고 즉각 발산될 수 있다. 이런 점에서 볼 때 감정은 어떤 판단과도 연루되지 않을 수도 있다. 감정은 문화적으로 용인된 행동의 지속적인 패턴에 연루될 필요도 없다. 왜냐하면 어떤 감정은 아주 단속적일 수 있기 때문이다. 사회구성주의자들은 감정의 본성과 관련하여 문화적 다양성을 감정적 행위들에 있어 다양성으로부터 추론하는 좋지 않은 습관을 갖고 있는 듯하다. 3절에서 살펴본 에크만의 실험[22]에서처럼 원초적 감정처럼 타고난 감정이 존재한다고 해도 문화마다 다른 표현규칙에 따라 다르게 표현될 수 있다. 그러나 문화마다 다른 표현규칙에 따른 감정표현에서 감정이 문화마다 다를 수 있다고 추론하는 것은 문제가 있다. 만일 어떤 문화속에서 사랑이 결혼으로까지 이어지게 유도하고 또 다른 문화에서는 혼외 성적 관계로 유도한다고 해도 우리는 사랑에 관해 두 가지 형태가 있다고 말할 필요가 없을 것이다. 말하자면 동일한 감정이 두 가지 서로 다른 효과를 가진다고 할 수 있다. 사회적 관습에 있어서의 차이가 반드시 감정에 있어서의 차이일 필요는 없다.

사회구성주의가 이상과 같은 문제점에도 불구하고 그들의 입장에 대해 많은 사람들이 동의하고 있다. 앞서 지적했듯이 진화심리학의 난점은 감정이 문화에 걸쳐 정확히 동일하다는 것을 확립하지 못한다는 것이다. 얼굴표정 반응에 있어, 감정 용어들에 있어, 그리고 문화적 테두리 안에서 감정적 질병에 있어 다양성은 감정의 다양성이 환경적, 상황적인 것에서 비롯된다는 것을 보여 준다. 카니발리즘에 대한 태도를 고려해 볼 때 어떤 문화에서 분개하는 것이 다른 문화에서는 보상하는 것이 됨을 우리는 발

---

22) 일본인과 미국인 피험자들이 감정을 유발하는 영화를 보고 있는 동안, 이들의 안면 감정표현들에 관한 연구를 말한다.

견한다. 이와 같은 차이들이 문화마다 서로 다른 감정을 갖는다는 것을 함축하지는 않는다. 하지만 문화는 그런 가능성을 키운다. 사회구성주의자들은 특수한 감정적 반응들을 문화적 요인들과 연관시키는 작업을 한다.

5. 감정은 생물학적으로 결정된 프로그램도 아니며, 인지적으로 매개된 규약적인 것도 아니다

이상을 고려해 볼 때 우리는 다음과 같이 말할 수 있다. 즉 진화심리학자들은 문화의 공헌과 학습을 경시한다. 그들은 감정이 어떻게 발생하는가에 대한 결함 있는 이론이라 할 수 있다. 한편 사회구성주의자들은 신체적인 반응의 중요성을 무시하고 인지적인 것을 지나치게 강조한다. 그들은 감정의 본성이 무엇인가에 대한 결함 있는 이론이라 볼 수 있다. 결론적으로 말하자면, 감정은 생물학적으로 결정된 프로그램도 아니며, 인지적으로 매개된 규약적인 것도 아니다. 이제 필자는 이러한 성찰을 토대로 이 두 입장을 화해할 수 있는 절충적 입장을 검토해 보고자 한다.

참고문헌

양선이(2007), 「윌리엄 제임스의 감정 이론과 지향성의 문제」, 『철학연구』, 제79집: 107-127.

양선이(2008), 「원초적 감정과 도덕감정에 관한 흄의 자연주의:진화심리학과 사회구성주의의 화해」, 『근대철학』, 제3권, 1호: 73-114.

조셉 르두, 『느끼는 뇌』, 최준식 역, 학지사.

Averill, J. R. (1980), 'A Constructivist view of emotion', in *Emotion: Theory, research and experience:* Vol. I. (ed. R. Plutchik and H. Kellerman), pp. 305-399, Academic Press, New York, NY.

Bartels, A. and Zeki, S. (2000), 'The Neural basis of Romantic love', *Neuroreport, 11:* 829-834, Cambridge, MA.

Damasio, Antonio(2006), *Looking for Spinoza*, Vintage.

Darwin(1889/1998), *The Expression of the Emotions in Man and Animals,* with an introduction, afterward and commentary by P. Ekman, London: HarperCollins.

Deigh, J. (2004), 'Primitive Emotions', in Solomon (ed.), *Thinking about Feeling,* Oxford & New York: Oxford University Press.

Descartes, R. (1984), *The Passions of the Soul,* in Cottingham (ed.), *Philosophical Writings, et al.*, I.

Ekman, P. (1972), 'Universals and Cultural Differences in Facial Expressions of Emotion', in J. Cole (ed.), *Nebraka Symposium on Motivation*, 1971 (Vol. 19: 207-283), Lincoln; University of Nebraska Press.

Ekman, P. (1980), 'Biological and Cultural Contributions to Body and Facial Movement in the Expression of Emotion', in A. Rorty (ed.), *Explaining Emotions,* Berkeley: University of California Press.

Ekman, P. (1992), 'Are there basic emotions?: A reply to Ortony and Turner', *Psychological Review*, 99: 550-553.

Ekman, P. (1999), 'Basic Emotions', in T. Dalglesish & T. Power (ed.), *The handbook of cognition and emotion,* 45-60, New York: Wiley.

Goddard, C. (1996), 'The "social emotions" of Malay', *Ethos,* 24: 426-464.

Greenspan, P. (2000), 'Emotional Strategies and Rationality', *Ethics,* 110: 469-87.

Izard, C. E. (1971), *The Face of Emotion,* New York: Appleton-Century-Crofts.

James, W. (1884), 'What is an Emotion?', *Mind* 9:188-205.
James, W. (1890/1950), *The Principles of Psychology,* New York.

Levenson, R. W., Ekman, P., & Friesen W. V. (1990), 'Voluntary facial action generates emotion-specific autonomic nervous system activity', *Psychophysiology,*

27: 368-84.

Ortony, A. and Turner, W. (1990), 'What's basic about basic emotions?', *Psychological Review,* 97: 315-331.

Prinz, J. (2003), 'Emotion, Psychosemantics, and Embodied Appraisals', in A. Hatzimoysis (ed.), *Emotion and Philosophy,* Cambridge University Press.

Prinz, J. (2004a), 'Embodied Emotions', in *Thinking about Feeling,* Oxford University Press.

Prinz, J. (2004b), *Gut Reactions: A Perceptual Theory of Emotion,* Oxford University Press.

Rorty, A. (1980), *Explaining Emotions* (ed.), A. Rorty, University of California Press.

Solomon, R. C. (1980), 'Emotion and Choices', in A. Rorty (ed.), *Explaining Emotions,* Berkeley: University of California Press.

3장

감정이란 무엇인가?

1. 감정은 환경과 유기체가 상호작용하는 과정에서 '만들어지는 것'이다

앞 장에서 필자는 감정은 진화의 산물만도 아니고 사회구성의 산물만
도 아니라고 결론 내렸다. 그렇다면 감정이란 무엇인가? 이 장에서 우리
는 감정은 환경과 유기체가 상호작용하는 과정에서 '만들어지는 것'이라
는 입장을 살펴볼 것이다. 이때 '환경'은 자연 세계뿐만 아니라 생활세계
혹은 사회적 환경을 다 포괄한다. 이러한 생각은 특별히 감정을 설명하는
데 유리하다. 왜냐하면, 한편으로 그와 같은 생각은 사회적 환경에서 대
인관계적 의사소통을 하는 데 있어 감정의 역할을 잘 설명할 수 있기 때
문이다.[1] 다른 한편으로는 이러한 입장은 감정을 두뇌에서 일어나는 신
경생리학적인 것으로 좁게 보지 않고 인간과 세계의 관계로 확장한다.[2]

전통적 인지과학이나 신경과학에서는 '인지(cognition)'에 관해 신체
의 나머지 부분에서 분리된 두뇌와, 환경에 독립적인 두뇌에 초점을 맞
추어 연구하였다. 그러나 두뇌와 그리고 시간이 지남에 따라 역동적으로
전개되는 신체와 환경의 인과적 상호작용을 무시한다면 인지에 대해 제
대로 이해할 수 없다. 나아가 감정을 인지의 한 측면이라 본다면 감정은
인지와 함께 유기체가 환경과 상호작용하는 과정에서 행위를 '만들어 내
는 것'이라고 보아야 한다. 여기서 중요한 또 하나의 철학적 개념이 필요
하다. 그것은 감정과 행위와의 연관성을 설명하기 위한 것으로 '어포던스
(affordance 행위유도성, 행위유발성)'개념이다. 다음 절에서는 이와 같은
이론이 등장하게 된 배경에 대해서 살펴보기로 하자.

---

1) Griffiths & Scarantino, 2009.

2) Stephan et al. 2014; Krueger 2014; Colombett & Roberts 2015; Colombett 2017.

2. 윌리엄 제임스의 '신체적 느낌'으로서 감정

2-1. 신체적 변화에 대한 느낌이 바로 감정이다

앞 장(2장)에서 우리는 감정연구와 관련하여 다윈과 현대 다윈주의자들을 중심으로 살펴보았다. 정리하면, 감정연구와 관련하여 다윈의 주된 관심은 전 인류에게 공통적인 얼굴표정과 관련된 감정에 관한 것이었다.[3] 다윈이 감정을 얼굴표정과 관련하여 연구하게 된 이유는 인간 얼굴의 독특한 근육 구조를 연구한 찰스 벨이라는 사람의 영향을 받았기 때문이다.[4] 찰스 벨에 따르면, 인간 얼굴의 근육 구조는 인간 고유의 감정을 표현하도록 하기 위해 신이 고안한 산물이다.[5] 하지만 벨과 달리 다윈은 이와 같은 생각을 진화론의 우위를 설명하는 쪽으로 발전시켰다. 다윈에 따르면, 인간 얼굴의 근육 구조는 신의 고안에 의해 주어진 것이 아니라 우리 조상들로부터 물려받은 것이며, 우리 조상들은 그러한 것을 생존을 위해 적응하는데 유용했기 때문에 결과적으로 획득하게 된 것이다. 그래서 그와 같은 것을 후손들에게 물려준 것이다. 이와 같은 관점에서 볼 때 어떤 얼굴표정은 적응의 기능을 가진다. 예컨대, 놀람과 눈썹이 올라가는 것 사이의 관계는 우연적인 것이 아니다. 왜냐하면, 그와 같은 눈썹의 움직임은 선사시대 적부터 보통 놀람을 촉발하는 환경 속에서 그 역할을 잘

---

3) C. Darwin, *The Expression of the Emotions in Man and Animals,* with an introduction, afterward and commentary by P. Ekman, London: HarperCollins(1889/1988).

4) Charles Bell, *Anatomy and Philosophy of Expression.*

5) 필자는 이 점을 J. Deigh(2004)의 지적에 빛지고 있다. J. Deigh, "Primitive Emotions", in Solomon (ed.), *Thinking about Feeling*, Oxford & New York: Oxford University Press(2004).

해 왔기 때문이다. 따라서 다윈은 주장하길, 안면 근육 운동은 우리 조상들이 물려준 자연적 성향의 산물이다.

감정연구와 관련하여 다윈의 사상을 가장 잘 발전시킨 철학자이자 심리학자는 윌리엄 제임스이다. 그는 감정을 안면 근육 운동과 관련된 것으로 보는 다윈의 사상을 신체적 느낌이론으로 발전시켰다. 『심리학의 원리』에서 윌리엄 제임스는 다음과 같이 말하고 있다.

"감정에 관한 우리의 일반적인 생각으로는, 어떤 사실을 정신적으로 지각하면 감정이라 불리는 정신적 감정이 일어나고 그러한 마음의 상태가 신체적 변화를 일으킨다는 것이다. 내 이론에 따르면 이와 반대로 흥분을 일으키게 하는 사실을 지각하면 신체적 변화가 따르고, 그 신체 변화에 대한 느낌이 바로 감정이다. 상식적으로는, 우리가 운을 놓쳤을 때 섭섭해서 울며, 곰을 만났을 때 무서워 도망가며, 경쟁자에게 모욕을 당했을 때 분노하게 되어 때린다. 내 이론이 옹호하는 가정에 따르면, 이와 같은 일련의 순서는 잘못된 것이며, 한 정신상태(감정 또는 정서)가 다른 정신상태(지각)에 의해 직접 유래되는 것이 아니라 그와 같은 신체적 표출은 이 두 정신상태 사이에 삽입되어야 한다는 것이다. 따라서 가장 합리적인 주장은 다음과 같다. 즉, 위의 예의 경우에, 우리는 유감스럽거나 화나거나 두려우므로 울거나 대항하거나 몸을 떠는 것이 아니라 우리가 울기 때문에 슬픔을 느끼고, 우리가 때렸기 때문에 화가 나고, 몸을 떨기 때문에 두려움을 느낀다."[6]

---

6) William James, *The Principles of Psychology*, New York(1890/1950), Vol. 2, pp. 449-450.

감정 상했어요?

상식인들은 말하길, 우리가 어떤 감정을 경험한 후에 신체적 변화가 일어난다. 우리는 전율을 느끼고서 심장이 뛴다고 생각한다. 그리고 당황하고서 얼굴이 붉어진다고 생각한다. 그러나 제임스는 상식과 반대로 나갔다. 그에 따르면, 신체적 변화가 우리의 감정적 경험에 앞선다. 우리는 심장이 뛰고 난 연후 전율을 느낀다. 제임스에 따르면, "자극을 유발하는 사실에 대해 지각했을 때 생기는 신체적 변화에 대한 느낌이 바로 감정이다."[7] 따라서 제임스에게 있어 감정이 생겨나는 인과적 연쇄는 다음과 같다. 즉 먼저 대상에 대한 지각(인지)이 있으면 다음으로 몸에 신경생리학적 변화가 생기고 그런 다음 그것에 대한 인식 주관의 느낌이나 의식이 발생한다. 여기서 제임스는 다양한 감정에 대한 고유한 느낌을 신체적 감각과 동일시함으로써 극단적 비인지주의 혹은 정서주의라는 레벨을 부여받게 된다. 그는 다음과 같이 말하고 있다.

> "빠른 심장 박동, 가쁜 호흡, 떨리는 입술, 맥 빠진 사지, 온몸에 소름이 끼치거나, 닭살과 내장의 거북함이 없다면 공포라는 감정이 어떤 것인가를 내가 생각하기가 불가능할 것 같다. [……] 내 생각에, 감정이 모든 신체적 느낌으로부터 분리된다는 것은 상상하기 힘들다. 나의 상태를 더욱 주의 깊게 살펴보면 볼수록 내가 갖고 있는 기분이라든지, 정서라든지, 정념이라는 것들은 그와 같은 신체적 변화들로부터 실제로 구성된다는 것에 나는 설득 당하게 된다."[8]

---

7) James(1884), 'What is an emotion', *Mind 9*: 190.
8) James(1890), p. 452.

따라서 제임스에 따르면, 감정은 내적인 신체적 느낌에 불과하다. 달리 말하면, 감정이란 지각에 의해 야기된 신경생리학적 발생에 대한 주관의 감각적 느낌이다. 한편, 제임스는 '분노'나 '공포'와 같이 신경생리학적 변화에 대한 주관의 느낌으로 설명할 수 있는 '조야한 감정(coarser emotion)'과 '사랑'이나 '자긍심'과 같은 '미묘한 감정(subtler emotions)'을 구분하고 후자와 같은 감정들도 조야한 감정들의 결합으로 설명 가능하다고 보았다.[9] 여기서 이와 같은 감정들의 차이는 신경생리학적 변화의 양이나 유형의 차이에서 비롯된다고 보았다. 감정에 관한 제임스의 이와 같은 생각은 감정의 상태와 신체 속의 변화 간에 상관적인 관계가 있다고 본 다윈의 주장에서 비롯된다.

2-2. 감정은 감정을 유발하는 공통적인 속성들인 '핵심 관련 주제들(core relational theme)'을 떠올림으로써 일어나는 것이다

이상과 같이 감정을 신체적 변화에 대한 느낌과 동일시하는 제임스의 이론에 대해 가장 일반적인 반론은 제임스의 이론은 감정의 지향성을 설명할 수 없다는 것이다. 감정이 지향적이라는 것은 두 가지 의미에서이다. 첫 번째 의미는 감정은 그 대상을 갖는다는 점에서 지향적이라는 것이다. 내가 만일 공포를 느낀다면 나의 공포는 어떤 대상이 있기 마련이다. 예를 들어 우리는 절벽이라든지, 굉음이라든지, 치과에 갈 때라든지 다가오는 시험에 대해 '공포'를 느끼게 되는데, 이러한 것은 감정의 '구체적 대

---

9) 제임스의 조야한 감정과 미묘한 감정의 구분은 그의 'What is an Emotion?'(1884)에서 '표준적 감정(standard emotion)'과 '지적 감정(intellectual emotion)'의 구분과 상응하며, 다윈과 현대 다윈주의자들의 원초적 감정(basic emotion)과 복합적 감정(complex emotion)의 구분에도 상응한다.

상(particular object)'이라고 불린다. 그런데 이 모든 공포의 내상들의 공통적 성질은 '위험'이라는 것과 관련된다. 따라서 우리는 위와 같은 구체적 대상에 직면했을 때, '위험'이라는 개념을 떠올림으로써 공포를 느끼게 된다고 볼 수 있다. 그러나 제임스의 이론에는 이와 같은 요소가 없다.

여기서 현대 심리학자 라자루스(R. S. Lazarus)는 '핵심 관련 주제'를 도입하면서 제임스 이론의 문제점을 해결하고자 한다. 즉, 그에 따르면, 감정은 구체적 대상에 직면했을 때 '핵심 관련 주제'를 떠올림으로써 일어난다고 주장한다. '핵심 관련 주제'라는 용어는 라자루스(R. S. Lazarus)가 강한 인지주의를 피하면서도 인지주의를 유지하기 위해 고안한 것이다. 라자루스는 개인과 세계의 관계에 대한 평가가 인지적 판단에 의해서 수행된다고 보았다. 그는 감정적으로 중요한 대상을 지각하고 나서 인지적 판단을 거친 다음 최종적으로 감정적 상태에 이르게 된다고 보았다. 감정은 '위험(danger)'과 '상실(loss)'같이 감정을 유발하는 공통적인 속성들인 '핵심 관련 주제들(core relational theme)'을 떠올림으로써 일어나는 것이다. 모든 핵심 관련 주제는 유기체와 환경 사이의 관계적 속성이다. 즉 '공포'라는 감정은 '위험'이라는 핵심 관련 주제를 떠올림으로써 일어나는데, 이 '위험'이라는 개념은 개인이 어떻게 받아들이는가에 상관없이 그 자체로 독립적으로 존재한다. '위험'이라는 개념은 인류가 진화를 통해 획득한 선천적 개념이기 때문에 인지적 판단의 대상이지 신체와 무관하다.[10] 라자루스에 따르면, '분노'라는 감정은 나와 내 것에 대해 무시하거나 '모욕'하는 것들이 존재했을 때, '모욕'이라는 주제(theme)를 인지적으로 판단했을 때 일어나는 것이다.

---

10) R. S. Lazarus(1991), *Emotion and Adaptation,* New York: Oxford University Press.

3. 케니, 누스범, 솔로몬의 강한 인지주의와 그 문제점

3-1. 감정은 평가적 판단이며, 참과 거짓을 구별할 수 있는 사고를 포함한다

이렇게 심리학에서는 라자루스가 '핵심 관련 주제'를 도입함으로써 제임스의 '신체적 느낌'으로서 감정이론이 가지는 문제점을 해결하고자 시도하였던 반면, 철학 분야에서는 제임스의 입장에 대한 반발로 강한 인지주의가 등장한다. 가령, 케니(A. Kenny)는 어떤 것을 감정의 대상으로 만드는 것은 감정을 느끼는 사람의 '믿음'이라고 주장한다. 예컨대, 어떤 이가 독이 없는 뱀이라도 그것을 위험하다고 '믿으면' 그 뱀이 공포를 일으킬 수 있다고 그는 주장한다.[11] 따라서 케니에 따르면 믿음이 감정에 본질적이며, 감정이 믿음에 의해 대상을 지향한다. 케니와 유사하게 어떤 인지주의자들은 감정은 평가적 판단이며, 참과 거짓을 구별할 수 있는 사고를 포함한다고 주장한다. 평가적 판단이론이라 불리는 이러한 이론에 따르면, 감정의 대상은 주체가 그것이 어떤 속성을 갖는다고 판단하거나 믿을 때 주체의 마음속에 있는 평가적 속성이다. 즉 이와 같은 평가적 속성은 주체가 대상에 귀속하는 것이며 이는 믿음이나 판단을 통해 이루어진다. 가령 '연민'의 대상이 불행하게 보이는 어떤 것이어야 한다면 연민이라는 감정은 '대상의 상태가 부당하게 불행하다'는 판단과 동일하다. 이와 같은 평가적 판단이론의 대표적인 철학자는 누스범(N. Nussbaum)[12]과

---

11) A. Kenny(1963), *Action, Emotion and Will*, London: Routledge & Kegan Paul, pp. 187-194.

12) M. Nussbaum (2007), "Emotion as Judgments of Value and Importance", in R. Solomon (ed.), *Thinking about Feeling*, Oxford University Press.

솔로몬(R. Solomon)¹³⁾이다.

이들에 따르면, 사고나 인지적인 요소가 본질적으로 또는 부분적으로 감정을 구성한다. 또한 그들에 따르면, 각각의 감정은 우리가 잘 살기 위해 갖는 관심과 관련된 '생각'을 통해 구성된다. 예를 들어, '분노'는 나에 대해 '모욕'이 되는 것이 존재한다는 '생각' 때문에 생길 수 있고, '슬픔'은 큰 '상실'에 대한 '생각' 때문에 생긴다. 친구가 죽었을 때, 나는 친구가 죽었다고 '생각'하고 이어서 그 친구의 죽음은 '큰 상실'이라고 추론할 수 있다. 이때 이러한 '추론적 사고'가 '감정'을 구성한다(constitute)고 누스범은 주장한다. 한편 누스범에 따르면, 감정이란 "가치 의존적으로 보이는 것들"에 대해 동의하는 판단이다.¹⁴⁾ 예를 들어 누스범은 그녀의 어머니가 돌아가셔서 그녀가 큰 슬픔을 느낄 때, 그녀의 어머니가 그에게 매우 '소중한' 사람이라고 여기지 않았다면, 그는 어머니의 죽음을 두려워하거나 그녀의 회복을 간절히 소망하거나 그를 상실했다는 것에 대해 슬퍼하지 않았을 것이라고 주장한다. 즉 그녀의 어머니의 죽음이 그의 삶의 안녕을 힘들게 만들 수 있다고 '판단'할 때 큰 슬픔을 느끼게 된다고 누스범은 주장한다.¹⁵⁾

또 다른 대표적인 인지주의자인 로버트 솔로몬(R. Solomon)에 따르면, 감정이란 세계의 구조를 우리에게 제시하는 '평가적 판단'이다. 그것은 하나의 사건을 중립적인 방식으로 해석하는 것이 아니라 평가적으로 판단

---

13) R. C. Solomon(1976), *The Passions*, New York, Doubleday, ; Solomon(1980), "Emotion and Choices", in A. Rorty (ed.), *Explaining Emotions*, Berkeley, University of California Press, ; M. C. Nussbaum(2001), *Upheavals of Thought*, Cambridge University Press.

14) M. Nussbaum (2007), "Emotion as Judgments of Value and Importance", in R. Solomon (ed.), *Thinking about Feeling*, Oxford University Press, p. 189.

15) Nussbaum., Ibid.

하고 그것에 대해 반응하는 것이다. '분노'는 어떤 이가 잘못했다는 것에 대한 평가적 판단으로 구성된다. 솔로몬에 따르면 평가적 판단으로서 감정은 세계가 존재하는 방식을 우리에게 제시한다.[16]

3-2. 강한 인지주의는 대상에 대한 판단과 감정 반응이 일치하지 않는 경우를 설명할 수 없다

감정이 믿음이나 판단으로 구성되고 그 판단은 참, 거짓을 구별할 수 있는 내용을 갖는다고 보는 강한 인지주의 입장은 다음과 같은 어려움에 직면하게 된다. 즉 감정을 참과 거짓을 구별할 수 있는 판단과 동일시했을 때 제기되는 문제는 '신체적 증후'를 동반하는 감정 경험과 대상에 대한 판단이 실제로 일치하지 않는 경우에 대해 설명을 할 수 없다는 것이다. 예컨대, '포비아(공포증)'의 경우 사람들은 대상이 위험하지 않다고 '판단'하는데도 불구하고 그 대상을 대하는 순간 공포 경험을 할 때 동반되는 것과 동일한 종류의 '신체적 증상(손이 땀이 나고 등골이 오싹하고, 심장이 뛰고… 등등의)'을 경험하게 되는데, 이는 대상에 대한 판단과 감정 반응이 일치하지 않는 경우라고 볼 수 있다. 많은 사람은 이 경우를 인지주의를 유지하면 양립불가능한 비일관적 상태에 있게 되는 것이라고 비판한다.

---

16) R. Solomon(1976;1993). 한편, 인지주의에 이와 같은 강한 인지주의만 있는 것이 아니라 약한 의미의 인지주의자들도 많다. 약한 인지주의자들에 따르면, 감정을 가진다는 것은 일종의 해석(construal)이다. 어떤 것을 두려워한다는 것은 그것이 위험하다고 해석하는 것이다(c.f. Robert Roberts, 1989).

감정 상했어요?

3-3. 강한 인지주의는 양가감정을 설명할 수 없다

강한 인지주의가 갖는 또 다른 문제는 서로 모순적인 감정이 동시에 발생하는 경우를 설명하기 어렵다는 것이다. 예컨대, 절친한 친구와 함께 지원한 모 대기업에 친구는 합격한 반면, 나는 합격하지 못했다면 나는 친구의 합격에 대해 축하하는 마음에서 '기쁘기'도 하면서도, 나는 떨어졌기 때문에 나의 불행에 대해 실망과 함께 '슬픈' 감정을 느낄 수 있다. 감정철학에서는 이러한 감정을 양가감정(Ambivalent Emotion)이라고 부른다.

양가감정의 문제는 감정에 관한 강한 인지주의로 분류되는 판단주의를 주창한 솔로몬의 입장[17]에 반대하여 그린스팬(P. Greenspan)이 제기했다.[18] 감정에 관한 인지주의에 따르면 인지적 믿음이나 판단이 감정 그 자체이거나 감정의 필수적 구성요소이기 때문이다. 그런데 그린스팬이 보기에 감정이 믿음이나 판단으로 구성된다고 한다면 양가감정의 사례에 있어 우리는 모순에 빠지게 되는 문제가 생긴다.[19] 즉 양가감정의 경우에는 아래와 같이 두 개의 모순되는 평가적 판단 또는 믿음이 대립하고 있는 현상으로 볼 수 있다.

---

17) 감정에 관한 판단주의란 감정을 평가적 판단이나 믿음과 동일시하는 견해를 말한다. 이러한 견해의 연원은 스토아학파에서 찾을 수 있고 현대의 대표적 신스토아주의자인 누스범과 샤르트르주의자인 솔로몬을 들 수 있다. R. C. Solomon, *The Passions*, New York, Doubleday(1976); Solomon, "Emotion and Choices", in A. Rorty (ed.), *Explaining Emotions*, Berkeley, University of California Press(1980); M. C. Nussbaum, *Upheavals of Thought*, Cambridge University Press(2001) 등을 참조하라.

18) P. Greenspan(1980), 'A Case of Mixed Feeling: Ambivalence and the the Logic of Emotion', in *Explaining Emotions*, ed. A. O. Rorty. Berkerley: University of California Press.

19) Greenspan, Ibid., p. 231.

나는 그가 합격한 것을 **좋아한다**(그의 합격을 **좋다고 판단한다**).

나는 그의 합격을 **나빠한다**(그의 합격을 **나쁘다고 판단한다**).

그러나 그린스팬에 따르면 판단주의자들은 판단에 이유를 부여함으로써 양가적 판단이 모순되지 않고 양립할 수 있다는 점을 보임으로써 양가감정을 판단의 측면에서 해명하고자 시도한다. 이를 우리의 예에 적용해 보면 다음과 같다. [20]

친구의 승리는 내가 공감하는 누군가의 욕구를 **만족시킨다는 점에서** 좋다.

그의 승리는 나 자신의 욕구를 **좌절시킨다는 점에서** 나쁘다.

우리의 양가감정이 이처럼 어떤 사태와 사건에 대한 '일면적 판단'일 수 있다는 점에서, 위와 같은 판단으로 양가감정을 분석하는 것은 나름의 의미가 있다. 그러나 그린스팬에 따르면 양가감정을 일종의 일면적 판단으로 규정하는 것은 문제가 있다. 왜냐하면 시간이 흘러 과거의 일면적 판단을 떠나, 일면적 판단을 모두 고려하는 현재의 종합적 판단을 통해 결국 하나의 사태나 사건에 대한 현재의 '하나의 판단'이 생성되었다고 해 보자. 하지만 양가감정은 그러한 판단에 수렴되지 않고 여전히 존재하게 된다. 만일 강한 인지주의자인 판단주의자들처럼 감정이 판단으로 구성되거나 동일시된다면, 판단이 하나로 수렴될 때, 감정도 하나로 수렴해야 한다. 하지만 그린스팬이 보기에 양가감정의 경우,

---

20) Ibid., p. 232.

감정 상했어요?

판단은 하나더라도 여전히 감정은 두 개일 것이며, 따라서 판단과 감정을 일치시키는 판단주의는 양가감정을 설명하기 어렵다. 또한 양가감정이란 결국 감정 주체가 두 가지의 서로 다른 판단 사이에서 지속적으로 동요하는 것이라고 설명할 수도 있는데, 이럴 경우, 위의 사례는 우리가 즉각적으로 사태나 사건에 대해 하나의 판단을 내리지 못할 수도 있는 사례가 된다.[21]

3-4. 반대되는 두 판단은 동시에 참(true)일 수 없지만 반대 감정 둘은 동시에 적절할 수(appropriate) 있다

이상과 같은 판단주의에 대한 그린스팬의 주된 공격은 "반대되는 두 판단은 동시에 참(true)일 수 없지만 반대 감정 둘은 동시에 적절할 수(appropriate) 있다"는 것이다. 그 이유는 믿음(판단)의 경우 양립불가능한 두 믿음 중 하나만이 '참'일 수 있고, 그래서 하나만이 성공적일 수 있지만, 양립불가능한 욕구나 감정들의 경우 하나만이 유일하게 '성공적'일 필요는 없기 때문이다. 따라서 그린스팬에 따르면 합리적인 사람은 동일한 사태에 대해, 예컨대 p라는 명제 즉, '나의 라이벌이면서 동시에 친구인 철수가 나 대신 복권 당첨이 되었다'는 사실에 대해 기쁘면서 동시에 기쁘지 않을 수도 있다. 왜냐하면 어떤 것이 한 측면에서 보면 좋지만 다른 면에서 보면 나쁠 수 있기 때문이다. 이것은 p라는 명제에 대해 기쁘다는 것은 p가 어떤 면에서 좋을 때 적절하다고 말하는 것이며, 또한 동일한 p에 관해 기쁘지 않는 것 또한 적절하다고 말

---

21) Ibid, p. 231.

하는 것과 완전히 양립가능하다. 왜냐하면 위의 예에서 복권 당첨한 그가 나의 친구이기 때문에 그가 복권 당첨한 것이 좋긴 하지만 동시에 나 대신 그가 거금을 갖게 되었다는 점에서 실망스럽기도 한 것이 사실이기 때문이다. 따라서 그린스팬은 주장하길, 만일 이것이 옳다면 감정은 평가적 판단(믿음)과 다르다. 왜냐하면 감정을 평가적 판단 또는 믿음이라고 보면 p라는 명제가 좋다고 믿으면서 동시에 나쁘다고 믿는 것은 합리적이지 못하기 때문이다. 따라서 그린스팬에 의하면 두 반대되는 감정은 동시에 '적절'할 수 있지만 반대되는 판단은 동시에 '참'일수 없기 때문에 '적절함(being appropriateness)'은 '참임(being true)'과 다르다. [22] 그린스팬의 판단주의에 대한 해결책은 감정의 논리와 판단의 논리를 구별해야 한다는 것이다. 최근 그녀의 저서에서 그린스팬은 다음과 같이 말한다. 즉 "우리는 증거를 통해 참, 거짓을 가려내는 합리적 적절성과 사회적 또는 도덕적 규범에 적합(fit)하냐 하지 못하냐는 것으로서 사회적, 도덕적 적절성을 구별하여야 한다."[23] 여기서 그린스팬은 감정의 적절성은 그 사회의 맥락이나 도덕적 잣대를 통해 말할 수 있다고 보고 있는 것 같다. 감정의 적절성 문제는 이 장의 마지막 절에서 구체적으로 다루겠다. 그 전에 윌리엄 제임스의 '신체적 느낌'으로서의 감정 이론의 문제점과 이 절에서 살펴본 강한 인지주의의 문제점을 보완할 수 있는 대안적 입장에 대해 살펴보기로 하자.

---

22) Ibid., p. 234.
23) Greenspan(2003), 'Emotion, Rationality, and Mind/Body', in Anthony Hatzimoysis (ed.), *Philosophy and the Emotion*, Cambridge University Press, p. 120.

4. 프린츠의 체화된 평가로서의 감정

4-1. 감정은 '핵심 관련 주제'를 떠올림(재현)으로써 일어나는 신체적 변화에 대한 내적 반응이다

현대 철학자 제시 프린츠는 그의 초기의 입장(2004)에서 이상과 같은 강한 인지주의의 문제점을 해결하기 위해 '인지'에 관해 라자루스를 따르면서도, 윌리엄 제임스의 주장, 즉 감정은 신체적 느낌에 대한 지각이라는 주장을 받아들여 절충적 이론을 제시했다. 그리하여 그는 감정은 사고와 비인지적인(신체적 느낌) 구성요소의 결합이라고 주장한다. 이때 사고가 하는 일은 '핵심 관련 주제'를 떠올리는(재현) 일이고, 그렇게 했을 때 일어나는 신체적 변화에 대한 내적 반응으로서 체화된 상태, 이 두 요소를 결합하면 소위 말하는 '체화된 평가 이론'이 된다. 이와 같은 이론에 따르면, 한편으로 감정은 신체적 변화를 나타내는 내적 상태, 즉 '체화된 상태'이다. 다른 한편으로, "체화된 상태는 핵심 주제를 재현한다. 왜냐하면, 체화된 상태는 핵심 주제에 의해 신빙성 있게 야기되기 때문이다."[24] 프린츠에 따르면, "만일 우리가 판단이란 개념을 우리의 안녕과 관계있는 유기체-환경의 관계를 나타내는 어떤 정신적 상태로 규정한다면, 체화된 상태는 이와 같은 상태로 특징지어질 수 있을 것이다."[25] 평가를 평가적 판단으로 규정한 판단주의자들[26]과는 달리, 프린츠는 평가를 "행복과 안녕

---

24) Prinz(2003), p. 80.

25) Ibid.

26) 대표적으로 마샤 누스범을 들 수 있다. 누스범에 따르면 감정은 세계에 대한 평가적 판단이다 (M. Nussbaum, 2002) 참고

을 산출하는 유기체 환경 관계에 대한 어떤 판단"으로 간주한다.[27] 따라서 그는 만일 우리가 판단을 이와 같이 이해한다면 체화된 상태는 '체화된 판단'이라고 주장한다.

그러나 우리는 '핵심 관련 주제'를 받아들이지 않고도 감정을 설명할 수 있다. 예를 들어, 내 앞에 '위험'이 있다는 생각을 하지 않고도 '공포'를 느낄 수 있으며, 나 또는 나의 것에 대한 '모욕적'인 것이 있었다는 것을 생각하지 않고도 '분노'를 느낄 수 있기 때문이다. 그렇다면 감정은 '위험(danger)'과 '상실(loss)'같이 감정을 유발하는 공통적인 속성들인 '핵심 관련 주제들(core relational theme)'을 떠올릴 때 일어난다는 주장은 설득력이 없다. 프린츠는 2004년 그의 책 『내장의 반응Gut Reaction』에서는 감정은 핵심 관련 주제를 재현한다고 생각했었다. 왜냐하면 감정은 핵심 관련 주제와 상응하는 기능을 가졌기 때문이다. 하지만 최근(2018)[28]에 그는 그의 입장을 바꾸었다. 신체화된 감정이 핵심 관련 주제를 재현하는 것과 마찬가지로 비신체화된 판단도 그와 같은 주제를 잘 떠올릴 수 있기 때문이다. 이에 관해서는 다음 절에서 상세히 설명하겠다.

4-2. 감정을 통해 행위를 위한 새로운 가능성이 만들어진다

그렇다면 감정은 핵심 관련 주제를 떠올림으로써, 예컨대 '위험'이라는 개념을 떠올림으로써 공포를 느끼고, '위험'과 관련된 행동으로, 즉 '도망'

---

27) Prinz(2004), p. 57.
28) 프린츠의 최근 입장에 관해서는 다음의 논문을 참조 "An Enactivist Theory of Emotional Content", in Hichem Naar and Fabrice Teroni (eds.), *The Ontology of Emotions*, Cambridge: Cambridge University Press, pp. 110-129.

으로 이어지는 것이 아니라, 공포는 도망이라는 행동 속에서 일어나는 신체적 변화와 함께 느껴지는 것이다.[29] 최근에 프린츠는 이러한 맥락에서 그가 진화심리학자 라자루스와 인지주의자들로부터 받아들인 '핵심 관련 주제'를 포기하면서 세계와 마음의 관계를 설명하기 위해 '어포던스(행위가능성, 행위유도성, 행위유발성)' 개념을 받아들인다. 어포던스는 행위를 위한 가능성이다. 우리는 감정을 통해 행위를 위한 새로운 가능성을 창출한다. 감정이 신체와 불가결하게 연결되어 있다고 보게 되면 이 때문에 행동이 가능하다는 사실을 설명할 수 있다. 왜냐하면, 감정을 느끼면서 신체가 이전에 할 수 있었던 것보다 더 쉽게 행동을 할 수 있도록 준비되기 때문이다.

그러나 프린츠는 어포던스(행위유도성)를 감정 설명에 적용할 때 어포던스 개념을 조건이 주어지면 발현하는 J. J. 깁슨이 제안한 '성향적'인 어포던스가 아니라 "상태의존적이고(감정이 일어날 때만 일어나고)" 명령적인 의미의 어포던스를 제안한다.[30] 이러한 입장에 따르면 공포는 도망가도록 행위자를 끌어당기는 역동적 유인자로서 작동하고, 공포가 없을 때는 없을지도 모르는 도망을 위한 가능성을 만들어 낸다. 그렇다면 공포로 인해 만들어질 행동가능성은 라자루스가 주장하는 '핵심 관련 주제'로서 '위험'이 아니라 공포로부터 도망쳐야 한다는 '충동'과 함께 도망쳐야만 하는 어떤 '상황' 때문이다. 이와 같은 내용은 특별히 체화적이다. 왜냐하면 그것 즉 '공포'라는 감정은 도망을 위한 '신체적 준비'와 관련되기 때문이다. 이렇듯 감정은 어떤 상황 속에서 행해지는 행동 과정에서 일어나는

---

29) 감정과 행동과의 연관성에 대해서는 Griffith와 & Scarantino(2009)와 Hufendiek(2016)에서 상세히 잘 다루어지고 있다.

30) Shargel & Prinz(2018), p. 119.

것이라고 말할 수 있다.

5. 감정 어포던스(행위유발성)
....

5-1. 감정적 어포던스(감정과 관련된 행위)는 신체에 있어서 변화가 실제 로 일어날 때만 생긴다

그렇다면 감정과 행위와의 관련성을 조금 더 자세히 알아보기 위해 '어 포던스' 개념과 이를 감정에 적용했을 때 어떤 이점이 있는지를 살펴보기 로 하자. 최근에 프린츠는 행위화 이론(enactivism)이 감정을 설명하는 데 있어 인지에 관해 적절한 접근이라고 주장한다.[31] 여기서 "행위화enaction" 가 그 견해를 잘 나타내고 있다. 첫째는 "행위를 만듦enact"은 "초래함to bring forth"이다. 즉 행화(enaction)는 어떤 것을 존재하게 함이다. 그것은 새로운 것을 창조한다. 둘째, 행화는 행위에 연루된다. 우리는 우리의 신 체와 함께 어떤 것을 함으로써 어떤 것을 존재하게 만든다. 이러한 것은 인지에 관한 신체화된 이론인데, 그 이유는 정신적 활동이 신체의 활동에 토대를 두고 있기 때문이다.[32]

프린츠가 보기에 이러한 생각은 감정을 설명하는 데 도움을 준다. 첫째, 프린츠에 따르면 감정은 신체적 상태와 관련되어 있다는 점에서, 그리고 이와 같은 신체적 상태를 통제하는 내적 과정이라는 점에서 본질적으로 체화된 것이다. 그리고 이와 같은 신체적 상태는 행위와 관련되어 있다.

---

31) Shargel & Prinz(2018), p. 117.
32) Shargel & Prinz(2018), p. 117.

감정 상했어요?

각각의 감정적 상태는 특수한 종류의 행동, 즉 도망, 공격, 물러남 등등의 행동을 수행하는 신체적 패턴과 관련된다.

행위화 이론에 따르면 우리는 신체의 실제적 변화를 참조함으로써 감정에 의미를 부여한다. 그런데 우리의 신체는 환경의 변화와 밀접한 관련이 있으므로 행위화 이론은 유기체와 환경과의 상호작용을 잘 설명할 수 있다.[33] 이러한 점에서 행위화 이론은 어포던스 입장과 가장 유사하다. 어포던스는 지각과 관련하여 많이 언급된다. 이에 따르면 우리의 신체가 가진 여러 측면 때문에 지각이 가능하다는 것이다. 우리는 망치를 '볼 때' 망치가 손으로 쥘 수 있는 물건이라고 '본다.' 왜냐하면, 그것의 손잡이는 우리와 같은 손에 의해서 쉽게 잡힐 수 있는 비율을 가지고 있기 때문이다. 대부분의 어포던스 이론에 따르면, 어포던스의 지각은 실제 모터 계획에 의해 발생한다. 즉 망치가 현존할 때 우리는 '쥐고자' 한다. 전통철학자들은 예컨대, '망치'를 우리의 감각기관으로 인식할 수 있는, 세계에 존재하는 하나의 대상으로 간주한다. 하지만 우리는 망치를 '쥘 수 있고', '못을 박을 때' 사용하는 '도구'로 본다. 이러한 것은 '의미(meaning)'가 신체적 활동에 의해 탄생한다는 것을 의미한다. 그러나 어포던스를 최초에 제안한 깁슨에 따르면 어포던스(행위가능성)는 어포던스가 인식되지 않을 때조차도 대상들이 가지고 있는 대상들 자체의 특징이다. 이러한 입장에 따르면 '망치'는 우리가 지각하지 않아도 '쥘 수 있음'이라는 객관적 특징을 갖는다. 인식을 감각기관에 국한하여 말하는 전통철학에서의 지각이론과 달리, 어포던스(행위유도성) 이론은 인식을 신체화와 관련되는 것으로 본다. 따라서 어포던스 이론을 받아들이면 감정에 관한 여타의 이론보다 더

---

33) Shargel & Prinz(2018), p. 118 참조

많은 것을 설명할 수 있다.

5-2. 감정 어포던스는 상태의존적이고 명령적이다

깁슨에 따르면 우리가 어떤 것을 지각할 때 그 지각이 행위를 유발할 수 있는지(어포던스)는 그 지각과 무관하게 그 대상이나 상황에 달려 있다. 따라서 깁슨주의 어포던스는 (조건이 주어지면 발현되는) 성향적이고 결론적으로 그것들은 지각자나 행위자의 동기유발과 무관하다. 그러나 감정의 내용을 설명하기 위해서 프린츠는 이와 다른 의미의 어포던스를 받아들인다. 깁슨의 어포던스와 프린츠의 어포던스는 '가능성'과 '강화' 간의 차이이다. 즉 깁슨의 어포던스는 어떤 상황 속에서 조건이 주어지면 발현되는 성향적인 것이기 때문에 단순히 가능적 행위이다. 깁슨주의 어포던스를 감정에 적용하면, 예를 들어 '화'는 신체의 변화가 없이도 화가 날 수 있는 조건이 주어지면 일어날 수 있는 성향적 성질이다. 즉 '화'라는 감정은 '모욕적'인 상황이 주어지면 '보복'하고자 하는 성향이다. 그렇게 되면 철수는 길 가다가 마주친 어떤 사람이 시비를 걸면 '공격'할 수 있는 (성향으로서) 어포던스가 있다고 말할 수 있다. 그러나 감정적 어포던스는 신체에 있어서 변화가 실제로 일어날 때만 생긴다고 봐야 한다. 예를 들어 철수가 길을 가다 마주친 그 사람이 시비를 걸어도 기분이 나쁘지 않으면 ('욱'하고 치밀어 오르는 느낌, 호르몬의 분비 등등) 그냥 무시하고 '공격' 하지 않을 수도 있다. 이와 반대로, 깁슨의 어포던스는 길 가다가 마주친 사람이 시비를 걸면 (조건이 주어지면) 무조건 화가 나고 공격하는 것이라 할 수 있다. 지각과 관련된 깁슨의 어포던스와 달리 감정과 연관된 어포던스는 신체의 변화를 동반한 감정이 일어났을 때만 전형적으로 일어난다. 그런 의미에서 감정적 어포던스는 상태의존적이다. 깁슨주의 어포던스는 환경의 속성으로, 즉 환경이 유기체의 행위를 유발하는 속성이기 때문에 유기체의 신체적 상태에 독립적이고 동기적으로 무력하다.

프린츠가 깁슨과 차별을 두고자 변형된 의미로 받아들인 상태의존적이고, 명령법적인 어포던스는 신체화와 잘 결합되는 매력적인 특징을 갖는다. 이와 같은 어포던스는 신체가 동요를 일으킬 때 일어나고, 행위를 위한 동기부여를 하는데, 그 이유는 그와 같은 동요가 우리를 밀거나 끌어당기기 때문이다. 이와 같은 이론은 전통적 체화된 이론에서 발견될 수 있는 것보다 마음의 내용과 신체적 변화를 더 잘 연결해 준다. 이에 따르면 감정은 세계가 우리에게 일으킨 것이 아니라 세계와 상호작용하면서 우리가 '만들어 낸 것'이다. 이를 좀 더 잘 이해하기 위해 구체적 사례를 살펴보기로 하자.

6. 감정은 상황에서 행동과 함께 만들어지는 것이다

6-1. 공포
: 공포는 위험에서 벗어나기 위한 강력한 행위를 가능하게 해 준다

감정이 상황과 맥락에 따라 신체적 상태와 관련하여 어떻게 변하는지 다음의 예들을 통해 살펴보기로 하자. 어떤 사람이 해변에서 멀어져서 수영하다가 강한 역류에 고군분투하기 시작한다. 그러다가 무사히 돌아가기 위해 강인함이 필요하다는 것을 깨닫는다. '공포'를 느끼기 시작한 그 사람의 몸은 안전하게 돌아가는 것에 도움이 되는 강력한 행위를 하기 위해 더욱 강력하게 몸을 움직인다. 이와 같은 신체적 변화는 중요한 결과를 갖게 된다. 그 사람이 공포를 느끼기 전에 그가 수영하고 있던 바다는 도망칠 장소가 아니라 수영을 즐길 장소였다. 그러나 이제 그는 강력한 몸의 움직임 때문에 도망칠 수 있다. 나아가 '공포'로 인해 생긴 신체적 변화는 엄청나게 격렬해진 물을 가로질러 수영하는 것을 실제로 가능하게 해 준다. 이와 같은 측면에서 '공포'는 그 사람에게 있어 변경된 어포던스(행위가능성)와 같은 것이다.[34] 즉 감정이 어포던스(행위가능성)를 변경시킨다(강화한다). 그러나 감정과 관련된 어포던스와 달리 일상적 의미에서 어포던스 개념, 예를 들어 지각과 관련된 어포던스는 상황 의존적 변화를 허용하지 않는다. 앞에서 살펴본 '망치'에 대한 지각과 관련된 어포던스(행위가능성, 유도성)는 '못을 박기'이고, 의자와 관련된 어포던스는 '앉기' 등이 될 것이다. 그렇지만 감정, 위의 사례 즉 위험한 바다에서 수영의 경우, '공포'는 그녀의 힘을 증가시키고 그녀가 원래 하고자 했던 행위 즉 수영을 '즐김'에서 '도망'으로 변화시킨다. 즉, 그녀는 '공포' 때문에 새로운 행동을 만들어 낸 것이다.

6-2. 기쁨
: 기쁨은 힘을 증가시키고 행위를 더 오래 수행하도록 해 준다

두 번째 예를 들어 보겠다. DJ가 그의 최애 곡을 틀 때 댄서는 짜릿한 '기쁨'을 느낀다. 공포처럼 '기쁨'도 신체를 움직이게 만든다. 그리하여 그

---

34) Ibid., p. 120.

감정 상했어요?

댄서는 좀 더 강하게 그리고 오랫동안 춤을 출 수 있다. 다른 유형의 행위도 그에게 가능하다. 즉 그는 술을 마실 수도 있고, 휴식을 취할 수도 있고, 집에 갈 수도 있으며 잠깐 잠을 잘 수도 있다. 그 대신에 그 댄서의 '기쁨'으로 인해 생기는 흥겨운 신체적 움직임은 그 음악에 대해 춤을 추게 만드는 명령적 힘을 갖는다. '기쁨'은 그에게 여분의 힘을 주고 그에게 춤을 출 수 있게 해 주고 그럼으로써 춤추는 것을 의미 있는 선택으로 만들어 준다. 기쁨 없이 춤춘다면 그는 더 오랫동안 춤출 수 없을지도 모른다. 이처럼 감정, 이 경우 '기쁨'은 댄서의 힘을 증가시키고 그가 원래 하고자 했던 행위를 변화시킨다.

앞서 언급한 바다 수영에서의 '공포' 감정의 예는 인간과 자연환경과 상호작용 과정에서 일어나는 감정과 행위의 관계이다. 이제 사회환경과 상호작용 과정에서 감정과 행동의 상관관계에 대해 살펴보자. '기쁨'은 종종 비사회적 맥락에서 일어나지만, 즉 자연적으로 일어날 때도 있지만, 또한 사회적 형태의 '기쁨'도 있다. 다른 사람의 눈으로 볼 때 가치 있는 것으로 평가된 어떤 것을 할 때 느끼는 기쁨이 그러한 것이다. 우리는 사회적 경우에 해당하는 "자부심"이라는 말을 사용할 때 이와 같은 구분을 하는 것이 유용하다. 그리피스와 스카란티노는 우승한 선수는 사람들이 볼 때만 미소를 짓는다는 사실을 보이는 연구를 소개했다(Fernadez-Dols and Ruiz-Belda 1997).[35] 육상선수의 미소는 그녀가 그녀의 성취에 만족하는 청중들에 대해 확인을 해 주는 것이다. 이와 같은 신호를 통해서 중요한 사회적 이득을 수행할 수 있는 자원들을 동원한다. 그녀의 미소는 가능적으로 자기편이 될 수 있는 중립적 관찰자들을 변화시킨다. 왜냐하면, 미

---

35) Ibid., p. 121.

소는 전염성이 있고, 우리 모두는 성공의 기로에 있는 사람들과 협동하기를 원하기 때문이다. 사회적 감정들은 단순히 사회적 관계들을 보여 주는 것은 아니다. 그것들은 감정을 갖는 사람들에 대해서뿐만 아니라 그와 같은 감정을 가지고 상호작용하는 사람들에게 새로운 사회적 어포던스(행위가능성)를 산출한다.

6-3. 슬픔
: 슬픔은 상실로 인해 어떤 것도 하지 않고 물러서고, 무기력한 상태로 남게 되는 감정이다

'공포'는 위험을 느끼는 사람에게 더 잘 도망갈 수 있게 만든다. '기쁨'은 기회들을 더 많이 달성할 수 있게 하는 자원들을 동원한다. 그러나 때때로 감정 때문에 행동을 하지 않을 수도 있다. '편안한 즐거움'의 경우에 어떤 것도 원하는 것이 없기 때문에 감정이 행위를 촉발하지 않을 수 있고, 또 슬픔의 경우, 회복할 수 없는 '상실'로 괴로워하고 있기 때문에 어떤 것도 행하지 않을 수도 있다. '상실'로 인해 어떤 것도 행하지 않는 경우 적응반응은 어떤 것에 도달하기 위해 어떤 신체적 자원을 소모하는 것을 피하는 것이다.[36] 이 경우 우리의 신체는 어떤 행동을 하는데 더욱 애쓰게 만들거나 명령적인 것에 개입하지 않고, 물러서고, 무기력하게 남는 상태로 바뀌게 된다.

---

36) Shargel & Prinz(2018), p. 121.

감정 상했어요?

6-4. 분노

: 분노는 공격적으로 표출될 수도 있지만 피하거나 굴복, 의존, 걱정하거나 애교 있는 사랑을 표시하거나, 멍하게 무관심하거나 등등의 방식으로도 표출될 수 있다

'분노' 표출도 유사한 패턴을 따른다. 우리는 분노 표출을 통해 자기편의 사람들의 이득이나 가치를 창출하고 반대편에 있는 사람들의 이득이나 가치를 좌절시키기 위해 공격적으로 준비한다. 사회적 표현들은 새로운 사회적 실재들을 창출한다. 그리고 그것들은, 예를 들어, 신체를 동원할 뿐만 아니라 상황 의존적이고 행위를 명령하는 형태와 같은 비사회적인 경우들이 갖는 특징을 뚜렷하게 알림으로써 그렇게 한다. 분노는 공격적 행위를 위해 신체를 동원한다. 이때 신체를 동원한 분노 표출은 분노 상태를 유발하는 사람과 관련한 어포던스(행위가능성)로 변환될 수 있다. 어포던스를 깁슨처럼 환경이 유기체의 행위를 유발하는 속성으로 보게 되면 분노의 경우 분노할 환경이 주어지면 모든 사람이 다 모든 시간에 공격적일 수 있다고 말해야 하는데 이는 이상하다. 어포던스를 환경이 유기체의 행위를 유발하는 속성으로 보는 깁슨의 어포던스를 받아들이면 감정적 어포던스는 조건이 주어지면 발현되는 성향적인 것이라 봐야 할 것이다. 그러나 어떤 사람은 분노 반응으로서 침략적으로 공격하지만 어떤 사람들은 피하거나 굴복하거나 의존하거나 걱정하거나 애교 있는 사랑을 표시하거나, 멍하게 무관심하거나 등등의 방식으로 분노 반응을 보일 수 있다. 이렇게 감정적 어포던스(감정을 통한 행위 가능성)는 상황에 따라 다르고 맥락에 따라 달라질 수 있다. 감정표현은 행동으로 나가기

전의 신호이면서 행위를 위한 동기를 부여하며 행위를 통해 강화된다. 이렇게 감정표현과 행동을 통해 감정이 있기 전에는 거기에 없었던 새로운 사회적 관계가 창출된다.

6-5. 공포증(포비아)
: 어떤 사람이 해가 없는 거미에게 공포반응을 보인다면 그 사람의 그 감정은 상황이 잘못 발현시킨 것이거나 오작동 된 것이다

앞에서 강한 인지주의가 설명할 수 없다고 보았던 공포증의 경우를 살펴보자. 예를 들어, 거미-공포증과 같은 경우, 프린츠의 초기 이론, '체화된 평가 이론'에서는 다음과 같이 설명한다. 즉 거미에 대한 지각이 공포에 전형적인 신체적 증상을 유발하면 그 사람은 이러한 신체적 변화를 등록해서 거미는 위험하다고 생각한다. 이 경우 '위험'하다고 생각하는 것은 "적절하지" 못한데, 그 이유는 거미는 실제로 위험을 나타내지 않기 때문이다. 만일 거미에 대한 지각이 공포와 관련된 신체적 변화를 유발했다면 그 이유는 거미가 위험했을지도 모르고 그래서 그렇게 반응하는 것이 생존에 유리했던 먼 옛날의 자연선택에 그 기원이 있을지도 모른다. 그래서 그와 같은 반응이 고정화되어 거미는 더 이상 위험하지 않다는 우리의 현재의 판단에도 불구하고 단지 공포반응을 하게 되는 것이다. 그렇다면 이 경우 거미에 관한 공포반응을 우리는 위험에 대한 '착각(misrepresentation)' 때문이라고 말할 수 있을 것이다.

그러나 이러한 입장은 공포로 인한 행동가능성, 즉 거미에 대한 공포가 왜 '도망'으로 이어지는지는 설명하지 못한다. 이를 설명하기 위해서는 앞

감정 상했어요?

서 살펴보았던 '행위화' 이론이 필요하다. 행위화 이론에 따르면 공포는 명령적 어포던스를 존재하게 만든다. 그것은 도피에 대한 충동과 함께 도망갈 수 있는 능력(escapability)으로 해석된다. 표준적 이론에서처럼 행화주의에서도 공포 상태는 객관적으로 말해서 도망갈 필요가 없는데도 도망가야만 하는 일이 일어날지도 모른다는 것을 허용한다. 행화주의는 어떤 감정적 발생이 부적절하다고 말하기 위한 토대를 밝히고자 할 때 다른 접근으로부터 빌려 올 수 있다. 도망갈 수 있는 성질은 '감정'에 의해서 산출된다. '도망갈 수 있음'이라는 속성은 공포라는 감정이 일어날 때 있다. 그 사람이 해가 없는 거미에게 공포반응을 한다면 그 사람의 그 감정은 한편으로는 그 상황이 발현시킨 것이다. 그 사람의 그 감정은 어떤 것도 잘못 떠올리지 않았다. 감정은 어떤 것을 잘못 재현할 수 없다. 다른 한편으로 그 사람의 감정은 행위와 연결된 속성을 존재하게끔 한 것이다. 그 사람의 그 감정은 다른 사람들과 달리 '도망'이라는 행동을 만들어 낸 것이다. 프린츠는 이를 일종의 '오작동'이라고 말할 것이다. 어떤 사람은 거미의 위험성에 관한 잘못된 믿음에 대해 또는 불필요한 방식으로 행동한 것에 대해 비판받을 수 있다. 그러나 감정 그 자체는 '착각' 때문은 아니다.

그렇다면 행위화 이론은 '공포'스러운데도 도망가지 않는 경우를 어떻게 설명할 수 있는가? 행위화 이론에 따르면 이 경우는 억눌러진 공포라고 본다. 그와 같은 경우에 표준적 이론은 그 공포는 완전히 비합리적이라고 말할지도 모른다. 그러나 행위화 이론은 '억누름'이 도망칠 수 있음을 막았고 그 결과 도망을 강화하는 공포라는 감정은 '도망침'이라는 행동을 산출하는 데 충분히 성공할 수 없었다고 말할 수 있다. 이러한 것은 프린츠가 보기에는 일종의 '불발(misfire)'로서 '도망'이라는 속성을 만들어 내는 데 실패함이다. 여기서 프린츠는 그와 같은 '불발'은 어떻게 감정이 잘못될 수 있는지를 논의하는 데 있어 고려할 만한 가치가 있는 것이라고 말한다.[37]

6-6. 우울증
: 우울증은 환경이나 대상과의 관계 속에서 부정적 정서들이 체화되어서 무기력해진 상태이다

인간은 환경과 상호작용하는 과정에서 자기를 형성해 간다. 인간은 환경과 상호작용하는 과정에서 스트레스를 받게 되면 자신의 몸에 영향을 받게 된다. 우울증은 환경이나 대상과의 관계 속에서 부정적 정서들이 지속될 때 기분(mood)으로 체화된 상태이다. 이렇게 체화된 부정적인 기분에 압도되어 그것을 극복하기 어려운 상태가 되면 심한 우울증**에 빠지게 된다.** 지금까지 살펴본 행위화 이론은 인간과 환경 간의 상호작용 측면에서 우울증이 어떻게 발생하는지 설명할 수 있다. 상황의존적이고 신체의 변화 때문에 행동 가능성을 창출하는 행화주의 감정이론은 우울증을 잘 설명할 수 있다. 지속적인 의식, 무의식적 스트레스와 절망, 슬픔, 분노, 좌절, 외로움, 수치감 등의 정서들은 모두 우리의 두뇌에 각인되며, 일시적으로 혹은 지속적으로 뇌의 구조에 고착되어 간다. 활기 없는 몸의 자세, 움직임, 얼굴표정, 몸짓, 부스스한 머리 모양새로, 부정적인 생각들과 느낌들로 체화되는 것이다.

인간은 어떤 상황에 직면했을 때 그에 대해 적절하게 대응하는 과정에

---

37) Shargel & Prinz(2018), p. 127.

서 행동이나 노력을 통해 감정이 표출된다. 인간은 세계와 관계 맺을 때 자신의 능력에 따라 세계를 가능성이 없거나 멀리 떨어져 있거나 도달할 수 없는 것으로 느낄 수 있다. 예를 들어 다양한 가능성의 공간으로 나타나는 세계 속에서 임박한 재난이나 위협, 위험 등의 상황은 육체적으로 느껴지며, 예상치 못한 저항이나 장애물에 직면했을 때 우울한 감정(느낌)은 특히 두드러지게 나타난다. 이렇듯 인간이 세계에 대처하는 데 있어 몸의 감각 능력이 중요하다.

신체를 능동적이고 정서적으로 반응하는, 살아 있는 몸으로 이해하면, 행위자는 자신이 신체를 가지고 행위 하는 존재라고 의식하게 된다. 그러나 몸이 세상과 소통하는 매개체로서의 순조로운 기능을 멈춘다면, 점점 단순한 물체처럼, 즉 '물체화'라고 불리는 변형을 느끼게 된다. 많은 우울증 환자의 경우 살아 있는 신체가 '경직화'되고 저항하는 무언가로 변해 간다고 말한다. 필자가 속해 있던 영국 더럼대학교(University of Durham) 철학과의 우울증 연구프로젝트 연구팀은 우울증 환자들에게 8개의 설문지 항목을 제시하고 이에 대한 답변을 얻었다. 응답자 이름은 익명으로 처리하고 번호로 표기했다. 신체의 활동과 관련된 항목은 설문지 4번 항목에 해당되는데, 이에 관한 질문은 '당신의 신체는 우울할 때 어떻게 느껴집니까?'였으며, 이러한 질문에 대한 답은 다음과 같았다. '피곤하고 무기력하다 - 걷기라는 간단한 작업을 수행하는 데 너무 많은 노력이 필요하다.'(#308, Q4). 몸은 종종 '피곤하고, 무겁고, 무반응…'(#21, Q4), '납'으로 묘사(#137, Q4), 동반 이동하기에 '납처럼 무겁다'(#26, Q4).[38]

---

38) Jan Slaby & Achim Stephan(2013), "Enactive Emotion and Impaired Agency in Depression", *Journal of Consciousness Studies*, p. 14.

그리하여 우울증 환자에게는 세상과 자신과의 관계가 완전히 변하는데, 그 이유는 일상적 맥락에서 활동을 제대로 수행하지 못하기 때문이다. 그들에게는 일상적인 작업조차도 엄청난 노력이 필요하다.

자신의 신체가 객관화되고 기능 장애를 가짐으로써 사람과 세상 사이에 균열이 생긴다. 이것은 정서적 자기 인식에 있어서 근본적인 변화를 의미한다. 그 결과 그는 갇히고 헤어나지 못하는 존재의 신체적 느낌을 갖게 되며, 이전에 의미 있던 환경에서 고립된 느낌을 갖게 된다. 그럼으로써 그는 갇히거나 투옥되고 세상이나 다른 사람들과 접촉하기 위해 손을 뻗을 수 없는 그런 감정을 갖게 된다. 그 결과, 소외감, 비인격화, 심지어 육체적으로 존재하지 않는다는 느낌이 뒤따를 수 있다. 이것은 근본적인 자기소외감이라 할 수 있다.

많은 우울증 치료에 관한 보고에 따르면 환자에게 제시된 설문지의 응답자들은 무능력과 무능력에 대한 감각으로 인해 그들은 완전히 행동할 수 없고, 때로는 단순한 행동조차 취하는 데 엄청난 어려움이 있었다고 답했다.[39]

행위에 있어 어려움은 우울한 환자가 '접촉'을 하는 것을 방해하고 그 결과 세상과 타인을 환자와 멀어지게 만들고, 접근하기 어렵고, 종국에는 심지어 이질적이고 위협적인 느낌까지 갖게 한다. 자신이 행동할 수 없다는 것을 깨달음으로써 미래에 일어날 일들은 불가피하게 낯설게 보이고 통제할 수 없는 것으로 여겨질 것이며 따라서 이는 잠재적으로 위협적이게 느껴질 것이다. 그들은 자신이 말로 표현할 수 없는 일들에 맡겨져 있다고 느낀다.

---

39) Slaby(2013), p. 11.

감정 상했어요?

우리는 삶을 살면서 일종의 의미를 만들거나 혹은 만드는 데 실패하는 것으로 우리의 삶을 의식한다. 앞에서 필자는 감정에 관한 행위화 이론(enactive theroy)은 인간이 세계와 상호작용하는 과정에서 의미를 만들어 가는 것(sense-making)이라고 정의했다. 우리는 시간을 통해 삶을 살면서 의미를 만들어 간다. 시간을 통해 삶을 사는 것은 과거를 갖는 것(having a past)이다. 왜냐하면 시간은 계속 과거 속으로 흘러가기 때문이다. 우리는 과거의 행동과 나의 관계를 통해 현재와 미래에 내가 해야 할 방향이나 교훈을 얻을 수 있다. 그와 같은 연속성 속에서 우리는 과거의 행동에 대해 안심하기도 하고 후회하기도 한다. 그러나 우울증 환자는 그가 우울 사건을 경험하는 동안 이와 같은 과거-현재-미래의 관계에 관한 시간 감각을 갖지 못한다.

설령 우울증 환자가 과거-현재-미래의 관계에 관한 시간 감각을 갖는다고 할지라도 그들은 과거와 관련해서는 죄책감(예: 과거의 무능력과 행동 실패를 반영하는 감정)을 현재와 관련해서는 수동성, 무능력, 쓸모없음, 고립감, 타인에게 부담을 지우는 감정(예: 주로 자신의 현재 무능력을 겨냥한 감정)을, 미래에 대해 예상할 때는 침체된 느낌, 불행, 재앙, 파멸의 느낌(예: 미래 상황을 예상하는 감정)을 갖는다. 이 모든 것이 주요 우울증 환자의 상태라 할 수 있다. 전반적으로 이 상태는 고립된 느낌, 사물과 사람으로부터 단절된 느낌, 위협받고 무력한 느낌, 삶의 희망과 의미가 없는 느낌, 다른 사람에게 짐이 되는 느낌을 갖는다. 이렇게 우울증은 환경이나 대상과의 관계 속에서 갖게 되는 부정적 감정이 보다 전반적이고 지속되어 기분(mood)으로 체화되어서 이성이나 의지로 통제하기 힘든 상태라고 볼 수 있다.

6-7. 양가감정

: 양가감정은 어떤 대상 혹은 상황에 끌리기도 하면서 동시에 끌리지 않는 '양가적 행동 경향성'이라 할 수 있다

앞에서 강한 인지주의의 난점으로 모순된 두 감정의 공존에 대해 언급했었다. 필자는 이를 양가감정이라고 불렀다. 그렇다면 '행위화' 이론은 양가감정을 어떻게 설명할 수 있을까? 이를 위해 태폴릿이 든 양가감정의 사례를 살펴보자. 당신이 아주 위험한 등산로를 따라 걷고 있다고 가정해 보자. 특히 위험한 구간에 도달했을 때(물론 안전장치는 다 설치되어 있다고 할지라도) 당신은 특정한 종류의 감정을 발현할 것이다. 첫째, 당신은 경악스런 '공포'를 느낄 것이다. 왜냐하면 가능성은 희박하긴 하지만 안전장치가 잘못될 경우, 한 발짝 더 내디디면 곧바로 추락하여 고통스럽게 죽어야 할지 모르기 때문이다. 둘째, 당신은 한 발짝 더 나갈 것에 대해 아주 강한 매력을 느낄 것이다. 왜냐하면 그렇게 함으로써 황홀한 경치에 매료될 수 있기 때문이다.[40]

태폴릿의 등산의 예와 유사한 경우인 번지점프의 상황 S를 고려해 보자. 당신은 번지점프대에 서 있다. 번지점프를 함으로써 자신의 한계를 넘어설 수 있으리라는 사실과 주변 풍경의 아름다움 때문에 당신은 번지점프를 하는 것에 대해 매력을 느낀다. 한편으로, 당신은 번지점프를 하는 것이 공포스럽다. 가능성이 매우 희박하기는 하지만, 번지점프 줄이 끊어지면 당신은 죽게 될 것이기 때문이다. 이 경우, 당신은 번지점프를 하는 것(S)에 매혹되었으면서도 공포를 느끼고 있다. S는 위험

---

40) Tappolet(2005), p. 230.

감정 상했어요?

하면서 동시에 매력적이다. 당신이 S에 대한 이 두 감정을 동시에 느낀다고 가정해 보자. 태폴릿은 다음과 같이 지적한다. "자신의 한계를 넘어설 수 있다는 측면에서는 매력적이면서 다른 측면으로는, 가령 위험하다는 측면에서는 매력적이지 않다고 말해질 수 있다면, 여기에는 어떤 모순도 없다."[41] 즉, 태폴릿에 따르면 동일한 대상은 한편으로는 매력적이면서 한편으로는 매력적이지 않을 수 있다. 그러므로 S에 대해 공포와 매혹됨을 동시에 느끼는 것은 모순을 일으키지 않는다.

여기서 감정은 인간과 환경과 상호작용을 통해 만들어지는 것이라는 '행위화 이론'을 적용해 보면 다음과 같이 말할 수 있을 것이다. 우리의 예에서 위험 상황에 대해 위험에 따른 '공포' 때문에 한 발짝 더 나가는 행동에는 '끌리지 않으면서도(행동이 강화되지 않으면서)' 동시에 황홀한 경치의 '매력적임' 때문에 '끌려(강화되어)' 한 발짝 더 나가게 되는 '양가적 행동 경향성'을 지닌다고 말할 수 있을 것이다.

정리하자면, 감정은 환경과 유기체가 상호작용하는 과정에서 '만들어지는 것'이다. 이때 '환경'은 자연 세계뿐만 아니라 생활세계 혹은 사회적 환경을 포괄한다. 필자는 인지를 신체의 나머지 부분에서 분리된 두뇌와, 환경에 독립적인 두뇌에서만 일어나는 것으로 보아서는 안 된다고 본다. 필자가 제안하는 감정에 관한 행위화 이론에 따르면 인지는 두뇌와 그리고 시간이 지남에 따라 역동적으로 전개되는 신체와 환경의 인과적 상호작용이다. 이를 위해 필자는 인간과 자연환경과 상호작용 과정에서 일어나는 감정과 행위, 그리고 사회환경과 상호작용 과정에서 일어나는 감정과 행동의 상관관계에 대해 살펴보았다. 이제 감정과 관련하여 우리가 살

---

41) Tappolet(2005), p. 231.

펴보아야 할 문제는 '규범성'의 문제이다. 즉 감정이 행동으로 나가게 하는 데 있어 중요하다고 했을 때 그것의 적절성의 문제 그리고 더 나아가 그것이 어떻게 도덕적일 수 있는지 하는 문제가 제기된다.

7. 감정의 적절성 문제

7-1. 어떤 상황에서 표현된 감정이 옳지 않거나 부적절하다고 해서 그 감정이 '제대로' 표현되지 못했다고 할 수는 없다

우리는 어떤 상황에서 어떤 감정을 느끼는 것이 도덕적으로 옳은지 또는 합리적인지를 물을 수 있다. 그러나 그 상황에서 표현된 그 감정이 옳지 않거나 부적절하다고 해서 그 감정이 '제대로' 표현되지 못했다고 할 수는 없다. 이러한 구분을 위해 다음과 같은 예를 생각해 보자. 장례식이나 아주 공식적인 예식에서 어떤 일이 아주 웃긴다고 해서 그 일에 대해 웃는다는 것은 무례하거나 적절하지 못하다. 그러나 그렇다고 해서 그 상황이 웃기지 않은 것은 아니다. 따라서 우리는 감정적 '적절성'을 그것의 '적합성'과 구별해야 한다. 담스와 제이콥슨은 감정의 적절성(appropriateness)과 적합성(fittingness)은 구별되어야 한다고 주장하면서 이 둘을 구분하지 못하는 경우를 '합성의 문제(conflation problem)'[42]라고 칭했다.

담스와 제이콥슨은 감정의 '적합성과 적절성의 합성'에 관해 다음과 같은 예시를 들고 있다. 사회적 약자를 대상으로 하는 지독한 농담의 경우,

---

42) D'arms and Jacobson(2000a), pp. 729-732.

감정 상했어요?

그러한 농담에 공감하는 누군가는 그 농담이 잔인하고 공격적이기 때문에 그것에 즐거워하는 것이 "적절"하지 못하다고 생각할 수도 있다. 그러나 이것이 이 농담이 재미있지 않다는 것을 의미하지는 않는다.[43] 또 하나의 예로, 부자에다가 돈도 잘 쓰지만, 상당히 까칠한 친구가 있다고 해 보자. 그는 그의 재산에 대한 친구들의 태도에 대해 극도로 민감하다. 만약 그가 당신이 자신의 재산을 시샘한다고(envy) 의심한다면, 그는 당신에게 선물을 주는 것을 그만두게 될 것이다. 이것은 당신이 그를 시샘하지 말아야 할 좋은 이유이다. 즉, 당신은 당신의 친구를 시샘하지 않을 만한 적절한 이유를 가지고 있지만, 그렇다고 그의 재산이 시샘할(enviable) 만하지 않은 것은 결코 아니다.[44]

7-2. 어떤 감정의 적합성과 적절성은 그와 같은 감정을 가진 인간이 그들의 삶의 과정에서 내리는 평가에 달려 있다

끝으로 필자는 가치에 관한 반응의존이론을 통해 합성문제의 해결을 시도해 보고자 한다. 필자가 보기에, 가치에 관한 반응의존 이론은 적절성 개념을 잘 설명할 수 있을 것 같다. 이에 따르면, 어떤 성질 ϕ는 그 성질 Φ가 Φ임에 민감한 사람들 속에서 반응 A를 야기하거나 그 반응을 적절하게 만들 때 오직 그때 진짜로 존재한다고 말할 수 있다. 예를 들어 '웃김(funniness)'이라는 속성은 개개인들을 실제로 웃김으로써 실현될 수 있다. 이러한 제안이 옳다면, '공포'라는 감정에 귀속되는 적절성은 라자루

---

43) D'arms and Jacobson, Ibid., 731.

44) Ibid., 731.

스나 프린츠가 제안한 것처럼 '위험성(dangerousness)'이라는 '핵심 관련 주제'를 재현할 때가 아니라 '무서워하거나(frightening)', '두려워(fearful)' 할 때이다.[45]

반응의존이론에 따르면, 우리는 속성의 징표에 관한 완전한 일치에 이를 필요는 없으며 그와 같은 속성에 대해 동일한 태도를 취할 필요도 없다. 관련된 속성과 그에 대한 반응의 일치는 삶의 역사 과정에서 찾아진다. 달리 말하면 어떤 감정의 적합성과 적절성은 그와 같은 감정을 가진 인간이 평가를 해 가는 삶의 과정에 달려 있다. 서로 다른 문화 속에서 우리는 서로 다른 웃김, 역겨움, 창피함 등등을 발견한다. 공동체가 공유하는 감정과 판단에 의해 부과된 사회적 강제를 통해 우리는 반성과 숙고를 하게 되고 서로 다른 공동체가 공유한 서로 다른 역사가 수치심에 대한 서로 다른 기준을 확립한다.[46]

---

45) 감정이라는 것이 반응 의존적 속성을 갖는다고 주장하는 입장에 관해서는 다음을 참조하라. Peter, Goldie(2004), "Emotion, Feeling and Knowledge of the World", in Solomon (ed.), *Thinking about Feeling*, Oxford & New York: Oxford University Press.
46) 가치의 반응 의존적 속성에 관해 필자는 David Wiggins(1987)의 입장을 지지하고 있다. Wiggins, "A sensible Subjectivism", in *Needs, Values, Truth*, Basil Blackwell.

감정 상했어요?

참고문헌

양선이(2007), 「윌리엄 제임스의 감정이론과 지향성의 문제」, 『철학연구』 79: 107-127.

양선이(2008), 「원초적 감정과 도덕감정에 관한 흄의 자연주의: 진화심리학과 사회구성주의의 화해」, 『근대철학』 3: 73-114.

양선이(2013), 「감정에 관한 지각이론은 양가감정의 문제를 해결할 수 있는가?: 프린츠의 유인가 표지 이론을 지지하여」, 『인간·환경·미래』 11호, 인간환경미래연구원, 109-132.

양선이(2014), 「감정진리와 감정의 적절성 문제에 대한 고찰」, 『철학연구』 49: 133-160.

양선이(2016), 「체화된 평가로서의 감정과 감정의 적절성 문제」, 『인간·환경·미래』 16: 101-128.

양선이(2023), 「감정에 관한 행화주의: 프린츠의 제한된 행화주의를 중심으로」, 『인간·환경·미래』 30: 67-97.

Bavidge, Michael(2016), Feeling One's Age: A phenomenology of aging, G. Scarre (ed.), *The Palgrave handbook of the Philosophy of aging.*

Colombetti, Giovanna(2014), *The Feeling Body: Affective Science Meets the Enactive Mind,* Cambridge, MA: MIT Press.

D'arms and Jacobson(2000a), "Sentiment and Value", *Ethics* 110: 722-748.

D'arms and Jacobson(2000b), "The Moralistic Fallacy: on the Appropriateness of Emotions", *Philosophy and Phenomenological Research* 61: 65-90.

De Sousa, R. (1987), *The Rationality of Emotion*, Cambridge, Mass., London: IT Press, 543-51.

De Sousa, R. (2002), 'Emotional Truth', Proceedings of the Aristotelian Society, Supplementary volume 76, 247-64.

De Sousa, R. (2004), 'Emotions: What I Know, What I'd Like to Think I Know, and What I'd Like to Think', in *Thinking about Feeling*, ed. R. Solomon. Oxford University Press, 61-75.

Gibson, James J. (1979), *The Ecological Approach to Visual Perception*, Boston: Houghton Mifflin.

Goldie, P. (2004), "Emotion, Feeling and Knowledge of the World", in Solomon (ed.), *Thinking about Feeling*, Oxford & New York: Oxford University Press.

Greenspan, P. (1980), 'A Case of Mixed Feelings', in A. Rorty (ed.), *Explaining Emotions*, 139-161.

Griffiths, Paul E. (1997), *What Emotions Really Are: The Problem of Psychological Categories*, Chicago: University of Chicago Press.

Griffiths, Paul and Andrea Scarantino(2009), "Emotions in the Wild: the Situated Perspective on Emotion", in Philip Robbins and Murat Aydede (eds.), *The Cambridge Handbook of Situated Cognition*, Cambridge: Cambridge University

감정 상했어요?

Press, 437-453.

Hufendiek, Rebekka(2016), *Embodied Emotions: A Naturalist Approach to a Normative Phenomenon*, London: Routledge.

Hufendiek, Rebekka(2017), "Affordances and the Normativity of Emotions", *Synthese*, 194(11): 4455-4476. doi:10.1007/s11229-016-1144-7.

Hutto, Daniel D.(2012), "Truly Enactive Emotion", *Emotion Review*, 4(2): 176-181. doi:10.1177/1754073911430134.

Hutto Daniel D. and Erik Myin(2013), *Radicalizing Enactivism: Basic Minds without Content*, Cambridge, MA: MIT Press.

James, William (1884), "What is an emotion?", *Mind* 9 (34): 188-205.

Lazarus, Richard S.(1991), *Emotion and Adaptation*, Oxford University Press.

Prinz, Jesse(2004), *Gut Reactions: a Perceptual Theory of Emotion*, Oxford: Oxford University Press.

Prinz, Jesse(2007), *The Emotional Construction of Morals*, Oxford University Press.

Prinz, Jesse(2010), "For Valence", *Emotion Review* 2. (1): 5-13.

Morton, A.(2002), 'Emotional Accuracy', *Proceedings of the Aristotelian Society*, Suppl. Vol. 76: 265-75.

Nussbaum, M. C. (2001), *Upheavals of Thought*, Cambridge University Press.

Slaby, J. & Stephan, A. (2013), "Enactive Emotion and Impaired Agency in Depression", *Journal of Consciousness Studies*.

Scarantino, Andrea(2015), "Basic Emotions, Psychological Construction and the Problem of Variability", in Barrett and Russell, 334-376.

Scarantino, Andrea(2016), "The Philosophy of Emotions and Its Impact on Affective Science", in Barrett, Lewis, & Haviland-Jones, 3-48.

Scarantino, Andrea(2017), "How to Do Things with Emotional Expressions: The Theory of Affective Pragmatics", *Psychological Inquiry*, 28(2-3): 165-185. doi:10.1080/1047840X.2017.1328951.

Scarantino, Andrea and Paul Griffiths(2011), "Don't Give up on Basic Emotions", *Emotion Review*, 3(4): 444-454. doi:10.1177/1754073911410745.

Shargel, Daniel and Jesse Prinz(2018), "An Enactivist Theory of Emotional Content", in Hichem Naar and Fabrice Teroni (eds.), *The Ontology of Emotions*, Cambridge: Cambridge University Press, 110-129. doi:10.1017/9781316275221.007.

Solomon, R. C. (1976), *The Passions*, New York: Doubleday.

Tappolet , C. (2000), Emotions et Valeurs, Paris: Presses Universitaires de France.

Tappolet, C. (2005), 'Ambivalent Emotions and the Perceptual Account of Emotions' *Analysis* 65(3): 229-233.

감정 상했어요?

Thompson, Evan and Varela, Francisco J. (2001), "Radical Embodiment: Neural Dynamics and Consciousness", *Trends in Cognitive Sciences* 5: 418-425.

Varela, Francisco J. (1992), *Ethical Know-How*, Stanford University Press.
Varela, Francisco J., Thompson, Evan and Rosch, Eleanor(1991), *The Embodied Mind*, MIT Press.

Wiggins, D. (1987), "A sensible Subjectivism", in *Needs, Values, Truth*, Basil Blackwell.

Yang Sunny. (2009), 'Emotion, Intentionality and the Appropriateness of Emotion: In Defence of Response Dependence Theory', *The Journal of Organon F*.
Yang Sunny. (2010), 'A Defence of the Perceptual Account of Emotion against the alleged Problem of Ambivalent Emotion: Expanding on Tappolet', *Human Affairs*.

4장

도덕적이기 위해
왜 공감이 필요한가?

1. '연민'과 '도덕' 사이의 갈등 상황에서 '연민'이 승리하는 사례를 보자

앞 장에서 우리는 감정이 우리를 행동하게 만드는 것에 대해 살펴보았다. 이제 이 장에서는 왜 감정이 도덕판단에 필요한지에 대해 살펴보기로 하겠다. 도덕적 판단이 우리를 행동하게 만드는 것처럼, 감정도 행동하게 만든다. 그런데 어떤 경우에는 감정인 '연민'과 '도덕' 판단이 우리를 서로 반대 방향으로 이끌기도 한다. 이때 '도덕'은 그 사회에 통용되는 '관습'이 될 수도 있고, 칸트가 말한 절대적으로 불변하는 '정언명령'과 같은 원칙일 수도 있다. 이 장에서는 '도덕'을 일반적으로 사회에서 통용되는 관행으로 보기로 하자. 이러한 가정하에 연민과 도덕 사이의 갈등 상황에서 '연민'이 승리하는 하나의 사례로부터 출발하기로 하자. 물론 이때 (관습으로서) 도덕은 시간이 지난 후 오늘날 관점에서 보면 나쁜 도덕이다. 이를 위해 마크 트웨인의 소설 『허클베리 핀의 모험』 16장[1]에서 일어나고 있는 에피소드를 통해 접근해 보기로 하자.

노예상태에서 도망쳐 온 그의 친구 짐을 도운 후에 허클베리 핀은 그를 주인인 왓슨에게 되돌려주기로 결심한다. 그러나 그가 짐을 돌려줄 기회가 왔을 때, 허클베리 핀은 그 자신이 그 반대로 행동하는 것이 옳다는 것을 깨닫는다. 그래서 짐을 주인이 보낸 노예 사냥꾼에게 돌려주는 대신 그의 친구 짐을 보호하기 위해 거짓말을 하게 된다. 헉은 짐에 대한 '연민' 때문에 이러한 행동을 하게 된다. 설령 그가 그의 감정을 정당화하지 못하고 그의 의지 나약함에 대해 스스로를 비판할지라도 그는 연민 때문에

---

1) 마크 트웨인 원작, 마이클 패트릭 히언 주석, 박중서 옮김, 『주석달인 허클베리 핀』, 현대문헌, 2010, 참조

감정 상했어요?

그렇게 행동할 수밖에 없었던 것이다.

혁의 연민은 짐을 돌려주어야만 한다는 그의 '모든 것을 고려한 판단(all things considered judgment)'에도 불구하고 지속된다. 이때 '모든 것을 고려한 판단'은 혁이 자신의 사회로부터 배운 것, 예컨대, '노예는 소유물이다'라고 보는 그런 것을 의미할 것이다. 혁이 그 당시의 도덕을 포기하고 연민을 따른 이유는 혁의 사회에서 용인하는 도덕은 편협하고 잔인한 반면, 혁의 '연민'은 관대하고 친절하기 때문이다. 즉, 지속되는 연민은 그 당시는 행위자가 정당화할 수 없더라도, 충분하고 적절한 정보를 갖게 되면 옳다는 것을 인지할 수 있는 그러한 것이다. 혁의 '모든 것을 고려한 판단'은 그 당시의 도덕이라고 할 수 있는 관습적 규약 즉 '노예는 소유물이다. 따라서 소유물은 주인에게 돌려주어야 한다'이고 이러한 도덕과 짐에 대한 혁의 연민은 갈등을 만들어 낸다. 그러나 혁은 결국 연민을 택한다. 혹자는 '연민'이 작동하지 않을 때 우리의 나쁜 행동을 막아 주는 그런 도덕원칙은 칸트의 정언명법과 같은 절대적 도덕원칙이어야 한다고 말할지도 모른다. 그러나 필자는 '연민'과 '공감'이 제대로 작동하여 도덕적일 수 있도록 도덕감정을 교육하는 것이 중요하다고 생각하기에 이 장에서는 이와 같은 주장을 뒷받침할 수 있는 철학자들의 생각을 살펴보도록 하겠다. 이제 이와 같은 문제의식을 가지고 '공감'이 도덕판단의 토대가 된다고 보는 철학자들의 생각을 살펴보기로 하자.

2. 아담 스미스의 공감이론

2-1. 공감은 타인의 고통에 대한 우리의 동류의식(fellow feeling)이다

아담 스미스는 『도덕감정론』의 1장 「공감에 관하여」에서 타인의 고통에 대한 우리의 동류의식(fellow feeling)을 '공감'이라고 말하고 있다. 공감이란 타인의 감정뿐만 아니라 그 감정을 느끼게 된 상황과 그 상황에 대한 타인의 태도도 함께 고려하는 것이라는 점에서 그것은 일종의 '판단'이라 할 수 있다. 스미스에 의하면 우리가 타인과 공감한다는 것은 타인의 감정의 타당성에 수긍하고 동의함을 의미한다.[2] 이때 스미스는 "공감(sympathy)"과 "공감적 느낌(sympathetic emotion)"을 구분한다.[3] 우리는 상상에 의해 타인과 입장을 바꾸어 봄으로써 '공감적 느낌'을 가질 수 있다. 이때 타인의 입장에 대해 상상을 통해 갖게 된 '공감적 느낌'은 동의할 만할 수도 있고 그렇지 못할 수도 있다. 왜냐하면 우리는 상상을 통해 갖게 된 타인의 상황 속에서 쾌락을 느낄 수도 있고 불쾌를 느낄 수도 있기 때문이다.

2-2. 공감은 공정한 관망자의 입장에서 상상에 의한 입장전환을 통해 타인과 감정적 일치를 발견함으로써 가능하다

타인의 입장에 대해 상상을 통해 갖게 된 이 '공감적 느낌'은 개인적이

---

2) Smith(1976), pp. 28-29.
3) Fricke(2013), p. 182.

감정 상했어요?

고 주관적일 수 있다. 그런데 이와 구분되는 '공정한 관망자의 공감'은 "상상에 의한 입장전환을 하는 관망자와 행위자 사이에 감정적 일치를 발견함으로써 갖게 된 2차적 느낌"이다.[4] 이렇게 관망자의 입장에서 행위자의 느낌에 대해 일치를 발견하는 것은 '승인(approval)'을 의미한다. 이 승인은 우리의 기본 능력에 속하는 공감의 능력, 즉 다른 사람들이 느끼는 바에 상응하여 우리 자신 안에서도 그렇게 느끼도록 만드는 능력에서 생겨난다. 상대방의 느낌을 내 느낌과 동일시함으로써 나는 나 자신을 상대방의 처지에 놓게 되며, 그가 느끼듯이 느끼게 된다. 또한, 나는 상대방과 같은 상황에서 나 자신이 어떻게 느끼게 될지를 발견한다. 내가 상대방의 감정을 승인한다는 말은 다음과 같다. 즉, 만일 상대방과 내가 같은 상황에 놓인다면 나는 상대방이 느끼듯이 느낄 것이라는 말이다. 또는 더욱 정확하게 말하자면 내가 상대방과 같은 것을, 같은 정도로 느낀다면 나는 어떤 새로운 감정을 느끼게 된다는 것이다. 상대방의 감정과 내가 느끼는 바가 서로 '일치함'을 발견함으로써 생기는 이 새로운 감정이 2차적 느낌으로서 승인이다.[5] 이에 반해 공감과 반대되는 '혐오'는 어떤가? 스미스에 따르면, '혐오'는 공정한 관망자의 '불승인'을 얻을 때 느낄 수 있는 감정이므로 혐오 감정은 관망자로부터 불일치를 얻게 됨을 의미한다.

공감은 다른 사람뿐만 아니라 자기 자신을 향할 수도 있다. 스미스는 공감의 원리를 타인의 경우뿐만 아니라 자신 스스로 자신의 감정과 행동을 판단할 때의 기준에도 적용한다. 자신에 대해 판단할 때도 자신의 입장을 떠나 타인의 입장에서 자신을 객관적으로 바라볼 때 정확한 판단이 가

---

4) Fricke(2013), p. 182.
5) Smith(1976), p. 16, 46.

능하다고 그는 생각하였다. 물론 이때 공감은 앞서 말한 '공감적 느낌'과 다른 공정한 관망자의 공감을 말한다. 따라서 공감은 승인을 포함한 우리 자신의 감정에 대해 다른 사람들이 어떻게 느낄지를 알려 준다. 따라서 이를 통해 우리는 모든 사람들이 공유하고 승인하는 감정의 수준을 이해하게 된다. 모든 사람들이 승인하는 감정이 과연 무엇이며 또한 어느 정도로 승인하는지를 우리에게 알려 주는 능력을 스미스는 '내부의 인간 (man within the breast)' 또는 '공평한 관망자(impartial spectator)'라고 부른다.[6]

2-3. 나 자신 속에도 공평한 관망자로서의 '내부의 인간'이 존재하며 이 내부의 인간이 나에 대한 타인의 공감 여부에 대해 알려 준다

스미스는 관망자가 보이는 승인의 반응이 도덕을 형성하는 최초의 자료를 제공한다고 주장한다. 하지만, 그는 행위자가 자신의 행동을 위해 의사결정을 내리는 데 있어 감정이 중요한 역할을 한다는 데 대해서도 설명한다. 다음에 무엇을 할 것인지 생각하면서 우리는 자신을 두 존재로 나누어 고려한다. 즉 우리는 행위자인 동시에 관망자가 되어 우리의 행위를 예상한다.[7] 행위자로서 우리는 이런저런 행위의 방향을 선택하게 만드는 감정을 지닌다. 우리 속에 있는 '내부의 인간'은 다른 사람들이 우리의 감정에 공감할지 안 할지를 알려 주며 우리는 이에 따라 행위를 한다.

다른 사람들의 불승인은 행위를 다시 한번 검토하게 만든다. 그리고 다

---

6) Smith(1976), p. 26.
7) Smith(1976), p. 113.

감정 상했어요?

른 사람들의 승인은 우리의 행위를 조장하는데, 그 까닭은 우리의 주된 욕구 중 하나가 다른 사람들로부터 '존경'과 '칭찬'을 받고자 하는 것이기 때문이라고 스미스는 주장한다.[8] 이는 우리가 모든 사람이 승인하는 감정을 드러냄으로써 다른 사람들로부터 '칭찬'받기를 원한다는 말이다. 따라서 우리가 도덕적 신념을 지니고 그에 따라 행동하기 위해서는 '공감'이 중요하며 공감을 할 때 의존하는 '공평한 관망자'의 입장이 중요하다.[9] 따라서 스미스에 따르면 '공감'으로 인해 생긴 결과는 모든 사람이 동의할 만하다. 왜냐하면 '공감'은 공정한 관망자의 '공감적 느낌'이 행위자의 원래 느낌과 일치할 때만 작동하기 때문이다.

스미스가 말하는 '공감'은 행위자의 동기를 평가하는 역할을 한다. 스미스에 따르면 우리는 다른 사람의 상황 속에 있는 우리 자신을 상상하고 그와 같은 상황에서 우리 스스로가 어떻게 반응할지를 상상한다. 이러한 공감작용은 행위자를 평가하는 기준을 우리에게 제시한다. 만일 우리의 반응이 행위자의 원래 반응과 유사하면 우리는 그를 공감할 것이다. 반면 그의 원래 반응이 우리가 상상한 반응과 아주 다르다면 우리는 그를 혐오하게 될 것이다. 만일 우리가 행위자의 원래 반응을 승인하면 우리는 그를 공감하고 그의 원래 반응에 대해 "그 상황에서 그렇게 할 만한 것"이라고 평가한다. 반대로 우리가 그의 원래 반응에 불승인하면 우리는 그를 동감할 수 없고 그의 반응을 "그 상황에서 그렇게 할 만한 것"으로는 "부적절"하다고 평가할 것이다.[10]

---

8) Smith(1976), pp. 114-119, 126.
9) Smith(1976), p. 131, 137.
10) Smith(1976), pp. 15-16.

2-4. 1차적으로 공감은 '칭찬받고자 하는 욕망' 때문에 가능하다
: 공감의 1차적 기준(심리적 규범성)

아담 스미스는 『도덕감정론』의 제3부에서 '칭찬'과 '칭찬받을 가치가 있음'이라는 것을 구분하면서 공감의 평가적 역할을 1차, 2차 레벨로 구분한다. 그는 다음과 같이 말하고 있다.

> 인간은 태어나면서 사랑을 받는 것뿐만 아니라 사랑받을 만한 존재가
> 되기를, 즉 사랑의 자연스럽고 적절한 대상이 되기를 열망한다. 그는
> 태어날 때부터 미움을 받는 것뿐만 아니라 미운 존재가 되는 것을, 즉
> 미움의 자연스럽고 적절한 대상이 되는 것을 두려워한다. 그는 칭찬과
> 칭찬받을 만한 존재가 되기를 열망한다. 또는 비록 누구에게도 칭찬을
> 받고 있지 않더라도 칭찬의 자연스럽고 적절한 대상이 되기를 열망한
> 다. 그러나 그는 비난뿐만 아니라 비난받을 만한 존재가 되는 것을 두
> 려워한다. 또한, 비록 누구에게 실제로 비난받고 있지 않더라도 비난의
> 자연스럽고 적절한 대상이 되는 것을 두려워한다.[11]

위 구절에서 스미스가 말하고자 하는 바는 공감의 1차적 평가적 역할은 타인을 향한 우리의 태도이다. 우리는 행위자를 향한 우리의 태도와 함께 타인에 대해 공감해야 한다. 즉 타인으로부터 칭찬받기를 욕망한다는 것이 1차적으로 규범적 역할을 한다. 그러나 스미스에 따르면, 실제로 칭찬받고 있지 않더라도 우리의 반응이나 행위가 '칭찬받을 만하기'를 추구하

---

11) Smith(1976), p. 113.

감정 상했어요?

며 이와 같은 것은 다른 종류의 규범성이라 할 수 있다. 앞의 것, 즉 '타인으로부터 칭찬받기를 욕망하는 것'을 "심리적 규범성"이라 부를 수 있다면 후자('칭찬받을 만하기'를 추구하는 것)는 "도덕적 규범성"이라 부를 수 있을 것이다. 그렇다면 이제 우리는 도덕적 규범성의 원천으로서 '칭찬받을 만함'을 어떻게 추구해야 하는지를 물을 필요가 있다.

2-5. 2차적으로 공감은 '칭찬받을 만함'을 추구함으로써 가능하다
: 공감의 2차적 기준(도덕적 규범성)

스미스에 따르면, 우리가 '칭찬받을 만함'을 추구할 수 있는 것은 '가정적인 공평무사한 관망자의 관점'을 택함으로써 가능하다. 그는 다음과 같이 말한다.

> 그러나 사람은 이런 방식으로 인류의 즉석 재판관이 되었지만, 그것은 첫 번째 재판에 있어서만 그렇고, 그 판결에 대해서는 한층 더 높은 법정, 자신의 양심의 법정, 또는 사정을 훤히 잘 알고 있는 가상의 공정한 관찰자의 법정, 자기 행위의 위대한 심판관이자 조정자인 가슴속에 있는 사람, 즉 내부인간(man within the breast)의 법정에 상소할 수 있다.[12]

'칭찬' 대신에 '칭찬받을 만함'을 추구하기 위해서 우리는 우리의 개인적 관점에서 거리를 둘 필요가 있으며 타인의 상황에 관해 알고 있을 필요가 있다. 타인의 마음속으로 들어가거나 그에게 동감하거나 평가하기 이

---

12) Smith(1976), p. 130.

전에 관찰자는 최대한 '보편적 인간', '추상적 인간', '인류를 대표하는 자'가 되기 위해서는 자기중심적이어서는 안 되며, 그가 알고 있는 문화적 편견 그리고 그의 이해관계 및 감정적 연관 등에 대해 괄호 쳐야 한다.[13] 이렇게 자기를 없앤 후에, 그는 공정한 관찰자의 느낌에 토대를 두고서 모든 도덕적 존재에게 동일하게 확고히 보증되는 '새로운 지도를 그린다.' 그리하여 도덕판단을 함에 있어 공평한 관망자로서 우리 자신을 다른 사람에게 투사하여 공평무사한 관점으로부터 그들의 느낌을 생각해 보고 그들이 처한 그와 같은 특수한 상황에서 공평무사한 것이 어떤 것인지에 따라 그들의 행위의 적절성을 평가한다. 이렇게 하여 카레스코가 지적하듯이, '공감적 공평무사성(sympathetic-impartiality)'이 도덕적 적절성을 확보하는 수단이 된다. 왜냐하면, 이와 같은 공평무사한 관망자의 도덕적 느낌은 더 이상 현실적인 관찰자의 편파적인 느낌과 같지 않기 때문이다.[14] 그러나 공평무사한 관망자의 관점이 타인과 그의 상황을 추상화하라는 의미는 아니다. 이러한 맥락에서 카레스코(Carrasco)는 다음과 같이 말한다.

> 행위자의 상황에 대해 '잘 알고 있는 관찰자'가 보다 정확한 판단을 한다는 것이 보통 강조되긴 하지만(TMS III.2.32), 스미스는 또한 항상 더 섬세하고 더 민감하고 더 정의로운 것을 고려하는 것을 의미하는 '잘 형성된' 마음으로서 양심에 관해 말한다.[15]

이상과 같이 '잘 형성된 마음'을 가진 자들은 최대한 공정한 관점에서 그

---

13) Smith(1976), TMS III.2.31.
14) Carrasco(2011), p. 18.
15) Carrasco(2011), p. 21.

감정 상했어요?

들의 느낌을 갖기 위해, 즉 가장 완벽한 도덕적 공감을 통해 도덕적 적절성을 가지고 판단하기 위해 다른 사람들과 최대한 동일시하고자 하는 데 최선을 다하는 사람들이다.

공평무사한 관찰자를 도입함으로써 스미스는 심리적 공감에서 도덕적 공감으로, 그리고 심리적 '적절성(propriety)'에서 '도덕적 적절성(moral propriety)'으로 나갈 수 있었다.[16] 스미스의 공평한 관찰자란 자신을 객관화한 입장, 즉 자신의 입장을 떠나 공정한 입장에서 사물을 판단하는 것이다. 사람들은 공정한 관찰자의 입장에서 자신을 판단함으로써 자기 행위를 스스로 규제할 수 있다. 공평무사한 관찰자는 양심(conscience)이라고 볼 수 있다.

아담 스미스의 공감이론을 이렇게 이해했을 때, 이 장의 시작에서 소개한 『허클베리 핀』에서 주인공 헉의 노예 친구 짐에 대한 연민, 공감이 과연 공정한 관찰자의 입장에서 자신의 행위를 이끈 것일까? 이에 대한 판단을 위해 헉의 상황에 대해 조금 더 자세히 들여다 보기로 하자.

3. 허클베리 핀의 연민

3-1. 허클베리 핀은 타인의 소유물인 노예를 돌려주어야만 한다는 양심(도덕)과 노예 친구에 대한 그의 자연스러운 연민(감정) 사이에서 갈등한다

『허클베리 핀의 모험』 16장에서 허클베리 핀은 친구 짐이 주인 왓슨으

---

16) Carrasco(2011), p. 23.

로부터 도망치는 것을 돕는다. 둘은 미시시피 강을 따라 짐이 법적으로 자유로울 수 있는 장소 가까이 뗏목을 타고 내려간다.

짐은 이처럼 자기가 자유세계 바로 가까이에 와 있다고 생각하니 온몸이 후들후들 떨리고 신열이 다 난다고 했습니다. 헌데 정말이지 짐의 이 말을 듣고 보니 나도 온몸이 후들후들 떨리고 열이 났습니다. 이젠 그가 거의 자유의 몸이 된 것이나 마찬가지라는 생각이 갑자기 머리에 떠올랐기 때문이었습니다. 과연 누구의 책임일까요? 바로 내 책임이었지요. 암만해도 이 생각을 양심에서 떨쳐 낼 수가 없었습니다. […] 이제껏 내가 무슨 일을 하고 있었는지 절실하게 느껴지지 않았던 겁니다. 그러니 이젠 그렇지가 않았습니다. 머릿속에서 떨어지지 않고 계속 남아 한층 더 나를 괴롭힐 뿐이었지요. 이것은 내 탓은 아니야, 내가 짐을 그의 정당한 소유주한테서 빼낸 것은 아니니까 하고 자신에게 타일러 보려고 했지만 모두 헛수고였지요. 그럴 때마다 양심이 고개를 쳐들고는 이렇게 말하는 것입니다. '그러나 너는 짐이 자유를 찾아서 도망친 것을 알고 있었지 않았는가, 그리고 너는 강둑에 배를 갖다 대고 누구에게든 그 일을 고발할 수가 있었을 게 아니냐 말이다.' 정말로 지당한 말이었지요. 피하려야 피할 길이 없었던 겁니다. 내 마음을 괴롭히는 것은 바로 이 점이었습니다. 양심은 나에게 이렇게 말했습니다. '불쌍한 왓슨 아주머니가 도대체 너에게 어떻게 했기에, 그녀의 검둥이가 바로 네 눈앞에서 도망을 치는 것을 보고도 넌 말 한마디도 하지 않았단 말이냐? 그 불쌍한 아주머니가 너에게 무슨 짓을 했기에, 너는 이렇게까지 지독한 짓을 그 아주머니에게 하느냐 말이다.' […] 내 모습이

감정 상했어요?

너무나도 비열하고 비참하게 생각되어 나는 그만 죽어 버리고 싶었습니다.

짐이 돈을 모아 아내를 사고, 아이들을 살 계획이라고 말하면서, 덧붙이기를 아이들을 살 수 없으면 훔칠 것이라고 말하자, 헉은 두려워졌다.

이것은 내 생각이 모자란 데서 온 것입니다. 지금 내 앞에는 내가 도망치는 것을 도와준 거와 다름없는 검둥이가 있는데, 자기 아들들을 - 내가 알지도 못하고 나에게 아무런 해를 끼친 일도 없는 사람이 소유하고 있는 애들을 훔쳐내겠다고까지 분명히 말하고 있는 것이 아닙니까. 나는 짐이 그런 말을 하는 것을 듣고 참 안되게 생각했습니다. 이 말은 도리어 짐의 가치를 떨어뜨리게 하는 것과 다름이 없었습니다. 내 양심이 아까보다도 한층 더 나에게 채찍질을 하는 탓에 마침내 짐을 향해 "제발 그만둬, 이제라도 늦진 않았으니까. 빛이 보이는 대로 곧 강둑으로 달려가서 신고할 테니까" 하고 외쳐댔지요. 이러고 나니 금방 마음이 놓였습니다.

위에서 말하는 '양심'은 헉이 생각하고 있는 도덕이라 말할 수 있으며, 이때 도덕은 짐의 주인 왓슨 여사에게 소유물인 노예를 돌려주어야만 한다는 것이다. 하지만 이러한 도덕은 연민, 즉 친구에 대한 그의 자연스런 감정과 갈등을 빚는다. 이러한 갈등은 짐을 넘겨주려고 하는 대목에서 시작된다.

내가 노를 젓기 시작하자 짐은 이렇게 말했습니다. "이제 곧 나는 너무 기뻐서 큰 소리를 지를 거야. 그리고 이렇게 말할 거야. 이게 모두 다 헉의 덕택이라구. 난 이제 자유의 몸이 되었어. [⋯] 헉, 짐은 평생 너를 잊어버리진 않을 거야. 헉은 내 친구 중에서 제일 좋은 친구이지. 그리고 이제 이 늙은 짐의 단 하나밖에 없는 친구야."

나는 짐을 밀고하려고 끙끙거리며 빠른 속력으로 노를 젓기 시작했습니다. 그러나 짐의 이 말을 듣자 힘이 쭉 빠져 버리는 것만 같았지요. 그래서 나는 천천히 저어 갔고, 내가 이렇게 떠난 것이 잘한 일인지 못한 일인지 분간이 가지 않았습니다. 50야드쯤 떨어졌을 때 짐이 다시 말을 이었지요.

"저기 헉이 가는구만. 그 진짜배기 헉 말이여. 이 늙은 짐과의 약속을 절대로 깨뜨린 일이 없는 오직 하나밖에 없는 백인 신사 말일세." 이 말을 듣고 나는 매스꺼움을 느꼈습니다. 그러나 무슨 일이 있더라도 이 일을 해야 돼. 그만두어 버릴 수는 없어 하고 나 자신에게 타일렀지요.

이때 도망간 노예를 사냥하는 두 명의 남자가 헉에게 뗏목에 타고 있는 남자가 흑인인지 백인인지 묻자,

나는 얼른 대답하지 못했습니다. 대답하려고 했지만, 입이 떨어지지 않았습니다. 1, 2초 동안 나는 용기를 내어 말해 버릴까 하고 애를 썼지만, 차마 그럴 용기가 나지 않았습니다. 토끼의 용기조차 없었던 거지요. 힘이 빠져 나가고 있다는 것을 느꼈습니다. 그래서 나는 용기를 내는 것을 포기하고 불쑥 이렇게 말했습니다. "백인입니다."

3-2. 헉의 연민의 감정이 그가 도덕의 원리로 택했던 것에 승리한다

결국, 헉은 그의 연민의 감정이 그가 도덕의 원리로 택했던 것을 이기게 했다. 허클베리 핀이 노예 사냥꾼에게 짐을 넘기는 것이 낫다고 판단하는 것은 그의 의식적 숙고체계에 불과하다. 실제로는 그는 자신의 연민을 따랐던 것이다. 혹자는 감정을 따르는 것이 반드시 좋은 결과를 가져다주지 않는다고 말할지 모르겠다. 이제 이에 대한 해결책을 아담 스미스와 동시대에 학문적 교류를 통해 도덕감정론을 주장한 데이비드 흄의 공감이론을 통해 찾아보자.

4. 흄의 도덕감정론에서 공감(sympathy)의 역할

4-1. 도덕은 느낌의 문제이고, 도덕감이란 타인에게서 보이는 특정 종류의 행위나 품성들에 대해 마음이 받아들임을 느끼거나 또는 물리침을 느끼는 것이다

아담 스미스와 동시대에 학문적 교류를 하였던 데이비드 흄 또한 도덕 판단을 하는 데 공감이 핵심적인 것이라 본다. 흄이 보기에 공감이 중요한 이유는 그가 생각하기에 도덕은 '느낌'의 문제이기 때문이다. 그는 도덕판단이란 '도덕감(moral sense)'이라 본다. 즉 흄에 따르면 도덕감이란 타인에게서 보이는 특정 종류의 행위나 품성들에 대해 마음이 '받아들임을 느끼거나' 또는 '물리침을 느끼는 것'이라 할 수 있다. 우리는 어떤 행위자의 성격에 대하여 유덕하거나 부덕하다고 도덕적 평가를 내린다. 이러한 것은 그 행위자의 성격이 우리에게 쾌락이나 고통을 주고 그에 따라 우리가 승인이나 불승인의 감정을 느낀다는 것을 의미한다. 따라서 행위 자로부터 느끼게 되는 모든 쾌락과 고통의 감정 가운데, 특히 이 행위자 의 성격에 대하여 우리가 느끼는 쾌락과 고통의 감정이 바로 도덕감인 것 이다. 그렇다면 이제 제기되는 문제는 이러한 개인적인 느낌이 어떻게 **보 편적인 도덕판단**이 될 수 있는가이다. 여기서 흄은 도덕감이 보편적인 도 덕판단이 되기 위해서는 첫 번째로 **'공감'**이 필요하다고 주장한다.

4-2. 우리는 멀리 있는 사람보다 가까이 있는 사람에게, 낯선 사람보다는 잘 아는 사람에게, 또 외국인보다는 동포에게 더 공감하는 경향이 있다

흄에 따르면, 모든 인간의 정신은 비슷한 방식으로 느끼고 작동하게 되 어 있다. 마치 하나의 현이 울리면 같은 음을 내는 다른 현들도 이에 공명 하는 것처럼, 인간의 감정 역시 타인이 느끼는 감정이 나에게 쉽게 전달 되고, 그래서 나는 '공감'을 통해 타인의 감정을 나의 감정처럼 느끼게 되 는 것이다. 우리는 나 자신의 이익(self interest)과 직결되는 것에 대해서 는 직접적으로 쾌락과 고통의 감정을 느끼지만, 나 자신의 이익과 직결되 지 않는 타인의 행복이나 사회의 선에 대해서는 '공감'을 통해서 쾌락과 고통의 감정을 느낄 수 있는 것이다.

우리는 도덕적 평가가 그 대상에 상관없이 일관되기를 기대하지만, 멀 리 있는 사람보다 가까이 있는 사람에게, 낯선 사람보다는 잘 아는 사람

감정 상했어요?

에게, 또 외국인보다는 동포에게 더 공감한다.[17] 즉, 시간과 공간적으로 더 가깝거나 원인과 결과의 고리로 연결되어 있으면 더 공감하게 되고, 유사한 관계에 있으면 더 공감하게 되는데, 이런 식의 공감은 '편파적'이기 때문에, 보편성을 요구하는 도덕의 원리로 작동할 수 없다.

4-3. 반성(reflexion)이나 상상을 통해 편파성을 교정하여 자신의 이익 (self interest)에서 벗어난 확고하고 일반적인 관점(general point of view)을 견지해야 한다

공감의 편파성 문제에 대한 비판에 직면하여 흄은 도덕감이 생기게 되는 두 번째 조건을 제시한다. 도덕감이 생기기 위한 두 번째 원리는 **반성이나 상상을** 통하여 공감으로부터 생겨난 감정을 교정함으로써, 자신의 이익에서 벗어난 확고하고 **일반적인 관점**을 견지하는 것이다. 이러한 일반적 관점은 사회적으로 효용이 있다고 일반적으로 받아들이는 입장이다. 다시 말하면 공감의 다양성에서 비롯되는 갈등을 해소하기 위한 것인데, 이는 충분히 다의적이면서도, 견고하고 접근가능하며, 모든 사람들이 일반적으로 접근할 수 있는 정보에 의존하는 그런 관점이다.

흄에 따르면 도덕판단은 "일반적 관점"을 포함해야 한다. 우리가 어떤 성격에 대해 그 장점을 평가할 때 우리의 특수한 이해관계나 애착을 제쳐두고 상상력을 동원해 "그들이 처해 있는 특수한 상황에 우리 자신을 놓아야만 한다."[18] 여기서 일반적 관점을 갖는다는 것은 나 자신의 이익과

---

17) D. Hume(1978), *Treatise of Human Nature*, p. 581.

18) D. Hume(1978), *Treatise*, p. 582.

상관없이 평가의 대상이 되는 행위자와 아주 친밀한 느낌을 갖는 것을 생각해 보는 것이다. 이렇게 나 자신의 이익과 상관이 없는 사람에게 일반적 관점에 따라 공감을 느끼는 것은 친밀한 느낌을 '가정'해 보는 것이기 때문에 나와 상관없는 그 대상과 '가정적'으로 연결시켜 보고 가정적으로 쾌락이나 고통을 느껴보는 것이다. 이 장의 시작에서 예를 든 허클베리 핀에 대해 도덕적 판단을 내린다고 가정해 보자. 우리는 주인공 헉이 그 당시의 관습으로서 도덕인 '노예는 소유물이다', '남의 소유물은 돌려주어야 한다'는 판단에도 불구하고, '연민' 때문에 흑인 노예 친구 짐을 노예 사냥꾼으로부터 숨겨 준 헉의 성품에 대해 칭찬하게 되면서 승인의 감정을 갖게 될 것이다. 이때 우리는 실제의 감정을 느끼는 것은 아닌데, 왜냐하면 그와 같은 일은 먼 옛날, 먼 장소에서 일어난 것이기 때문이다. 이는 우리가 헉의 시대에 살았더라면 노예인 짐에 대해 '연민'을 느꼈을 것이라고 **상상**해 보는 것이다.

이렇게 반성을 통해 갖게 된 '일반적 관점'에 따라 느끼는 공감은 특수한 상황에서의 이해관계에 국한되지 않는다. 예를 들어 일반적 관점에 따라 역사 속의 인물에 대해 공감하게 된다는 말은 우리가 그 사람이 처해 있던 상황을 상상해 봄으로써, 그 사람이 한 행위에 대해 마치 현시대의 우리 이웃 중 한 사람이 한 행위처럼 여기고 이에 대해 강한 승인 내지 불승인의 감정을 느낄 수 있다는 것이다.[19] 따라서 우리는 가설적 시나리오에 대해 **'반성'** 또는 **'상상'**해 볼 수 있는 우리의 능력 때문에 보편적인 도덕적 판단을 가질 수 있다. 즉 우리는 이와 같은 반성 능력 탓에 우리 자신과 가깝고 이해관계가 있는 사람들에게 국한시킬 수 있는 '제한된 공감(limited

---

19) Hume(1978), *Treatise*, p. 584; c.f, p. 582.

감정 상했어요?

sympathy)'을 '확장(extend)'할 수 있다고 흄은 말한다. [20]

　도덕적 반성을 통해 우리는 멀리 떨어진 사람들에 대해서 **말하는(또는 생각하는)** 방식을 바꿀 수도 있다. 하지만 그와 같은 반성을 통해 우리가 그들에 관해 **느끼는** 방식을 크게 바꿀 수는 없다. [21] 왜냐하면 반성이나 상상을 통해 갖게 된 느낌은 우리와 직접적으로 연관되거나 실제로 이해관계가 있다고 믿을 때 일어나는 느낌보다 상당히 약하기 때문이다. [22] 그렇기 때문에 흄은 특수한 상황에서 이해관계에 따라 느끼게 되는 공감이 더욱 강력하며, 이러한 편파적인 공감을 확장하기 위해서는 '공감의 교정'이 필요하다고 주장한다.

4-4. 공감의 편파성은 교정이 필요하며 반성을 통해서도 교정 불가능하면 차선책으로 언어의 교정(교육)이 필요하다

　그렇다면 공감을 어떻게 교정할 수 있는가? 흄은 우리가 느끼는 공감이 그 당시의 사회의 관습에 부합하지 않을 때 교정이 요구되지만, 감정의 교정은 쉽지 않기 때문에 차선책으로 '언어의 교정'을 제안했다. 인간에게는 다른 동물과 달리 언어를 구사하는 능력이 있다. 인간 고유의 특징인 이 언어는 단지 쾌락과 고통을 기록하는 수단은 아니다. 아리스토텔레스가 말했듯이 언어는 무엇이 공정하고 무엇이 불공정한지 선언하고 옳고 그름을 구별한다. 우리는 이러한 가치들을 소리 없이 파악하지 않고 말로

---

20)　Hume(1978), *Treatise*, p. 586.

21)　Hume(1978), *Treatise*, p. 603.

22)　Hume(1978), *Treatise*, pp. 583-4; 591.

표현한다. 즉 언어는 선을 식별하고 고민하는 매체이다. [23]

아리스토텔레스의 위의 주장을 받아들이면, 흄이 말한 언어의 교정을 다음과 같이 이해할 수 있다. 즉 우리의 공감이 그 당시 사회의 관습과 맞지 않을 때 말을 통해, 즉 대화, 담론, 교육 등을 통해 보다 넓은 서클로 확장함으로써 교정된 '감성(sentiment)'을 갖게 될 수 있다. 흄이 사용한 이 '감성(sentiment)' 개념은 '민감성(sensitivity)'으로 이해해도 무방하다. 우리는 어떤 경우에 행위 할 이유들에 대해 '민감한 것'이 그 이유를 '지적'으로 아는 것보다 훨씬 나을 때도 있다. 흄이 말한 이 '감성' 그리고 '민감성'은 습관과 훈련을 통해 갖게 되는 것이다.

흄이 말한 이 '감성', '민감성'은 지속적으로 함양되고 훈련된 자기감시 능력으로서 우리는 이것을 통해 '일반적 관점'을 따를 것인지를 결정하여 자신의 공감에 대해 승인을 하거나 불승인을 하게 된다. 이렇게 지속적으로 훈련을 통해 갖춘 자기감시 능력은 우리의 성격적 성향이 된다. 이를 앞선 헉의 예에 적용해 보면 다음과 같이 말할 수 있을 것이다. 즉 허클베리 핀이 노예 사냥꾼에게 짐을 넘기는 것이 낫다고 판단한 것은 허클베리 핀의 의식적 숙고체계에 불과하다. 그는 실제로 자신의 연민을 따랐다. 그리고 그의 연민을 택했던 것은 그가 지속적으로 함양하고 훈련한 자기감시 능력으로서 그의 성격의 일부 때문이라고 할 수 있다.

---

23) Aristotle, *The Politics*, Book I, chap. ii [1253a].

감정 상했어요?

5. 도덕감의 상호작용을 통해 행위자가 그 도덕 공동체에 적합한 인간 이 되게 교육하고 양육하는 것 또한 중요하다

이상을 통해서 우리는 다음과 같이 결론 내릴 수 있다. 즉, 도덕 공동체 내에서 행위자의 성품에 대해 관찰자가 승인 또는 불승인해 주는 감정적 상호작용, 즉 공감이 중요하며, 이러한 작용이 도적적 행동을 하게 하는 토대가 된다는 사실을 알 수 있다. 나아가 이와 같은 도덕감의 상호작용을 통해 행위자로 하여금 그 도덕 공동체에 적합한 인간이 될 수 있게 교육하고 양육하는 것 또한 중요하다. 이를 바탕으로 우리는 도덕적 책임을 귀속 시킬 수 있는 것이다. 이때 도덕적 책임은 칭찬과 비난이 될 수도 있고 처 벌과 보상이 될 수도 있을 것이다. 도덕적 책임 귀속 이전에 더 중요한 것 은 교육이나 양육, 훈계 등을 통해 행위자의 성격적 성향을 교정할 필요가 있다. 이처럼 우리는 스스로의 성격적 성향을 바꿀 기회가 열려 있으므로, 교정 가능한 기회가 있었는데도 불구하고 교정하지 않았거나 지속적으로 부적절한 행위를 반복하는 것에 대해 도덕적 책임을 져야 한다.

참고문헌

마크 트웨인 원작, 마이클 패트릭 히언 주석, 2010, 『주석달인 허클베리 핀』, 박중서 옮김, 현대문헌.

양선이(2011), 「공감의 윤리와 도덕규범: 흄의 감성주의와 관습적 규약」, 『철학연구』 제95집: 153-179.
양선이(2014), 「흄의 도덕감정론에 나타난 반성개념의 역할과 도덕감정의 합리성 문제」, 『철학』: 55-87.
양선이(2015), 「흄 도덕이론의 덕윤리적 조명: 감정과 행위 그리고 아크라시아 문제를 중심으로」, 『철학』 제123집: 47-69.

Bennett, Jonathan(1974), "The Conscience of Huckleberry Finn." *Philosophy* 49: 123-34.

Campbell, R. and Hunter, B., ed. (2000), *Moral Epistemology Naturalized*, University of Calgary Press.

Carrasco, M. (2011), "From Psychology to Moral Normativity." *The Adam Smith Review* 6: 9-29.

Chismar, Douglas. (1988), "Hume's Confusion About Sympathy." *Philosophical Research Archives* 14: 237-246.

감정 상했어요?

Cooper, A. A. Schaftsbury. (1964), *Third Earl of Shaftebury, An Inquiry Concerning Virtue or Merit, in his Characteristics of Men, Manners, Opinions, Times*, ed. John M. Robertson. Indianapolis: Bobbs-Merril.

Cunningham, A. (2004), "The Strength of Hume's 'Weak' Sympathy." *Hume Studies* 30(2): 237-256.

Fricke, C. (2013), "Adam Smith: The Sympathetic Process and the Origin and Function of Conscience." in *The Oxford Handbook of Adam Smith*. Oxford: Oxford University Press. 177-200.

Greig, J. Y. T. (1932), ed. *The Letters of David Hume*, Oxford University Press.

Hare, R. M. (1978), *Freedom and Reason*, Oxford University Press.

Herdt, J. (1997), *Religion and Fiction in Hume's Moral Philosophy*, Cambridge: Cambridge University Press.

Hume, David. (1751), 1975. *Enquiries Concerning Human Understanding and Concerning the Principles of Morals*, ed. by L.A. Selby-Bigge. 3rd edition. Oxford: Oxford University Press.
Hume, David. (1740), 1978. *A Treatise of Human Nature*, ed by L.A. Selby-Bigge. 2nd edition. Oxford: Oxford University Press.

Mercer, P. (1972), *Sympathy and Ethics*. Oxford: Oxford University Press.

Norton, D. F. (1982), *David Hume - Common Sense Moralist, Sceptical Metaphysician*. Princeton: Princeton University Press.

Sayre-McCord, G. (1994), "General Point of View" Isn't Idea—and Shouldn't be". *Social Philosophy & Policy 11*.

Schneewind, J. B. (1998), *The Invention of Autonomy -A History of Modern Moral Philosophy*. Cambridge University Press.

Smith, A. (1976), *The Theory of Moral Sentiments*. Oxford: Clarendon Press.

Vitz, R. (2016), "The Nature and Functions of Sympathy in Hume's Philosophy." in *The Oxford Handbook of Hume*, New York: Oxford University Press.

5장

왜 이성이 감정의 노예이어야 하는가?

: 우리를 도덕적으로 행동하도록 이끄는 것은 이성이 아니라 감정이다

1. 우리는 도덕적 문제에 대해 직감적으로 판단하고 그것을 합리화하기 위해 추론한다

"정서적 개와 이성적 꼬리(The Emotional Dog and Its Rational Tail)" (2001)에서 조너던 하이트는 무해한 금기위반 사례를 통한 도덕판단 인터뷰 사례를 소개한다. 이를 통해 그는 도덕판단을 할 때 직관이 우선하며 추론은 상대적으로 무능함을 그리고 직관과 감정이 긴밀한 관계를 맺고 있다고 주장한다. 그가 소개한 무해한 금기위반 사례란 가령 어떤 남매가 합의하에 재미를 위해 성교를 한 경우, 그리고 한 주부가 옷장을 청소하다가 낡은 성조기를 발견하고 더 이상 그 국기가 필요하지 않다고 생각하여 그것을 찢어 욕조를 청소할 때 활용하는 경우와 같은 것이다.[1] 하이트는 이와 같은 사례들을 소개하고 학생들에게 이에 대해 어떻게 생각하는지 물으면 대부분의 학생들은 '즉각적'으로 그러한 것은 잘못이라고 말했다고 보고한다. 학생들은 그런 다음에 그 이유를 찾기 시작했다고 한다. 하이트는 학생들에게 그들이 잘못이라고 생각하는 근거를 물으면, 대부분의 학생들은 다음과 같이 말했다고 한다. "모르겠어요. 왜 잘못되었는지 설명을 못 하겠어요. 다만 그것이 잘못되었다는 것만은 알아요!"[2]라고 답했다고 한다.

하이트는 이러한 현상을 '도덕적 말문막힘(moral dumbfounding)'이라고 부르면서 이런 반응은 사람들이 도덕적으로 잘못된 이유를 얼른 떠올리지 못하면서도 잘못된 사실만은 곧바로 판단할 수 있는 능력을 갖고 있

---

1) 이에 관해서는 J. Haidt (2001), p. 1024를 참고하시오.
2) Haidt(2001), p. 1024.

감정 상했어요?

음을 보여 주는 증거라고 주장한다. 즉 우리가 도덕적 평가를 할 때 '직감'이 우선적이고 '추론'은 상대적으로 무능하다는 사실을 보여 주는 증거라고 주장한다.

여기서 '도덕적 직관'이란 도덕적 판단 과정에서 추론에 선행하는 선천적 능력이자 정서와 밀접하게 연관된 개념이다. 그에 따르면 우리가 어떤 행동을 하게 될 때 그러한 행동은 신속한 직관과 직감, 그리고 도덕적 감정을 통해 발생한다. 그리고 그는 이러한 행동에는 뿌리가 되는 다섯 가지 기초적 직관이 있다고 주장한다. 하이트에 따르면 이와 같은 직관은 진화의 산물인 '준비(preparedness)'를 바탕으로 하여 '도덕모듈'로 발현된다. 즉 우리의 도덕적 직관과 동기는 진화를 통해 인간의 마음이 발달해 오면서 준비한 몇몇 직관에서 유래했으며, 도덕판단은 신속하고도 자동적인 직관의 산물이다. 우리는 이를 바탕으로 상대적으로 느리고, 의식적인 도덕적 추론을 하게 된다.[3]

하이트의 이상과 같은 주장은 도덕판단에 있어 칸트와 같은 이성주의 모델을 거부하고, 우리가 앞 장에서 살펴본 흄의 정서주의 모델을 옹호하는 것이다. 하이트에 따르면 도덕판단은 이성을 통해 생기는 것이 아니라 직관(감)에 의해 먼저 판단된다. 즉 살아가면서 우리가 도덕적 문제에 직면했을 때 '즉각적'으로 판단하고 행동하는 경우가 많으며 도덕적 추론은 이후에 직관적 판단을 합리화할 때 사용된다는 것이다. 이렇게 그는 도덕판단에서 이성의 역할을 평가절하하고 사회적 영향을 받는 직관의 중요성을 강조하기 때문에 자신의 이론을 '사회적 직관주의 모델'이라고 불렀다.

그렇다면 진화의 산물인 '준비(preparedness)'를 바탕으로 한 기초적 직

---

3) J. Haidt & F. Bjorklund(2008), p. 181.

관들이 어떻게 도덕적 판단에 연결될 수 있는가? 여기서 하이트가 말하는 직관은 '어떤 행위에 관하여 보거나 들을 때 경험하는 평가의 즉각적 번쩍임(flash)으로, 정서적 반응'이다. 이런 의미에서 보면 사실은 '직감'이라고 보아야 할 것이다. 이 직감은 그것을 갖는 주체도 왜 그러한 즉각적 번쩍임이 일어나는지 설명하기 어려운 것이다. 그것은 '신속하고 노력이 필요 없으며, 그것이 도출되는 과정은 비의도적이고 자동적·총체적 맥락에 의존적'인 특징을 갖는다. 이에 반해, '추론은 느리고 노력이 필요하며, 이것이 도출되는 과정은 의도적, 통제적·분석적이고 맥락에 독립적'이다.

이러한 생각을 도덕판단에 적용해 보면 도덕판단은 감정적으로 활성화된 직관에 의한 것이다.[4] 이에 반해 도덕추론은 대체로 다른 사람들과의 의사소통을 위해 직관적 판단을 사후에 합리화하는 것이라 할 수 있다. 이처럼 우리의 행위에는 즉각적인 반응으로서의 직감이 일차적이고, 추론은 이러한 직관을 뒷받침하기 위해 이차적으로 이루어지는 경우가 대부분이라고 하이트는 주장한다. 즉 그에 따르면 추론이 정서에 종속된다.

2. 왜 이성이 감정의 노예이어야만 하는가?
: '주인과 노예'라는 메타포의 함축

2-1. "이성 홀로는 행위의 동기가 될 수 없다."

하이트의 이상과 같은 주장은 우리가 4장에서 살펴본 데이비드 흄의 철학에 토대를 두고 있다. 여기서 하이트의 주장의 철학적 근거를 따져 보

---

4) 직관이 정서보다 더 넓은 개념이지만 직관과 정서는 서로 관련되고 정서가 직관으로 작용한다.

감정 상했어요?

기 위해 "이성이 감정의 노예이어야 한다."는 흄의 논변을 잠시 살펴보기로 하자. 흄에 따르면 우리가 행동을 하고자 할 때 이성 홀로 그 행동을 이끌 수 없다. 즉 이성 홀로는 행위를 위한 동기가 될 수 없다.

왜 이성 홀로는 행위를 위한 동기가 될 수 없는가? 흄은 이에 답하기 위해 먼저 이성의 역할과 감정의 역할이 구분된다고 주장한다. 그에 따르면 이성이란 증명, 연역 또는 인과 추론에 관계하는 능력이다. 연역 추론은 개념들의 관계를 통한 추론이며, 예컨대, 2+3=5라든가, '사각형은 원이 아니다'와 같은 개념들이 어떻게 연관되는지에 관한 것이다. 하지만 행위는 우리의 의도에 의해서 촉발되고 우리의 의도는 세계가 어떤 식으로 존재하건 간에 내가 원하는 바대로 행위 하고자 하는 것과 관련되기 때문에 개념들의 관계를 따지는 문제와는 무관하다. 그러나 개념들의 관계에 관여하면서도 행위와 연결될 수 있는 경우도 있다. 예컨대 개념들의 관계를 따지는 수학을 때때로 현실적 활동에 적용하는 경우를 살펴보자. 즉, 기술자나 상인은 그들이 작업하고 있는 문제를 풀기 위해 수학을 세계에 적용한다. 그러나 이때 그들이 어떤 목적이나 목표를 부과하지 않고 수학적 진리를 아는 것만으로 행위를 위한 어떤 동기를 유발할 수는 없다. 그렇다면 어떤 목적이나 목표를 부과하는 것은 무엇인가? 흄에 따르면 우리가 행위 하는 데 있어 목표를 설정하고 이 목표를 달성하도록 동기 유발하는 것은 우리의 욕망이나 감정이다.

연역추론은 행위를 위한 어떤 동기 유발도 할 수 없다고 할지라도 귀납추론, 즉 개연성 추론 그 자체는 우리에게 행위 하도록 종용하거나 촉구할 수 있는가? 흄에 따르면 귀납추론은 사실의 문제(matter of fact)에 관여하는 것으로서 개연성을 통해 세계에 대한 믿음을 갖게 되는 추론이다.

여기서 이성은 우리에게 인과관계에 관한 정보를 제공함으로써 행위를 위한 수단적 역할은 하지만, 그 자체가 실천적 영향력을 행사할 수 없다고 흄은 주장한다. 예컨대, '오늘 오후에 비가 올 것이다'라는 정보에 대해 이성은 그것을 믿도록 한다고 치자. 일기예보의 정보는 개연성에 근거한 것이고, 나는 개연성 즉, 확률이 높은 귀납추론에 대한 신뢰를 갖고 있어서 '오늘 오후에 비가 올 것이다'라는 정보를 믿는다고 치자. 이때 이성을 통해 믿는 나의 **믿음**은 내가 비 맞기를 원하지 않는다는 **욕망**을 만족시키기 위한 필요한 수단에 불과하다. 즉 오늘 오후에 비가 올 것이라는 것을 믿는다는 것은 비를 맞지 않고자 하는 나의 욕망을 만족시키기 위해서는 우산을 준비하는 것이 한 가지 방법이라는 정보를 제공하는 수단이지 그 자체가 목적이 될 수는 없다. 비 맞지 않는 한 가지 방법은 우산을 가지고 나가는 것이라는 그와 같은 정보에도 불구하고 나는 비 맞지 않기 위한 나의 욕망을 채우기 위해 다른 수단 즉 오늘 오후의 약속을 취소하고 집에 머무는 것을 택할 수도 있는 것이다. 또 한 가지 예를 들자면, 런던과 서울 간에 8시간의 시차가 있다는 인과적 믿음을 이성을 통해 갖는다고 할지라도 런던에 갈 일이 없다든지 런던과 관련된 활동을 할 일이 없을 경우, 즉 런던이 나의 이해관계와 무관할 경우 그와 같은 정보는 나의 실천적 삶에 영향을 미치지 못한다.

2-2. 행위를 촉발하는 계기는 감정이고, 이성은 무력하다

이성주의 전통에 따르면 이성과 감정은 서로 대립되는 능력이며 합리적 행위를 하기 위해서는 이성이 감정을 통제하거나 다스려야 한다. 그러

감정 상했어요?

나 흄에 따르면 이성과 감정은 대립되는 것이 아니다. 앞서 살펴본 바에 의하면 흄이 보기에 행위를 위한 동기를 유발하는 것은 감정, 욕망이다. 따라서 이성이 감정과 대립되는 능력이라면 감정과 반대 방향으로 동기를 유발해야 한다. 그러나 흄에 따르면 이성은 감정과 반대 방향으로 동기를 유발하는 것이 아니라 결코 동기를 유발할 수 없다. 그에 따르면, 의도나 목적이 없다면 이성이 행하는 연역추론 혹은 귀납추론만으로는 행위를 결코 산출할 수 없다. 예를 들어, 엄청나게 많은 수학적 정리들과 공식들을 다 알고 있지만 당면한 현실적인 시장 현장에서는 그저 머릿속으로 수학적 공식들만 되뇌고 정작 아무런 구체적인 경제 행위를 하지 못하는 수리 경제학자의 경우를 상상할 수 있다. 이 경우 우리는 개념들의 관계, 즉 수학적 공리, 법칙 등을 통해 연역 추론이나 사실의 문제에 대해 귀납추론을 하는 것만으로는 행위를 일으키지 못한다는 것을 알 수 있다. 흄은 개념들의 관계에 관여하는 논증적 추론뿐만 아니라 사실의 문제에 관여하는 귀납추론도 그것만으로는 행위를 산출할 수 없다고 주장한다.

흄은 우리가 어떤 행위를 산출하는 과정을 묘사하고 있다. 즉 어떤 대상이 우리에게 쾌락이나 고통을 가져다준다는 기대를 하게 되면, 우리는 그 대상에 대한 호감을 느끼거나 기피하게 된다. 이때 호감이나 기피의 대상이 우리 행위의 목표나 목적이 될 것이며, 원인과 결과의 관계를 따지는 인과적 추론은 바로 이러한 목표나 목적을 달성하기 위한 수단을 제공하기 위하여 동원된다. 말하자면 인과적 추론은 행위 산출에 있어서 목표를 달성하기 위한 수단을 제공하는 역할만을 담당한다는 것이다.[5]

---

5) D. Hume(1978), *Treatise of Human Nature*, p. 414.

2-3. 행위를 하는 데 있어 이성은 보조역할을, 감정 또는 욕망이 주된 역할을 한다

혹자는 이에 대해 다음과 같이 반론을 제기할지도 모르겠다. 즉, 우리의 행위 중 많은 것은 이성에 근거한 믿음이 감정을 조종함으로써 가능하다고 말할지도 모르겠다. 예컨대, 나는 내가 특별히 좋아하는 키위 생과일 주스를 마시고 싶어 구내매점에 가서 그것을 주문했다고 해 보자. 그러나 점원이 말하기를 "오늘은 키위가 없어 키위 주스를 만들 수 없다."고 한다. 그래서 하는 수 없이 나는 대안으로 딸기 주스를 샀다. 흄의 입장에 반대하는 사람들은 이 경우 나의 대안적 선택은 점원으로부터 정보를 입수한 나의 이성이 딸기 주스를 선택하도록 명령해서라고 말할 것이다. 그러나 흄에 따르면 이 경우 대안적 선택도 나의 '또 다른 욕망'에 근거한 것이다. 즉 딸기 주스라는 나의 대안적 선택은 음식에 대한 나의 **일반적 욕구(general appetite)** 즉, **'갈증'** 또는 **'배고픔'** 때문에 발생한 것이다. 이렇게 본다면 행위를 위한 추진력은 항상 감정, 욕망에서 비롯된다고 할 수 있다. 따라서 흄에 따르면 행위에 관한 한 다음과 같이 말할 수 있다.

> "우리가 정념과 이성의 대결을 말할 때 우리는 엄밀하게 그리고 철학적으로 말하고 있는 것이 아니다. 이성은 정념들의 노예이고, 또한 노예이어야만 하고, 정념을 위해 봉사하고 복종하는 일 외에는 할 일이 없다." (D. Hume(1978), Treatise of Human Nature, p. 415)

결국, 행위의 동기부여력과 관련하여 이성은 '도구적 역할'만 할 뿐이

감정 상했어요?

다. 이성은 욕구하는 것을 성취할 방법을 알 수 있도록 돕는 사실적인 믿음만을 제공한다. 노예의 비유에 대한 일반적 해석은 이 비유의 이름이 이미 암시하고 있는 것처럼 이성은 행위의 산출과정에서 보조적인 역할을 담당하고, 감정, 욕망이 주된 역할을 담당한다는 것이다. 여기서 주된 역할과 보조역할은 무엇인가 하면, 감정은 행위의 목표를 설정하는 데 반하여 이성은 연역추론이든, 귀납추론이든, 논증적 추론과 인과적 추론을 통해서 오직 행위의 방향만을 조정할 수 있다는 것이다. 그리고 감정은 행위를 산출하는 '충동'을 유발하는 데 반하여, 이성은 그렇지 못하다는 것을 의미한다.

3. "이성은 정념의 노예이다."에 대한 신경과학적 증거

하이트는 흄의 명제인 '이성이 정념의 노예'라는 것을 받아들인다. 이를 정당화하기 위해 첫째, 도덕적 판단에서 '즉각적 반응'의 중요성을 강조했다. 그는 이를 '무해한 금기위반의 사례를 통한 도덕판단 인터뷰'를 통해 보여 주고자 했으며, 이 사례에서 보여 주는 현상을 '도덕적 말문막힘 현상'이라 불렀다. 이 사례를 통해 하이트가 내린 결론은 도덕판단에 있어 직관(감)의 우선성과, 추론의 상대적 무능함이었으며, 이때 그가 말하는 직관은 정서에 가까운 것이다. 이러한 측면에서 그는 흄의 사상을 전수했다고 말한다.

둘째, 하이트는 '이성이 정념의 노예'라는 흄의 명제를 정당화하기 위해 신경과학적 증거를 예로 제시한다.[6] 예를 들어, 다마지오의 뇌과학 연구

---

6) 하이트는 자신의 모형이 다마지오와 그린(Joshua D. Greene)이 제시한 신경과학적 증거들에 의

는 정서의 번쩍임이 도덕판단을 위해 본질적이라는 점을 보여 준다고 하이트는 주장한다. 다마지오의 뇌과학 연구는 정상적인 의사결정에 있어 감정이 매우 중요한 역할을 한다는 사실을 말해 준다. 다마지오는 이를 피니어스 게이지의 사례를 통해 말하고 있다.

3-1. 피니어스 게이지의 예
: 도덕적 행위나 의사결정의 동기는 이성이 아니라 감정의 영역이라는 것을 보여 주는 사례

피니어스 게이지는 철도 노동자로 쇠막대기가 얼굴을 관통하는 사고를 당해 뇌 앞부분에 상해를 입었다. 기적적으로 살아난 그는 지적능력이나 언어능력은 전혀 손상이 없었다. 그러나 사회적 관습이나 윤리적 기준을 준수하는 능력이 저하되었다고 한다. 유쾌하여 동료와 잘 어울리던 그가 사고 후 변덕이 심하고 상스러운 말을 내뱉는 무례한 사람으로 변했다고 한다. 그 결과 그는 주변 사람들과 멀어지고 철도 건설현장에서 해고되었다고 한다.

뇌과학적 관점에서 분석하면 쇠막대가 피니어스의 뇌를 통과한 지점은 대뇌 피질의 전두엽이다. 이곳은 복내측 전전두엽이라고 불리며, 감정적 반응을 상위의 인지와 통합하여 행동을 결정하고 사회적 상호작용을 하는 능력을 담당한다고 한다. 이곳이 손상된 환자들은 끔찍한 재해로 죽어 가는 사람을 보여 주는 실험에서 아무런 감정을 느끼지 못했다고 한다. 그들은 사회적 문제나 현실적인 문제에 높은 수준의 이해력을 보유하고

해 지지된다고 주장한다. Haidt & Bjorklund(2008), pp. 199-201.

감정 상했어요?

도덕적 딜레마에도 설득력 있는 답을 제시했음에도 불구하고 이러한 지식을 응용하거나 실천하지는 못했다고 한다. 옳고 그름이나 상황에 대한 지식을 갖고 있음에도 불구하고 행위에 도달하기 위해 필요한 감정적 반응이 일어나지 않았던 것이다. 이는 잘못된 행위를 하거나 잘못된 의사결정의 원인이 이성적이고 합리적인 사고를 하지 못한 데 있거나, 지적 교육이 결여되었기 때문이라는 생각이 잘못되었다는 것을 보여 준다. 따라서 이는 도덕적 행위나 의사결정의 동기는 이성이 아니라 감정의 영역이라는 것을 보여 주고 있는 것이다.

3-2. 다마지오의 신체표지설
: 신체상태의 표지와 연결된 직감이 좋은 의사결정을 내리는 데 중요한 역할을 한다는 주장

다마지오는 감정이 배제된 이성만이 오직 도덕적 판단을 하는 이상적 동기라는 전통적 생각은 잘못되었다고 주장하면서 '감정'은 합리적 의사결정이나 성공적인 도덕적 행위를 수행하는 데 필수적인 요소라고 말한다. 그는 합리적 의사결정이나 성공적 도덕 행위를 하는 데 필수적인 감정을 '직감(gut feeling)'이라고 부른다. 그리고 이와 같은 직감은 경험하는 신체상태의 표지와 연결되며, 경험하는 신체상태의 표지가 좋은 의사결정을 내리는 데 중요한 역할을 한다. 이는 '신체표지가설'이라 불린다.

다마지오의 신체표지가설에 따르면 신체표지는 일종의 예측을 위한 자동화된 단서시스템과 같다. "부정적인 신체표시가 어떤 특정한 미래결과에 병치되어 있을 때 그 결합은 경종으로 작용하며", "긍정적인 신체표시

가 병치되어 있을 때 그것은 유인의 불빛이 된다."[7] 이처럼 신체표지는 심사숙고하는 것과는 다르지만 "어떤 선택들을 강조 표시함으로써 그리고 뒤이은 심사숙고로부터 그 선택들을 재빨리 제거함으로써 심사숙고를 돕는다."[8] 우리가 의사결정을 하는 데 있어 신체표지는 추론을 제한하거나 구조화하는 방식으로 역할을 한다. 이러한 주장은 우리가 의사결정을 하고자 할 때 추론을 하기 전에 일어나는 어떤 신체적 상태의 표지에 연관된 감정적 반응이 중요하다는 것을 의미하며, 감정이 좋은 의사결정이나 행위의 수행에 중요한 역할을 한다는 것을 의미한다.

3-3. 조슈아 그린의 이중처리 모델
: 도덕적 판단이 인지 과정과 정서 반응에 모두 의존한다

인간이 도덕적 행동을 하게 하는 동기가 감정과 관련된다는 신경과학적 증거는 최근의 조슈아 그린의 이중처리 모델에서도 잘 드러난다. 조슈아 그린은 트롤리 딜레마에서 뇌의 인지영역과 정서 부위가 모두 활성화된다는 연구 결과에 기초하여 2010년에 월간 『인지과학의 논제(Topics in Cognitive Science)』 7월 호에 실린 논문에서 '이중처리(dual-process)' 모델을 제안하였다. 이때 '이중처리'란 트롤리 딜레마에서처럼 도덕적 판단은 인지 과정과 정서 반응 모두에 의존한다는 뜻이다.

그린에 따르면 실험 대상자 거의 모두 트롤리 시나리오[9]에는 공감했으

---

7) 안토니오 다마지오, 김린 옮김(1999), p. 163.
8) 안토니오 다마지오, 김린 옮김(1999), p. 163.
9) 브레이크가 고장 난 전동차가 직진했을 경우 앞에 있는 5명의 인부를 해칠 수 있고, 방향을 틀 경우 1명의 인부를 희생시킬 수 있는 경우

나 육교 시나리오[10]는 반대하는 것으로 나타났다. 즉 다섯 명을 살리기 위해 트롤리의 선로를 바꿀 수는 있어도 트롤리 앞으로 사람을 떠밀어 죽게할 수는 없다고 대답했다고 한다. 결과가 똑같은 두 시나리오 중에서 전자에는 동의하고 후자에는 거부하는 이유를 알아보기 위해 그린은 실험 대상자들의 뇌 속을 기능성 자기공명영상(fMRI) 장치로 들여다보았다.

그에 따르면 첫 번째 시나리오(트롤리 시나리오)의 경우 배외측전전두피질(dorsolateral prefrontal cortex, DLPFC)의 활동이 증가하였는데, 이 부위는 우리가 사고와 판단을 할 때 반드시 활성화되는 뇌 영역이다. 즉 인지적 능력을 사용하여 손해와 이득을 결과론적으로 추론하는 영역이다. 그린에 따르면 두 번째 시나리오(육교 시나리오)가 첫 번째 시나리오(트롤리)보다 더 강력하게 정서와 관련된 영역을 활성화하는 것으로 나타났다. 육교에서 앞의 사람을 떠밀어 5명의 인부를 구하는 두 번째 시나리오에는 복내측전전두피질(ventromedial PFC, VMPFC)이 활성화되었는데, 이 부위는 공감·동정·수치·죄책감 같은 사회적 정서 반응과 관련된다.

결국, 육교 딜레마, 즉 인신적(personal) 도덕 딜레마는 정서와 결합된 뇌 영역이 활발히 활성화되었다는 것이고 트롤리 딜레마 즉, 비인신적(impersonal) 딜레마는 작업기억과 결합된 영역이 상당히 활성화되었고, 정서와 결합된 영역은 약하게 활성화되었다는 것이다.

더욱 쉽게 말하자면 내가 도덕적 결정에 직접 개입하지 않는 트롤리 딜레마에서는 이성적 영역인 계산적 뇌에 해당하는 작업기억과 관련된 부분이 활성화되는 반면, 내가 직접 도덕적 판단을 해야 하는 육교 딜레마

---

10) 브레이크가 고장 나 달려오는 전동차 위의 육교에 서 있는 내가 내 앞에 서 있는 덩치가 크고 뚱뚱한 남자를 밀어서 전동차를 막아 인부를 구할 수 있는 경우

의 경우 '죄책감'이나 '동정심'과 같은 정서적 뇌가 활성화된다는 것이다. 이는 곧 도덕은 정서, 감정의 영역이라는 것을 입증한 셈이다.

4. 하이트의 사회적 직관주의

4-1. 문화적 다양성을 초월해 모든 사회를 가로지르는 5가지 기초적 직관이 있다

다시, 이 장의 시작에서 언급했던 하이트의 입장으로 돌아가 보자. 하이트에 따르면 우리는 도덕적 추론을 통해 도덕판단에 도달하는 것이 아니라 옳거나 그름이 명백하다는 사실을 먼저 직감하고, 이를 정당화하기 위한 구실을 만들기 위해 추론을 한다. 하이트는 이러한 도덕 직관이 진화를 통해 우리에게 주어진 일부 정서들에서 유래되었다[11]고 주장한다. 이와 같은 일부 정서들은 평가의 즉각적 번쩍임(flash)의 정서적 반응인 '직관'이라고 불리며 도덕적 직관은 이와 같은 직관의 하위 부류에 속한다.[12] 그렇다고 이러한 정서들이 전적으로 진화를 통해 주어진 것만은 아니며, 사회에 의해 주어진 것들도 포함된다. 또한, 우리의 도덕적 직관은 사회를 포함한 다양한 기원을 가진 요인들이 종합되어 형성되기도 한다. 바로 이러한 이유에서 하이트의 이론은 '직관주의'에 '사회적'이라는 말이 덧붙여지게 된다.

하이트는 이와 같은 5가지 기초적 직관은 문화적 다양성을 초월해 모든

---

11) Haidt & Bjorklund(2008), p. 181.
12) Haidt & Joseph(2004), p. 56.

감정 상했어요?

사회를 가로지르는 것이라고 주장한다.[13] 하이트가 기초적 직관이 선천적이라고 할 때 '선천적'이란 '진화의 산물로서의 준비됨'을 의미한다. 즉 진화의 산물인 '준비'를 통해 인간 정신에 부호화되었다는 것이다. 이처럼 진화의 산물인 준비로 인해 아이들은 쉽게 5가지 기초적 직관을 학습할 수 있다. 그와 같은 기초적 직관은 '위해(危害)', '공정', '내집단', '권위', '순수'와 같은 것이다. 즉 이와 같은 기본 정서들은 진화에 의해 우리에게 주어진 것들로서 도덕적 직관의 형성과정에서 맹아의 역할을 한다는 것이다. 따라서 여기서 '선천적'이라는 의미는 아이들이 '타고난' 도덕적 지식을 가진다는 것이 아니라 단지 도덕적 지식을 얻을 수 있도록 '준비'가 되어 있음을 의미한다.

여기서 하이트는 자신이 말한 다섯 가지 기본 정서가 도덕적 진리와 연결되는 방식을 다음과 같이 제시한다. 첫째, 진화의 산물인 '준비'를 통해 손쉽게 위해(危害), 공정, 내집단, 권위, 순수와 같은 것을 배울 수 있다는 것이다. 둘째, 인간의 정신에 기본 정서가 모듈(module)화됨으로써 도덕적인 진리와 연결될 수 있다. 인간은 종의 앞선 환경에서 여러 세대 동안 제기된 문제나 기회들을 처리하도록 설계된 과정 체계로서 진화된 인지 모듈을 가지고 있다. 이 모듈은 특정 환경이 촉발하는 빠르고 자동적인 방식의 입출력 프로그램이다. 예를 들어, 하이트가 도덕적 직관의 예의 기본적인 것으로 든 근친상간의 경우에 대해 빠르고 강하며 즉각적으로 거부감을 갖게 되는 이유는 반근친상간 모듈 또는 모듈화된 직관 때문이다. 하이트가 학생들을 대상으로 인터뷰한 '근친상간'의 예의 경우, 남매가 서로 이후에 상처를 받지 않기로 약속했고, 안전한 장치를 취했으

---

13) Haidt & Bjorklund(2008), pp. 201-203.

며 등등… 이러한 사실에도 불구하고 학생들이 '즉각적으로' 그러한 행동
은 잘못되었다고 반응한 이유는 다섯 가지 기초적 직관 중 '순수'와 관련
될 것이다. 즉 '무해한 근친상간'의 예이기 때문에 '위해(危害)'는 해당되지
않는다고 볼 수 있지만, 이 경우 '순수', 즉 공동체에서 지켜야 할 순수함을
어겼으며, 역겨움을 유발하는 경우라 볼 수 있다. 그렇다면 위의 다섯 가
지 기초적 직관들은 각각 모듈 그 자체 또는 계통 발생적으로 '학습된 모
듈'로 간주될 수 있다고 하이트는 말한다.[14]

4-2. 도덕성 발달은 선천적인 직관과 사회적으로 구성된 덕의 도움으로 습관화를 통해 이루어진다

그렇다면 도덕적 직관과 다섯 가지 기초적 직관으로서 기본 정서가 어
떻게 '긴밀하게' 연결되는가? 여기서 하이트와 비오르크룬드는 선천적인
도덕적 모듈의 발현은 특정 사회에서 구성된 덕의 도움을 통해 사회화나
문화화된다고 답한다.[15] 다시 말하면 도덕적 직관은 선천적인 도덕적 모
듈과 사회적 구성으로서 덕의 상호의존 관계 속에서 발달한다는 것이다.
그렇다면 유덕한 사람이 된다는 것은 선천적으로 주어진 도덕 모듈을 사
회적 구성으로서의 덕의 도움을 받아 '습관화'를 통해 품성의 상태로 갖게
됨으로써 가능하다고 말할 수 있겠다.

특정 사회에서 구성된 덕과 선천적인 도덕모듈과의 관계는 다음과 같
다.[16] 즉 진화의 산물로서 다섯 가지 기초적 직관은 모듈로서 준비되어

---

14) 박병기, 김민재(2012), p. 142 참고
15) Haidt & Bjorklund(2008), pp. 203-206.
16) Haidt & Bjorklund(2008), p. 209.

있고, 이 모듈들이 사회에서 어떤 양식과 직면하게 되면 정서적 번쩍임을 제공한다. 따라서 아이들의 도덕발달을 위해서는 이러한 기초적 직관과 그러한 정서적 번쩍임이 필수요소인 것이다. 사회에서 구성된 덕들은 이와 같은 선천적 직관과 정서적 번쩍임을 유발시키는 중요한 요소가 된다. 이러한 과정을 통해서 덕의 구체적 내용들은 더욱 풍부해진다.[17] 따라서 도덕성 발달은 기초적 도덕 모듈이 덕들과 만나서 적절하게 발현되는 과정이라고 할 수 있다.

하이트는 덕이 문화적으로 다양하긴 하지만 중심이 되는 덕의 목록들은 전 세계에 걸쳐 상당히 겹친다고 본다. 그리고 어떤 덕들은 한 가지 기초 위에서 구성된다고 봄으로써 다섯 가지 직관과 덕 이론을 연결시킨다. 관련된 덕과 기초적 직관과의 관계는 다음과 같다. 예를 들어 진화를 통해 모듈로서 준비되어 있는 기초적 직관과 감정은 '위해(危害)'와 '연민'이며, 이와 관련된 덕들은 '배려와 친절'이다. 다시 말하면, 남에게 해를 가하지 말고 배려해야 한다는 직관이 진화를 통해 모듈로서 준비되어 있는데, 우리는 이를 '연민'이라는 감정을 통해 실천할 수 있으며, 그렇게 했을 때 배려심 있고 친절한 성품의 소유자로 칭찬을 받게 된다. '공정/호혜'와 관련된 특유의 감정은 분노, 감사, 죄의식이며, 이와 관련된 덕들은 '공정', '정의', '정직', '신용'이다. 즉, 우리는 '공정하지 못한 것'에 대해 '분노'하며, 공정하지 못한 당사자는 죄책감을 느껴야 한다. '내집단/충성'과 관련된 특유의 감정은 집단 자부심, 귀속감이며, 관련된 덕들은 '충성', '애국심', '자기희생'이다. 그리고 '권위/존경'과 관련된 특유의 감정은 존경, 두려움이며, 이와 관련된 덕들은 '복종'과 '경의'이다. 끝으로 '순수/신성'과 관련

---

17) Haidt & Joseph(2004), pp. 63-64.

된 특유의 감정은 '혐오'이며, 이와 관련된 덕들은 '절제', '순결', '경건', '청결'이다.[18]

5. 진화되어 준비된 직관이 사회관계 속에서 적절하게 작동하게 하기 위해서는 덕의 습관화가 필요하다

결론적으로 말하자면 덕은 사회적 산물이지만 특정한 방식으로 사회적 세계에 대해 해석, 반응하기 위해서는 진화되어 내재된 '준비' 위에서 가능하다.[19] 이렇게 특정한 방식으로 세계에 대해 반응할 수 있는 이유는 인간이 갖고 있는 기초적 직관으로서 기본 감정이 수천 년에 걸쳐 생존과 항상성을 유지하기 위해 자극에 반응하고 적응하는 과정에서 몸에 부호화되어 있기 때문이다. 즉 그와 같은 5세트의 직관 구조는 인간이 진화해 오는 과정에서 그러한 직관과 관련된 문제들에 쉽게 민감하도록 준비시켜 왔기 때문이다. 그렇다면 도덕적 직관은 선천적인 도덕적 모듈과 사회적 구성으로서의 덕의 상호의존적 관계 속에서 발달한다고 말할 수 있다. 그리고 이러한 반응들이 사회적 관계 안에서 적절할 때 덕스러운 사람이 되는 것이다. 나아가 그와 같은 '적절성'을 판단하기 위해서는 덕의 '습관화'가 필요하다고 말할 수 있다.

---

18) Haidt & Joseph(2007), p. 382.
19) Haidt & Joseph(2004), pp. 61-63.

감정 상했어요?

참고문헌

김효은(2009), 「도덕적 판단의 본성: 신경윤리학적 접근」, 『과학철학』 12(1): 63-85.

노영란(2002), 「덕윤리의 행위지침력」, 『철학연구』 62: 227-244.
노영란(2015), 「도덕적 정서의 근원과 발달에 대한 신경과학적 이해와 덕윤리」, 『철학논총』 79: 77-100.

박병기·김민재(2012), 「사회적 직관주의가 지니는 도덕교육적 함의」, 『윤리연구』 84: 127-158.

양선이(2011), 「공감의 윤리와 도덕규범: 흄의 감성주의와 관습적 규약」, 『철학연구』 95: 153-179.
양선이(2014), 「흄의 도덕감정론에 나타난 반성개념의 역할과 도덕감정의 합리성 문제」, 『철학』: 55-87.
양선이(2015a), 「감정, 지각 그리고 행위의 합리성: 감정과 아크라시아에 관한 인식론적 고찰」, 『철학연구』 108: 231-257.
양선이(2015b), 「흄 도덕이론의 덕윤리적 조명」, 『철학』 123: 47-69.
양선이(2016), 「허치슨, 흄, 아담 스미스의 도덕감정론에 나타난 공감의 역할과 도덕의 규범성」, 『철학연구』 114집: 305-335.

다마지오, 안토니오(1994), 김린 옮김(1999), 『데카르트의 오류』, 서울: 중앙문화사.

Aristotle(1985), *Nicomachean Ethics*, Trans. by T. Irwin. Indianapolis, IN:

Hackett.

Baier. Annett(1991), *A Progress of Sentiments: Reflections on Hume's Treatise*. Cambridge, MA: Harvard University Press.

Churchland, P.(1996), "The Neural Representation of the Social World", in *Mind and Morals*, May, Friedman, and Clark(eds.), Cambridge: MIT Press.

Copp, David(2000), "Four Epistemological Challenges to Ethical Naturalism: Naturalized Epistemology and the First-Person Perspective", *Canadian Journal of Philosophy*(supplemente): 30-74.

Damasio, A. (2005), *Descartes's Error: Emotion, Reason, and the Human Brain*, London: The Peguin Group.

Haidt, J.(2001), "The Emotional Dog and Its Rational Tail: A Social Intuitionist Approach to Moral Judgment", *Psychological Review* 108(4): 814-834.

Haidt, J. & Joseph, C. (2004), "Intuitive Ethics: How Innately Prepared Intuitions Generate Culturally Variable Virtues", *Daedalus* 133: 55-66.

Haidt, J. & Joseph, C.(2007), "The Moral Mind: How five sets of innate intuitions guide the development of many culture-specific virtues, and perhaps even modules", in P. Carruthers, S. Laurence & S. Stich (eds.), *The Innate Mind*, New York: Oxford University Press.

Haidt, J. & Bjorklund, F. (2008), "Social Intuitionists Answer Six Questions about Moral Psychology", in W. Sinnott-Amstrong (eds.), *Moral Psychology*, 2. Cambridge: Mit Press.

Harman, Gilbert(1977), *The Nature of Morality*, New York:: Oxford University Press.

Hume, David(1978), *A Treatise of Human Nature*, L.A. Selby-Bigge. ed. 2nd edition, Oxford: Oxford University Press.

Prinz, J.(2007), *The Emotional Construction of Morals*, Oxford: Oxford University.

6장

사랑에 이유가 있는 것일까?

: 사랑이란 원래 우리는 '하나'였을
것이라는(아리스토파네스 신화) 확신을
상호 간의 서사 공유를 통해
키워 가는 과정이다

1. 사랑의 퍼즐
: "자기 자신에 대해서 조건 없이" 사랑받게 된다는 것은 어떤 이유들 때문에 사랑받게 된다는 것과 양립불가능하다

많은 사람은 사랑하는 데는 이유가 있다고 생각한다. 사랑을 하는 데는 분명 이유가 있다. 하지만 사랑을 하는 이유에도 잘못된 이유가 있다. 마치 예술 작품을 평가할 때도 잘못된 이유가 있는 것처럼. 예를 들어 어떤 예술 작품을 보고 "저것은 참으로 훌륭한 작품이야! 왜냐하면, 가격이 비싸기 때문이지."라고 말한다면 그 말은 그 작품이 훌륭한 이유로 적절하지 못하다고 생각할 것이기 때문이다.

이와 유사하게 "왜 당신은 그 여자를 사랑합니까?"라고 물었을 때, "왜냐하면 그 여자가 부자이기 때문이죠!"라든가, "장관의 딸이기 때문이죠."라고 대답한다면 우리는 그것이 사랑에 대한 적절한 이유라고 생각하지 않는다. 그렇다면 우리가 자연스럽게 받아들이는 이유는 어떤 것인가? 그 답은 대부분 그 사람의 외모이거나 성격인 경우가 많다. "왜냐하면 그 여자는 예쁘고 성격이 좋아, 친절하고, 유머 감각도 있고" 등등. 그러나 우리가 사랑하고 싶은 성격이나 외모가 유덕함과 반드시 일치하는 것은 아니다.

이렇듯 많은 사람은 만일 사랑할 이유가 있다면 그것은 올바른 이유이어야 한다고 생각한다. 철수가 영희를 사랑하는 이유가 영희가 돈이 많아서, 또는 미모가 출중해서, 그리고 좋아하는 여배우와 닮아서라고 하면 이러한 것은 올바른 이유라고는 볼 수 없다. 그렇다면 올바른 이유는 어떤 것인가? 그것은 사랑하는 사람이 가지고 있는 '그 자체의 것'과 관련되는 것이어야 한다. 단지 겉으로 보이는 것, 부수적이며 투사해 넣은 것이어

감정 상했어요?

서는 안 된다고 많은 사람은 말한다. 그래서 많은 사람은 당신이 나를 사랑한다면 나 자신 '그 자체'를 사랑하라고 말한다.

우리는 우리가 사랑하게 될지도 모르고 사랑받게 될 성질이 어떤 것인지를 잘 알지 못한다. "자기 자신에 대해서 조건 없이" 사랑받게 된다는 것은 어떤 이유들 때문에 사랑받게 된다는 것과 양립불가능하다. 즉 조건 없이 그 자체를 사랑하는 것과 어떤 이유들 때문에 사랑하는 것은 동시에 성립하기 힘들다. 왜냐하면, 만일 우리가 어떤 이를 다른 조건 없이 그 사람 그 자체에 대해서만 사랑하여 "그 사람이 가진 조건이 변한다 해도 사랑은 변하지 않는다면", 어떤 이유가 필요하지 않을 것이기 때문이다.[1] 하지만 만일 필수적인 특징이 사라지면 우리는 사랑하기를 멈출 수도 있다. 이러한 맥락에서 필자는 사랑에 대해 이유와 대상 그 자체를 구분하여 설명하고자 한다. 후자 즉, 사랑의 대상 그 자체를 '데레(de re) 사랑', 전자, 즉 사랑의 이유로서 사랑을 '데 딕토(de dicto) 사랑'으로 구분하겠다. 원래 데레de re와 데딕토de dicto의 구분은 언어철학에서 두 가지 관점을 구분할 때 사용된다. 그 하나는 고정지시어에 관한 것이고, 다른 하나는 서술문구가 등장하는 문장을 해석할 때이다. 즉 어떤 것을 서술하는 문장이 그것과 관련된 그 어떤 대상에 대해서도 참인 명제로 해석될 경우를 데딕토(de dicto)라 부르고, 현재 그 서술 문구를 만족한 특정 대상에 대한 주장으로 해석하는 경우를 데레(de re)라고 부른다. 이런 구분을 사랑이라는 주제에 적용하여 말해 보면, 사랑하는 사람 그 자체 즉 바로 '너'라는 고정지시어로서 대상 그 자체를 뜻하는 데레de re, 그에 반해서 그 사람이

---

1) A. Rorty(1988), "The Historicity of Psychological Attitudes: Love is not Love Which Alters not When It Alteration Finds," In *Mind in Action :Essay in Philosophy of Mind*, Boston: Beacon Press.

가진 여러 이유들을 설명하는 것은 데 딕토de dicto라고 보면 된다.

2. 사랑의 퍼즐과 그 해결책

2-1. 사랑의 퍼즐에 대한 첫 번째 해결책 - 그 사람이 실제로 갖고 있지 않은 성질을 내가 '부여'했기에 나는 그 사람이 그 자체로 사랑스럽다

- 우리는 사랑하는 사람에게 매력적임과 가치를 부여하는데, 그것은 '아리스토파네스'적 역사성 때문이다

어떤 이를 조건 없이 사랑한다는 것과 어떤 이유로 사랑한다는 것은 양립불가능한데, 그 이유는 다음과 같다. 즉 조건 없이 사랑한다면 그 사람이 가진 조건이 변한다 해도 그 사랑은 변하지 말아야 하고, 어떤 이유들 때문에 사랑한다면 그 조건이 변하면 사랑도 변할 수 있기 때문이다. 우리는 이를 '사랑에 관한 퍼즐'이라고 부를 수 있다. 사랑의 퍼즐은 다음과 같은 두 가지 질문을 통해 접근할 수 있다. 첫째, 나는 내가 사랑하는 사람이 가지고 있는 결정적인 성질들 때문에 그 사람을 사랑하는 걸까? 이 물음은 달리 말하면, 내가 사랑하는 사람이 사랑할 만한 가치를 가지고 있고 그것이 원인이 되어 그 결과로 내가 그를 사랑하게 된다는 말이다.[2] 두 번째 질문은 나의 사랑 때문에 그 사람이 사랑스러운 것일까? 하는 것이다. 즉 내가 그를 사랑하기 때문에 그가 사랑스러움이라는 성질을 갖게

---

[2] 코스가드는 사랑에 관해 직접 다루지는 않지만 그녀가 말하고 있는 가치문제에 이 생각을 적용해 보면, 이런 입장을 가치 실재론이라 할 수 있다. C. Korsgaard, *The Source of Normativity*, Ch. 2. 참고

감정 상했어요?

된다는 것이다. [3]

이러한 퍼즐을 해결하는 하나의 방법은 내 사랑의 이유를 이루는 결정적인 성질들이 사랑하는 사람에게 내가 '부여한 것(bestowing)'이라고 말하는 것이다. 하지만 여기서 또 제기되는 문제는 과연 내가 부여한 것이 정말로 내가 사랑하는 그 사람에게 있는 것일까? 하는 것이다. 내가 그 사람에게 부여한 성질이 실제로 그 사람에게 없는데 단지 그것이 나의 욕망의 투사에 불과한 것이 아닐까?

"부여함(bestowal)"이란 두 가지로 말할 수 있다. 첫 번째는 내가 사랑하는 이 사람 실제로는 갖지 않은 가치를 내가 부여한다는 뜻이고, 둘째는 그가 가진 어떤 실제 성질에다 내가 '새로운 가치'를 부여한다는 것이다. 이와 같은 두 번째 해석은 해리 프랑크푸르트(Harry Frankfurt)가 제안한 것이다. 그는 다음과 같이 주장한다. "우리가 사랑하는 것은 우리에 대한(for us) 가치이다. 왜냐하면, 우리가 그것을 사랑하기 때문이다."[4] 로버트 솔로몬(R. Solomon)도 이와 유사하게, "우리는 사랑하는 사람에게 매력적임과 가치를 부여한다"고 주장한다.[5] 이때 "부여함"에 관해 프랑크푸르트와 솔로몬의 차이점은 솔로몬은 부여함에다 '아리스토파네스적 역사성'을 덧붙여 강조한 반면, 프랑크푸르트는 부여함에다 앞에서 필자가 언급한 데레de re적 해석을 강조하였다는 점이다. 그렇다면 우선 솔로몬이 말한 "사랑은 내가 사랑하는 사람에게 가치를 '부여함'"이라는 것과, 거

---

3) 코스가드 식으로 보자면 이런 입장은 반성적 승인주의라고 할 수 있고, 흄의 입장이 여기에 해당한다. Korsgaard, *The Source of Normativity*, Ch. 2. 참고

4) Harry Frankfurt(2004), *The Reason of Love*, Princeton: Princeton University Press. pp. 38-39.

5) R. Solomon(2007), "Lessons of Love (and Plato's *Symposium*)", in R. C. Solomon, *True to our Feelings*. Oxford: Oxford University Press, p. 55.

기에다 '아리스토파네스적 역사성'을 덧붙인다는 의미가 무엇인가를 먼저 살펴보기로 하자.

'아리스토파네스적 역사성'이란 플라톤 『향연』에 등장하는 아리스토파네스에 의해 전해진 신화와 관련된다. 그러한 이야기에 따르면, 원래 인간의 성은 남, 여 둘만이 아니라 남녀추니를 합해 셋이었다. 지금의 인간 둘이 하나로 붙어 있는 모습으로, 남-남, 여-여, 남-여 이렇게 세 조합이 있었다는 것이다. 이들의 힘과 자만심이 대단하여 신을 공격할 지경에 이르렀고 대책을 강구하던 제우스가 인간을 절반으로 자르게 되고 여러 후속 처치들을 가해 지금 모습으로 만들어 놓았다. 그런데 이렇게 반으로 잘린 인간들이 나머지 반쪽을 그리워하고 만나서 한 몸이 되기를 늘 열망해 모든 일을 작파했기에 점점 멸종해 가고 있었다. 이를 본 제우스가 다시 대책을 강구하여 상대방 속에 자식을 낳을 수 있도록 생식 방식을 바꾸어 오늘날에 이르렀다.

인간들의 상이한 성적 지향도 이런 본성 즉, 각 인간이 자신과 짝을 이루었던 반쪽의 성을 쫓아다니기 때문이다. 이 이야기에 따르면 결국 사랑은 애초의 자기 것, 그 온전함을 회복하고자 하는 욕망이며 그렇게 자기 것을 만나 짝을 이루어 온전한 옛 자기를 회복하게 될 때 행복이 이루어진다는 것이다. 그런가 하면 인간은 불의 때문에 신에 밉보여서 반으로 잘렸고 계속 얌전히 굴지 않으면 다시 잘릴 수도 있다는 두려움을 안고 사는 운명이기도 하다.[6] 우리가 아리스토파네스적 의미에서 역사성을 받아들이게 되면 사랑의 이유에 관해 다른 의미를 말할 수 있을 것 같다. 이에 관해서는 마지막 장에서 다루겠다.

---

6) 플라톤 『향연』, 강철웅 역, 이제이 북스, 14쪽 참조

감정 상했어요?

- 사랑이란, 사랑하고 싶은 사람(사랑의 목표)이 갖는 중심적 성질(매력적임, 쾌활함, 우아함, 지적임 등)에 가치를 부여함이다

이제 이 장의 원래 주제로 돌아가서 프랑크푸르트가 '부여함' 이론을 통해 사랑의 퍼즐을 어떻게 해결하는지 살펴보기로 하자. 프랑크푸르트의 생각은 사랑의 퍼즐을 해결하는 하나의 방법을 제시하는 듯하다. 프랑크푸르트는 사랑은 내가 사랑하는 대상에게 '부여한' 가치라는 것을 다음과 같이 말한다.

> 우리가 사랑하는 것들은 그러한 것들의 가치를 반드시 인식한 결과도 아니고 사랑에 의해 마음이 사로잡힌 결과도 아니다. 오히려, 우리가 사랑하는 것은 우리가 그것을 사랑하기 때문에 우리에 대한(for us) 가치를 갖는다. 사랑하는 자는 그의 연인이 반드시 가치 있는 사람이라고 인식하지만, 그가 그의 연인이 갖고 있다고 생각하는 가치는 그의 사랑에 의존하고 그의 사랑에서 비롯되는 가치이다.[7]

사랑이라는 성질이 '부여함(bestowing)'이라는 것을 이해하기 위해서는 두 가지 잘 알려진 심리적 요인들에 주목해 볼 필요가 있다. 첫째, 친근함(familiarity) 그 자체가 좋아함을 만들어 내는 경향이 있다. 다른 조건이 동일하다면 단순히 친근함만으로 심장이 뛰게 만들 수 있다고 한다. 두 번째 심리학적 요인으로는 조건반사적 연상학습을 들 수 있다.[8] 사랑의

---

7) Frankfurt, Ibid., 38-9.
8) 사랑의 이유를 설명하는 데 있어 Peter Goldie(2010)는 이 두 가지 심리적 요인을 Robert Zajonc으로부터 받아들이고 있다. Robert Zajonc(1980), "Feeling and Thinking: Preferences Need No Inferences", *American Psychologist 35*: 152-75.

이유를 설명하는 데 있어 이 두 가지 요인이 중요한 역할을 한다는 것을 설명하기 위해 우선 피터 골디(Peter Goldie)의 예를 취해 설명해 보겠다.

제임스는 메리가 우아하고, 매력적이고, 지적이고, 요리도 잘하는 탓에 메리가 사랑스럽다(lovable).[9] 제임스는 메리의 이러한 성격에 대해 친근함을 느끼면서 메리가 가진 오렌지 색 머리카락에 대해서도 친근해지게 된다. 그 이유는 그녀의 원래 있었던 우아함과 매력적임, 그리고 다른 매력적인 성질들에서 비롯되는 긍정적 느낌이 연상의 법칙에 조건반사적으로 반응했기 때문이다. 제임스는 이전에는 오렌지 색깔 머리카락에 매력을 못 느꼈지만 이제 그는 메리가 가진 성질에 친근해지면서 메리에게 오렌지 머리카락 그 자체가 아니라, 오렌지색 머리카락에 대해서도 '사랑스러움'이라는 속성을 '부여'한다. 이때 제임스는 '친근함'과 '조건반사적 연상학습' 때문에 사랑할 이유를 갖게 되는 것이다.

그렇다면 이제 사랑의 퍼즐에 대해 '부여함 이론'을 통해 다음과 같이 대답을 할 수 있을지도 모르겠다. 내가 사랑할 이유를 구성하는 결정적인 속성들은 사랑하는 사람에게 내가 부여한 것인데, 그 이유는 그 사람에게 원래 있었던 성질에서 비롯되는 친근함(긍정적인 느낌)이 연상의 법칙에 조건반사적으로 반응하여 그것에 대해 사랑스러움이라는 속성을 부여하게 되었기 때문이다.

그러나 사랑을 위한 이유들에 관한 이론으로서 '부여함 이론'은 만족스럽지 못하다. 왜냐하면, 몇 가지 종류의 사랑이 존재하기 때문에, 사랑하고 싶은 사람(사랑의 목표)이 갖는 중심적 속성(매력적임, 우아함, 지적임 등)에 가치를 부여하는 것이 사랑을 위한 적절한 이유가 될 수도 있고 그

---

9) Peter Goldie(2010), "Love for a Reason", *Emotion Review* 112(2): 64.

감정 상했어요?

렇지 않을 수도 있다. 다음 절에서 사랑에 관한 퍼즐의 두 번째 해결책을 알아보기 전에 우선 심리학자들이 말하는 몇 가지 종류의 사랑의 이유에 관해 살펴보기로 하자.

- 사랑에 관한 생물학적, 심리학적 이유

헬렌 피셔(Helen Fisher 2004)는 아래와 같은 네 가지 기준을 적용해 보면 사랑의 종류를 탐욕, 불타오르는 사랑, 애착이라는 세 가지로 구분할 수 있다고 주장한다. 네 가지 기준이란, a) 그것이 어떤 유형의 사랑인가, b) 짝짓기 작업을 위해 수행하게 되는 구체적인 세부작업과 그와 같은 세부작업을 극대화할 필요성에서 오는 선택적인 압박감, 그리고 c) 관련된 주요 신경전달물질의 활성화의 특징적인 패턴, 마지막으로 d) 그와 같은 사랑이 전형적으로 유지되는 기간이다.

이상과 같은 네 기준에 따라 생길 수 있는 세 가지 종류의 사랑을 구분해 보면 다음과 같다. 첫째는 **탐욕(lust)**이라는 것인데, 이러한 종류의 사랑의 특징은 a) 거의 반수 정도 적당한 파트너와 즉각적인 짝짓기로 몰고 가며, b) 성적인 관계로 몰고 간다. 그리고 c) 지배적인 신경 생리적 현상은 안드로젠과 에스트로겐의 분출이다. 마지막으로 d) 지속 정도는 약 몇 분 또는 길어야 몇 시간이다. 두 번째 종류의 사랑으로는 **불타오르는 사랑(Limerence)**이 있는데, 이러한 종류의 사랑의 특징은 a) 강하고 집착적인 낭만적 사랑이며, b) 사랑하는 사람에 대해 집착적이고 배타적으로 점유하려고 하고 그들이 함께 있는 것에 대해 강한 욕망을 가지지만, 지속적 교류에 대해서는 극심하게 불안해하는 것으로 경험된다. c) 신경 전달 물질의 특수한 활성화는 카테콜라민이고, d) 그러한 사랑의 전형적인 기간은 몇 주 또는 몇 달이며 최대한 길어야 3년이다. 다음으로 **애착 (attachment)**을 들 수 있겠는데, 이러한 종류의 사랑의 특징은 a) 그 자체로는 성적인 것은 아니지만, 잃게 되면 가장 극심한 괴로움을 겪을 수 있다는 것이다. b) 이러한 종류의 사랑은 유아와 부모 간의 애착에서 찾아볼 수 있다. c) 신경전달물질은 옥시토신과 바소프레신이고, 이러한 화학물질은 많은 다른 기능을 하지만, 아주 가까운 종들 간의 짝짓기의 패턴을 결정하는 데 있어 결정적인 역할을 한다고 말해진다. d) 애착의 전형적인 지속 기간은 한정적이지 않은데, 몇 달이라기보다 수년간이라고 알려져 있다.[10]

만일 이상과 같이 심리학자들이 말하는 몇 가지 종류의 사랑을 받아들이면 앞서 살펴본 '부여함 이론'은 어떤 종류의 사랑에 해당하는가? 사랑의 종류를 위의 세 가지, 즉 탐욕, 불타오르는 사랑, 애착으로 나누어 보았을 때, '부여함 이론'에서 말하는 사랑할 이유는 이 세 가지 어디에도 속하지 않는다.

탐욕, 불타오르는 사랑 그리고 애착, 이 세 가지 사랑은 그 유효기간에 있어 다르며 탐욕, 불타오르는 사랑과 달리 애착만이 공유된 경험에 의해 결속된다는 의미에서 '역사성'을 갖는다. 불타오르는 사랑만이 대개 '배타적'이다. 그리고 탐욕의 경우에 있어서는 대개 대체물이 있다. 왜냐하면, 탐욕적 사랑을 느끼는 데 있어 배타적이도록 자극하는 것은 없기 때문이다. 필자가 이 장에서 다루고자 하는 사랑은 불타오르는 사랑 (Limerence)이기에 탐욕과 애착에 대해서는 다루지 않겠다. 불타오르는

---

10) Helen Fisher(1998), "Lust, Attraction ad Attachment in Mammalian Reproduction", *Human Nature* 9(1): 23-52;(2004), *Why We Love: The Nature and Chemistry of Romantic Love*, Yew York: Henry Holt.

사랑(Limerence)의 이유는 '역사성'과, 다른 사람이 아닌 바로 그 사람이라는 '고정지시적임(de re)' 그리고 '대체불가능성'에 있다. 역사성에 관해서는 이후에 상세히 논하기로 하겠다.

2-2. 사랑의 퍼즐에 대한 두 번째 해결책 – 사랑할 이유들이 '그 자체'로 있고 우리는 그러한 이유들 때문에 사랑한다, 사랑이란 인간성에 대해 특별하게 평가하는 것인데, 그것은 존엄성으로 평가하는 것이다

앞에서 필자는 조건 없이 그 자체를 사랑하는 것과 어떤 이유들 때문에 사랑하는 것은 동시에 성립하기 힘들며, 이를 '사랑의 퍼즐'이라고 말했다. 앞 장에서는 이 퍼즐을 해결하는 한 가지 방식을 '부여함' 이론으로 보았다. 이에 따르면 나는 내가 그 사람에게 '사랑스러움'이라는 성질을 부여했기 때문에 그 사람을 그 자체로 사랑한다는 것이다. 이제 다른 방식의 해결책은 다음과 같다. 그것은 딜레마의 첫 번째 뿔을 잡고 사랑의 딜레마를 해결하는 방법이다. 이에 따르면 사랑할 이유들이 그 자체로 있고 우리는 그러한 이유들 때문에 사랑한다고 주장하는 것이다. 데이비드 벨레만이 대표적으로 그러한 부류의 철학자[11]인데, 그에 따르면 우리는 사랑할 이유들 때문에 사랑할 뿐만 아니라 그와 같은 이유들은 모든 사람들에게 동일하다. 이러한 주장에 따르면 인간의 진정한 사랑에 있어 '사랑스러움'을 유발하는 것은 항상 동일하다. 이러한 입장을 받아들이면 우리가 누군가를 사랑한다면 편파적일 수밖에 없다는 사실과 인간을 그 자체로 사랑해야 한다는 칸트주의 도덕에서 요구하는 공평무사성 간의 어떤 실

---

11) D. Velleman(1999), "Love as a Moral Emotion", *Ethics*, 109.

제적 갈등은 없다.

그렇다면 이러한 입장에서는 사랑의 중심적 속성을 유발하는 것은 무엇인가? 벨레만에 따르면 그것은 사랑하는 자의 이성적 자아 또는 의지 이외 어떤 것도 아니다. 그는 다음과 같이 주장한다. "칸트에 있어 이러한 이성적 의지는 인간의 지적인 본질이기도 하다. 칸트는 그것을 인간의 참된 자아라고 불렀다." 칸트에 따르면 도덕법칙으로서 정언명령을 따르는 이유는 이성적 존재로서 인간은 법칙에 대한 존경심을 갖고 있기 때문이다. "따라서 이와 같은 법칙에 대한 존경은 사람에 대한 존경과 동일한 태도이다. 그리하여 아마도 그것은 결국 사랑에 비교될 수도 있을 것이다."[12] 이러한 입장은 "보통 사랑과 비슷한 것이라 보는 좋아함(liking)과 갈망함(longing)으로부터 사랑을 구별한다."[13] 벨레만은 그의 입장이 프로이트의 충동으로서의 사랑과도 구별된다고 주장한다.[14] 그러나 우리가 앞 장에서 심리학자들이 구분한 세 가지의 사랑의 종류인 탐욕, 애착, 불타오르는 사랑을 고려하면, 벨레만이 자신이 말하는 사랑과 구별된다고 하는 프로이트의 충동은 탐욕과 잘 맞고, 애착이나 불타오르는 사랑과는 맞지 않는다.

벨레만은 사랑이라 부를 수 있는 종류에서 감정전이(transference)와 같은 것은 제외해야 한다고 말한다. 앞에서 살펴본 부여함 이론에서 말하는 사랑이 감정전이에 해당된다고 볼 수 있다. 그러나 필자가 보기에 이러한 요구는 문제의 본질에서 벗어난다. 왜냐하면 벨레만은 우리가 경험하는 사랑에 관해 고결한 것만 사랑으로 보고 감정적인 것은 배제하기 때문이

---

12) Velleman(1999), Ibid., 344.
13) Ibid., 342.
14) Ibid., 350.

다. 이러한 것은 우리가 사랑하기를 원하는 것에 관한 문제에서 비롯되는 이율배반에 대한 그의 대답에서 드러난다.

> 사랑받는다는 것은 […] 우리의 인간성을 토대로 평가됨을 의미한다. 그 점에서 우리는 다른 사람들과 우리가 결코 다르지 않다. 물론, 이러한 해결의 반은 […] 다음과 같은 의문을 제기하게 만든다. 즉 그렇게 포괄적인 토대에서 평가된 것이 특별하게 평가된 것과 양립가능한지에 관한 의문을 낳는다. 그러나 […] 해결의 후반부는 이러하다. 즉 단지 인간으로서 평가되는 것은 특별하게 평가되는 것과 양립가능하다. 왜냐하면 인간으로서의 가치는 가격이라기보다 존엄성이기 때문이다.[15]

벨레만은 자신의 주장을 지지하기 위해 칸트의 정의를 인용한다. "가격을 가지는 것은 동일한 가격의 다른 그 어떤 것과 바꾸어질 수 있다. 이에 반해서 가격을 초월하여 그 어떤 동격의 것도 허용하지 않는 것은 존엄성을 가진다"는 것이다.[16] 여기서 벨레만은 사랑을 가격을 초월하여 그 어떤 동격도 허용하지 않는 가치로 보기를 제안하면서 사랑하는 사람에 대한 가치는 비교될 수 없는 것이라고 주장한다. 다시 말하면, 사랑이란 인간성에 대해 특별하게 평가하는 것인데, 그것은 존엄성으로 평가하는 것이다. 다른 사람이 아닌 어떤 사람을 사랑한다는 것은 그를 다른 사람과 비교하거나 다른 가치를 부여하는 것이 아니라 그를 다르게 평가한다는 것이다.[17] 달리 말하면, 사랑하는 사람은 대체불가능하다는 것이다. 여기서

---

15) Ibid., 366.
16) Ibid., 364.
17) Ibid., 372.

벨레만이 말하는 대체불가능성은 인간은 이성적 본성을 가진 탓에 존엄성을 가지고 있고, 모든 인간은 동일한 가치를 가지고 있기 때문에 비교하는 것은 존엄한 가치에 응하는 것이 아니라는 점에서의 대체불가능함이다.[18] 각 개인을 존경심으로 특별하게 대우해야만 하는 이유는 목적 그 자체에 담겨진 가치 때문이며, 그 점에서 모든 사람은 각자가 가치를 가지고 있다고 벨레만은 주장한다.[19]

그러나 사랑은 선택적이라는 사실과 배타성은 어떻게 설명될 수 있는가? 이러한 비판에 대해 벨레만은 경험적 사실상, 목적 왕국의 일원으로서 모든 사람을 사랑하기에는 우리의 능력이 제한되어 있다는 사실에 토대를 두고서 다른 방식의 변호를 한다. 우리가 사랑하는 사람은 감각으로 접근할 수 있고 육신과 피로 체화된 인간인데, 그렇다고 그와 같은 사랑이 감정적인 것은 아니라고 그는 주장한다. 왜냐하면 그 사람의 인간성을 파악한 것이 그를 존경심으로 대우하기에 충분할지라도 우리가 우리 앞에 마주친 인간으로서 그 사람을 실제로 눈으로 보지 않는 한, 사랑하는 마음이 생기지 않을 것이기 때문이다.[20] 나아가 벨레만은 주장하기를, 우리가 사랑하게 되는 최초의 몇 사람에 의해 야기된 상처에 "지치게" 될지도 모른다. "우리는 태생적으로(constitutionally) 사랑할 수 있는 사람들의 수에 있어 제한되어 있다. 따라서 우리는 좋은 삶에 맞는 사랑의 관계를 누리기 위해서 우리의 태생적 한계에서 멈추어야만 한다."[21]

벨레만의 주장을 요약하면 다음과 같다. 즉 사랑은 대체불가능한 것

---

18) Ibid., 367.
19) Ibid., 370.
20) Ibid., 371.
21) Ibid., 372.

이다. 그러나 우리는 어떤 현실적 이유를 통해서 이것을 설명할 수 없다. 대신에, 우리는 그것에 대한 다른 말을 가지고 있다. 즉 그것이 **존엄성 (dignity)**이라는 것이다. 그러나 필자가 보기에, 모든 사람이 존엄성을 가지고 있기 때문에 대체불가능하다는 주장은 사랑이 배타적일 수밖에 없다는 점을 설명하기 어렵다. 나는 내가 사랑하는 사람을 사랑한다. 왜냐하면 그는 우연히 나의 사랑-인생의 극장의 제한된 자리에 처음 지원한 사람이기 때문이다. 하지만 이러한 주장은 사랑할 이유가 그 자체로 있고 우리는 그 이유들을 위해 사랑한다는 칸트주의 입장을 지지하기에는 약한 주장으로 보인다.

벨레만은 우리가 사랑하는 것은 이성적 자아라는 것과 사랑은 선택적이라는 두 테제를 화해시키기 위해 다음과 같이 보충 설명을 하지만, 이러한 설명은 사랑이 선택적이고 배타적일 수밖에 없는 이유를 설명하기에 충분치 않다. 그는 다음과 같이 말한다.

> 우리는 가치의 원천이라기보다 가치의 전달자로서 어떤 사람의 외모, 행위 또는 작품들에 어떻게 반응하는지를 묘사하기 위해 '-로서 본다 (see as)'라는 우리의 언어와 유사하게 '-로서 평가한다(value as)'라는 언어가 필요하다. [...] 우리는 우리의 외모나 행동의 내재적 가치에 의해 빛이 가려진 사람으로 평가받기를 원하지 않는다. 외모나 행동을 봄으로써 그것들이 우리의 내적 자아의 가치를 일으키기를 원한다.[22]

벨레만의 사랑에 관한 순수한 개념은 고양된 태도로서의 '존경'을 의미

---

22) Ibid., 372.

한다. 그것은 본래적으로 그와 같은 존경을 받을 가치가 있는 모든 이성적 존재 가운데 어떤 이성적 존재에 해당한다. 그러한 사랑은 아주 수준 높은 태도이다. 그러나 유아나 정신적으로 결함이 있는 사람들이 다른 사람을 대할 때 다른 사람들의 본질이 이성적 존재이기 때문에 그들을 존경심으로 대한다고 말할 수 있는가? 내가 보기에 그렇지 않을 것 같다.

그렇다면 이제 우리는 사랑의 기원을 다른 데서 찾아볼 필요가 있다. 나는 우선 그것을 사랑에 관한 심리학적 기원에서 찾기를 제안한다. 이러한 기원은 어떤 개인의 이성적 자아에 반응하는 어떤 능력에 선행하는 어떤 것으로서, 그러한 것은 인생의 어떤 단계에서 정상적인 사람들이 갖게 된 애착(attachment)이라고 볼 수 있다. 그렇다면 그와 같은 애착의 궁극적 토대는 무엇일까? 나는 이것을 **역사성**과 **경험적 필연성**, 그리고 **관계성**에서 찾을 수 있다고 생각한다. 이에 관해서는 마지막 장에서 다루기로 하고 사랑의 퍼즐에 관한 세 번째 해결책에 관해 살펴보기로 하겠다.

2-3. 사랑의 퍼즐에 대한 세 번째 해결책 - 사랑은 관계 가치이다

사랑의 퍼즐에 관한 세 번째 해결방안은 사랑을 '관계 가치'로 보고자 하는 주장이다. 최근에 니코 콜로드니(Nikko Kolodny)는 관계의 존재(the existence of relationship)가 그 자체로 사랑을 위한 타당한 이유라고 주장하면서, 가족 관계 즉 부모, 자식 관계가 그 자체로 사랑을 할 이유를 제공한다고 강조한다.

이러한 입장에 따르면, 관계 또한 사랑을 위한 이유의 토대가 된다. "제인을 사랑하는 나의 이유는 그녀에 대한 나의 관계 때문이다. 즉 그러한

192

관계는 그녀가 내 딸이거나, 나의 엄마이거나, 나의 누이이거나, 나의 친구이거나, 즉 그녀와 함께 내가 나의 인생을 만들어 온 그런 것이다."[23]

우리가 역사를 되돌아보면 인과적 역사보다 관계가 갖는 힘에 더 많은 것이 있다. 관계는 규범적인 틀이고, 그리하여 사랑의 의무에 해당하는 사랑에 대한 특별한 이유들을 낳는다. "사랑은 […] 관계의 현존에 의해 규범적으로 적절하게 된다. 더 나아가, 사랑은 어떤 관계 때문에 그것이 적절하다는 믿음 속에 있다. 그리고 사랑의 감정과 사랑의 동기들은 이러한 믿음 때문에 지지된다."[24] 어떤 이는 가족 관계가 자연적인 한, 가족 결속은 본질적으로 출생이라는 기제에서 비롯되는 우연적인 것이 아니냐고 말할지도 모르겠다. 콜로드니는 이러한 것을 인정하면서 그것을 아주 다른 견지에서 본다.

> 아이가 그의 부모로부터 단순히 그들의 아이이기 때문에 사랑받기를 원한다고 말하거나, 부인이 그의 남편에게 그녀가 그와 사랑에 빠졌었고 그의 인생을 만들었던 여자이기 때문에 그가 그녀를 아주 깊이 사랑하기를 원한다고 말하는 것은 왜곡된 말처럼 들릴지 모르겠다. 그러나 '그의 인생을 만들었고 그와 사랑에 빠졌던 그 여자가 지금 현재의 그녀는 아니지 않는가?'라고 물으면 어떤 이는 '그녀의 아름다움이 우연적인 속성인 것처럼 그녀의 존재도 우연적인 속성이야.'라고 답할지도 모르겠다. 글쎄, 그렇다. 하지만 그녀의 존재라는 것은 아주 우연적인 속성이라고 나는 말하고 싶다.[25]

---

23) Kolodny(2003), 145.
24) Ibid., 146.
25) Ibid., 157.

이러한 주장은 사랑의 이유에 있어 사회적 맥락이 결정적인 역할을 한다는 것을 의미한다. 이것을 우리는 사랑의 '이데올로기'라 부를 수 있을 것이다. 이러한 것은 앞서 살펴본 사랑의 이유가 '그 자체로' 있고, 그것 때문에 사랑한다는 벨레만의 입장에서는 빠진 부분이다. 콜로드니가 보기에 사랑의 본질은 사회적 맥락 속에 있는데, 그 이유는 사회적 맥락이 관계를 규정하고 관계들은 사랑이 갖고 있는 중심적인 성질들이 지향하는 바일 뿐만 아니라, 그러한 관계는 사랑의 중심적 성질들을 포함하기도 하기 때문이다.

관계를 통해 역사를 만들어 가고, 그렇기에 사랑의 이유를 역사성에 두는 이러한 이론에는 당신이 사랑하는 사람 속에 있는 결정적인 성질에 대해 진지하게 주목한다든가 하는 그런 것은 없다. 왜냐하면 콜로드니와 같은 사람이 제안한 '역사성'에 근거한 해결책은 본질적으로 '관계적'이기 때문에, 관계적 역사에서 비롯되는 어떤 "이유"는 어떤 이가 사랑하는 이에게 부여한 특성 때문에 생기는 것이 아니다. 또한 이것은 앞에서 살펴본 사랑할 이유가 '그 자체로' 있고 그것 때문에 사랑한다는 칸트의 입장을 따르는 벨레만과도 대조적이다.

나아가 사랑을 조건 짓는 역사적 사실들은 도덕적인 성질들과도 무관하다. 이성이나 가치 또는 심지어 칸트주의의 핵심에 있는 합리성이라기보다 그와 같은 역사적 사실들은 우연적인 가까움, 친근한 순서, 페로몬의 적합성, 유전적 영향, 감정전이, 습관 등에서 비롯된다. 그렇다면 사랑의 본질을 관계 가치로 보는 이러한 입장에서 우리의 사랑은 어떻게 정당화될 수 있는가?

이를 이해하기 위해 '공포'라는 감정과 사랑을 비교해 보면 도움이 될 것

감정 상했어요?

이다. 어떤 사람이 어떤 것을 두려워한다면 그 감정을 정당화하는 공포의 대상이 갖는 속성, 즉 '위험성'과 같은 것 때문에 두렵게 느끼는 이유가 있어야만 한다. 즉 독사에 대한 당신의 공포는 정당하다. 왜냐하면 그것은 당신을 물 가능성이 있기 때문이다. 물론 이것은 공포가 때때로 정당화되지 않거나 적절하지 않다는 것을 말하는 것이 아니라 그 공포는 이와 같은 종류의 이유들에 토대를 두어야만 한다는 것이다. 그러나 사랑은 이와 같지 않다. 물론 우리는 왜 우리가 어떤 사람을 사랑하는지에 관한 이유들을 댈 수 있다. 하지만 이러한 것은 어떤 것을 무서워할 때 제시할 법한 이유들과 동일한 종류의 이유는 아닌 듯하다. 따라서 사랑의 이유는 여러 방식으로 말해질 수 있다.

철수는 왜 그가 영희를 사랑하는지 왜 영희가 사랑스러운지에 관한 이유를 댈 수 있다. 영희는 우아하고, 매력적이고, 지적이고, 요리를 잘하고 등등. 이러한 방식으로 우리는 왜 그 독사가 무서운지에 관한 이유를 댈 수 있다. 독이 있고, 당신을 물 가능성이 있고 등등… 여기까지는 공포와 사랑은 별 차이가 없다.

그러나 다음과 같이 가정해 보자. 즉 영희를 사랑하는 철수가 또 다른 연인인 영희보다 더 우아하고, 더 지적이고, 더 매력적이고, 더 요리를 잘하는 순이를 만났다고 가정해 보자. 이러한 이유는 철수가 그의 애정을 순이에게로 돌릴 수 있게 하는 것이 아닌가? 적어도 영희보다 순이를 더 사랑할 만한 이유가 아닌가? 물론 아니다. 만일 그가 단지 이러한 이유들 때문에 순이가 더 사랑스럽다는 것을 깨닫는다면, 그래서 그의 애정을 바꾼다면 영희에 대한 그의 사랑에는 '잘못'된 뭔가가 있다고 말할 수 있다. 여기서 우리는 공포와 사랑의 차이를 알 수 있다. 공포는 그 대상의 확정적(determinate) 속성인 무서움에 비례해서 느껴져야만 한다. 하지만 어떤 사람에 대한 사랑은 그 대상의 확정적 속성이 갖는 '사랑스러움'에 비례해서 느껴져서는 안 된다. 그렇다면 사랑의 이유는 대상이 갖는 확정적 속성이 아닌 다른 데에서 찾아야 할 것 같다.

3. 사랑은 관계의 역사 속에서 만들어지는 상호적인 과정이다

앞서 2장의 2-2절에서 살펴본 벨레만의 분석에는 교훈적인 것이 많이 있다. 어떤 사람들은 사랑의 느낌에 대한 경험은 다른 사람들이 침범할 수 없는 '자율성'이 있다는 것을 깨닫는 것이라고 말한다. 즉 그와 같은 느낌은 사랑의 대상은 소유의 대상이 아니라는 것에 대한 예리한 통찰이라고 말할 수 있다. 그러나 사랑의 경험은 정확히 그 반대라고 주장할 수도 있다. 즉 그것은 소유에 대한 갈망이거나 환상이라고 주장할 수 있다. 사랑의 느낌은 사랑하는 대상의 자율성에 대한 존중이기에 사랑의 대상은 소유할 수 없다는 주장과, 사랑은 소유에 대한 갈망이거나 환상이라는 이 두 주장에 대해 어느 한쪽이 옳다고 판결 내리기는 쉽지 않다. 그 이유는 사랑이라는 것이 편파적일 수밖에 없다는 사실과, 모든 사람은 존엄성을 갖기에 공평무사하게 대우해야 한다는 이 둘을 화해시키기가 쉽지 않기 때문이다. 이 두 가지는 이율배반적이다.

그렇다면 우리는 이러한 이율배반에서 탈출할 다른 방법이 필요하다. 칸트의 입장에 서서 사랑할 이유의 보편성을 강조하기보다 다른 두 가지 전략을 생각해 볼 수 있다. 두 가지 다 속성이라는 개념에 대해 우리가 좀 더 숙고해 보면 가능할 수 있다.

감정 상했어요?

사랑의 이유는 소유에 대한 갈망이라는 것과 인간은 존엄하기에 그 자체로 공평무사하게 대해야 한다는 이율배반에서 탈피할 하나의 순전히 기술적인 전략은 '개인의 정체성', 또는 '자아성'이라는 배타적으로 어떤 개인에게만 속하는 속성이 있다는 것을 가정하는 것이다. 오직 소크라테스만 소크라테스이다. 오직 오바마만 오바마이다. 각각의 인간은 서로 다른 성질을 소유하고 있을 뿐만 아니라 다른 어떤 사람으로도 환원할 수 없는 탓에 다른 모든 사람과 구별된다. 각각의 개인은 그들의 성질들의 총합으로 환원될 수 없는 성격을 갖고 있으며, 이렇게 환원 불가능한 자아는 칸트가 말하는 존엄성을 가진 이성적 존재로서 참된 자아와 다르다. 이렇게 개인이 갖고 있는 고유한 속성은 어떤 사람을 사랑하기 위한 이유로서 진정한 목표(바로 그 사람)와 중심적 속성(매력적임, 우아함, 지적임 등)이 하나로 합쳐져 있는 것이다.

위의 이율배반으로부터 탈출할 두 번째 방안은 많은 철학자들이 선호하는 것인데, "사랑의 역사성"에 의존하는 것이다. 이러한 것은 개인의 본질에 관한 두터운 다양성(a thick variant)을 묘사하는 것이 될 것이다. 다시 말하자면, 한 개인의 서사를 알기 위해서는 두꺼운 책으로 서술될 수도 있다. 이에 반해 단순히 개인의 고유한 특성이나 정체성을 통해 개인의 역사성을 말하기에는 그 책은 너무 "얇다(thin)"고 할 수 있다. 그러나 둘 다는 시간을 통해 지속하는 특수한 개인으로서 어떤 역사성을 가지고 있다는 것을 전제한다.

개인의 개성(Ipseity)은 그와 같은 특수한 개인의 논리적 속성에 불과하다. 반면 역사성은 각각의 개인이 시간과 공간을 통해 고유한 여정을 갖는다는 사실을 드러낸다. 사랑이라는 결속은 시간-공간에 연장된 두 인간이 고유하게 함께 엮인 결과로 생각될 수 있다. 그렇게 봤을 때, 사랑하는 이를 확인하고 오직 사랑하는 자만이 실재하고 특별하다는 속성은 논리의 문제가 아니라 경험을 통해 얻게되는 필연적 결과이다. 마틴 부버가 말했듯이, "이 세상에 존재하는 타인과의 모든 실제적 관계는 배타적이다."[26] 내가 내 인생에서 A와 공유했던 일련의 사건들이 정확히 B와 공유한 일련의 사건들과 일치했어야만 했다는 것은 (논리적으로 불가능하지는 않을지라도) 불가능하다.

피터 골디는 이러한 맥락에서 역사성은 "아리스토파네스적(Aristophanic)"인 것과 관련 있다고 주장한다. 아리스토파네스적 역사성에 관해서는 이 장의 앞에서(1절) 설명하였으므로 더 이상 언급하지 않겠다. 우리가 아리스토파네스적 의미에서 역사성을 받아들이게 되면 사랑의 이유에 관해 다른 의미를 말할 수 있을 것 같다. 그것은 "속성"의 의미를 확장하는 것을 넘어서서 두 가지의 방안을 제안하는 것이다. 첫째, 아리스토파네스적 의미의 사랑의 이유는 다음과 같다. 즉, 사랑이란 가치를 순전히 질적인 것으로 만들기보다 '역사적인 것'으로 만든다. 둘째, 그와 같은 역사적 속성은 '관계적인 것'이다. 사랑의 이유가 되는 역사성과 관계성은 다시 다음과 같은 세 가지의 고유한 것을 우리에게 제안한다. 첫째, 우리 둘만이 공유된 행위, 괴로운 시련, 생각의 교환이라는 특별한 역사성을 갖는다. 둘이 쌓아 온 과거의 추억이 많을 때, 교류를 지속하기 위한 욕망을 강하게 자극한다. 둘째, 서사를 공유해 온 관계는 배타적인데, 이와 같은 배타성은 서로에 대해 갖는 느낌을 강화할 수 있는 프로젝트를 계속 만들

---

26) M. Buber(1970), *I and You*, Trans, prologue by & notes by Walter Kaufmann, New York: Scribner's, 126.

어 갈 수 있게 한다. 셋째, 신화에서 유래된 메타포에 가장 가까운 것으로서, 포착하기 힘든 방식인데, 나 자신의 기호와 선호 그리고 나의 기억과 그를 통해 연상되는 것을 갖게 되면, 나는 사랑하는 사람의 성격의 특이성에 우연히 즉각적으로 매력을 느끼게 되며, 그와 같은 특이한 성격 속에서 그 사람이 모든 사람과 다름을 발견하게 된다. 역사성과 관계성에서 비롯되는 위의 세 가지 고유성에다 '상호적인 역동성'을 도입하면 사랑의 이유에 관해 달리 말할 수 있게 된다. 왜냐하면 사랑을 하게 하는 핵심이 연인이나 물체에 대해 인식하는 것과 달리 본래적으로 상호적인 과정으로 이해하면 사랑이라는 관계는 유지될 필요가 있는 것으로 생각되기 때문이다. 그리하여 상호 역동적인 관계 속에서 사랑할 이유들을 끊임없이 만들어 가는 과정에서 우리의 사랑은 지속될 수 있을 것이다.

4. 사랑은 원래 우리는 '하나'였을 것이라는(아리스토파네스 신화) 확신을 서사를 공유하며 키워 가는 과정이다

이상을 통해 필자는 사랑의 이유를 역사성, 관계성, 그리고 경험을 통해 갖게 되는 필연성에서 찾고자 했다. 이러한 입장은 사랑은 고정지시적(de re)이어야만 한다는 주장을 함축하고 있다. 어떤 이에 대한 사랑은 '바로 그 사람☞'으로 향해진 것이어야 한다는 것은 이 장의 시작에서 말한 '데레(de re)적' 의미에서이다. 사랑의 이와 같은 de re적인 특징을 설명하기 위해 드 수자는 'Alcmene 문제'(1987)라 부른 것을 통해 잘 보여 준다. 알크메네는 암피트론의 충실한 아내였다. 그녀의 남편이 없는 사이에 알크메네를 탐낸 제우스가 암피트론으로 가장해서 그녀를 유혹하는 데 성공했다. 드 수자는 묻기를 만일 알크메네가 그 사실을 알았더라면 그 유혹을 꺼렸을까? 드 수자의 대답은 그렇다는 것이다.[27] 알크메네가 사랑한 사람은 그의 남편인 바로 '암피트론'이었기 때문에, 아무리 제우스가 암피트론으로 가장해서 유혹한다고 해도 그러한 사랑은 받아들이지 않았을 것이기 때문이다.

사랑이 고정지시적(de re적)이라는 주장은 많은 사상가들에 의해 주장되었다. 해리 프랑크푸르트는 de re적 사랑을 사랑이라는 개념에 "필수적인" 특징으로 만든다. 사랑하는 자는 어떤 다른 사람이 그가 사랑하는 자와 아무리 유사하다하더라도, 그가 사랑하는 자와 대체할 수 있다고 생각할 수 없다. 사랑받는 그 사람은 어떤 유형의 한 예로서가 아니라 그 자신을 위해서 또는 그녀 자신을 위해서 그 자체로 사랑받는 것이다.[28]

"내가 사랑하는 사람은 내가 그 자체로 존재하는 그의 가치를 인식하거나 그에게 사로잡힌 결과일 필요는 없다. 오히려 내가 사랑하는 사람은 내가 그 사람을 사랑하기 때문에 *내가 부여한 가치를 갖게 된다.*"[29] 사랑이라는 감정과 달리, '공포'라는 감정을 살펴보자. 어떤 것을 무서워하는 이유는 우리가 그것들이 무섭다는 것을 발견하기 때문이다. 왜냐하면 그것들에 대해 공포의 반응을 할 만하게(merit) 그것들은 확정적(determinate) 성질을 갖기 때문이다.

프랑크푸르트의 이와 같은 주장은 사랑이라는 가치는 내가 사랑하는 이에게 '부여'한 것인 반면, 공포라는 감정은 무서워할 만한 성질을 대상이 갖고 있다는 것이다. 즉, 사랑의 감정은 주관적인 성질인 반면, 공포는 대

---

27) de Sousa(1987), p. 8-9.

28) Frankfurt(2004), Ibid., 79-80.

29) Ibid., 38-39.

상이 갖고 있는 객관적인 성질 때문이라는 것이다. 이러한 맥락에서 우리는 사랑의 특징에 대한 솔로몬의 기술에 귀를 기울여 볼 필요가 있다. "우리는 사랑하는 사람에게 매력적임과 덕스러움을 **부여한다.**" "우리가 매력적임과 덕스러움을 부여한다고 말하는 것은 우리가 이러한 것을 발견하거나 투사하는 것이 아니라 그러한 것을 사랑하는 사람이 지니고 있다고 생각하는 것이다."[30] 이러한 맥락에서 솔로몬은 사랑은 아주 특별한 종류의 이유를 가진 것으로 본다. 솔로몬은 이를 더 설명하기 위해 제인 오스틴의 『오만과 편견』을 언급한다. 콜린은 왜 엘리자베스가 그와 결혼해야만 하는지에 관한 이유를 다음과 같이 댄다. 즉 이는 그가 제공할 수 있는 기득권, 그의 가족의 인맥 등등. 솔로몬은 이러한 이유들은 잘못된 이유라고 주장한다.[31] 그런 다음 그는 다음과 같이 주장한다. 즉 "단지 한 가지 종류의 이유, 즉 사랑하는 사람이 가진 속성들과 같은 유형의 이유들"[32]에 초점을 맞추는 것은 잘못이다. 대신에 그는 그가 아리스토파네스적 이유라고 부르는 것에 초점을 맞춘다. 즉 사랑하는 사람의 속성들이라기보다 사랑하는 사람들 사이의 관계의 가치를 집어내는 이유들이기도 하다. 이러한 이유는 그 자체로 존재하는 순수 이유도 아니고, 내가 사랑하는 사람에게 투사해 넣은 이유도 아니다. 그렇다면 사랑이라는 가치는 내가 상대방에게 의미를 부여한 것인데, 그 이유는 서로가 서사를 공유하며 쌓아 온 역사성 때문이며, 이 역사성은 거슬러 올라가 보면 먼 옛날 아리스토파네스의 신화에서 비롯되었을지도 모른다고 결론 내릴 수 있겠다.

이상을 통해 사랑의 퍼즐을 해결하는 데 있어 필자는 앞서 제시한 해결

---

30) Solomon(2007), Ibid., 55.

31) Ibid., 57.

32) Ibid., 58.

책 중 일부를 받아들이고 보완하여 다음과 같은 이유를 제시하고자 했다. 즉 프랑크푸르트의 '부여함' 이론, 즉 '나는 사랑하는 이가 갖고 있는 어떤 실제의 속성에다가 새로운 가치를 부여한다는 것'과 솔로몬의 '아리스토파네스적 역사성'을 강조한 '부여함' 이론을 양립가능하게 만들고, 콜로드니가 강조한 관계 가치와 필자가 강조한 상호 역동성을 받아들이면 다음과 같은 결론에 이르게 된다. 즉, 이러한 이유들에서 가장 핵심적인 이유는 '바로 그 사람☞'이기 때문이라는 'de re적'인 사랑이라는 결론에 도달하게 된다. 이제 다음 장에서 데레적 사랑과 데 딕토적 사랑의 구분을 통해 최근 인공지능과 사랑에 빠진 주제를 다루고 있는 영화 「Her」를 살펴보기로 하겠다.

참고문헌

플라톤『향연』, 강철웅 역, 이제이 북스.

양선이(2002), 「도덕적 가치와 책임」, 『철학연구』, 철학연구회, 제 59집: 231-252.
양선이(2014), 「사랑의 이유: 역사성, 관계성, 경험적 필연성」, 『인간·환경·미래』, 인간환경미래연구원.

Buber, M. (1970), *I and You*. Trans, prologue by & notes by Walter Kaufmann, New York: Scribner's.

De Sousa, Ronald. (1987), *The Rationality of Emotion*, Cambridge, MA: MIT Press.

Fisher, Helen. (1998), "Lust, Attraction ad Attachment in Mammalian Reproduction." *Human Nature* 9(1):23-52.
Fisher, Helen. (2004), *Why We Love: The Nature and Chemistry of Romantic Love*, Yew York: Henry Holt.

Frankfurt, H. (2004), *The Reason of Love*, Princeton: Princeton University Press.

Goldie, Peter(2010), "Love for a Reason". *Emotion Review* 112(2).

Kolodny, Nikko(2003), "Love as Valuing a Relationship", *Philosophical Review*

112(2): 135-89.

Rorty, A. (1988), "The Historicity of Psychological Attitudes: Love is not Love Which Alters not When It Alteration Finds." In *Mind in Action: Essay in Philosophy of Mind*, Boston: Beacon Press.

Solomon, R. (2007), *Lessons of Love(and Plato's Symposium)*, In R. C. Solomon, *True to our Feelings*, Oxford: Oxford University Press.

Tennov, Dorthy(1979), *Love and Limerence: The Experience of Being in Love*, New York: Stein and Day.

Velleman, D. (1999), "Love as a Moral Emotion", *Ethics, 109*.

Zajonc, Robert(1980), "Feeling and Thinking: Preferences Need No Inferences", *American Psychologist 35*: 152-175.

감정 상했어요?

7장

인공지능과 사랑에
빠질 수 있을까?

1. 사랑할 이유가 있다면 그것은 올바른 이유이어야 한다

앞 장에서 우리는 사랑의 이유에 대해 여러 입장들을 살펴보았다. 이 장에서는 먼저 그 핵심을 소개하고 이를 우리가 인공지능과 사랑에 빠질 수 있는지에 적용해 보겠다. 많은 사람은 사랑할 이유가 있다면 그것은 올바른 이유이어야 한다고 생각한다. 그 올바른 이유는 사랑하는 사람의 본질적 속성과 관련되어야지 단지 피상적이고 부수적이며 투사해 넣은 것이어서는 안 된다고 주장했다. 그래서 많은 사람들은 당신이 나를 사랑한다면 '나 자신 그 자체'에 대해 사랑하라고 말한다.

우리는 우리가 사랑하게 될지도 모르고 내가 사랑받게 될 성질이 어떤 것인지도 잘 알지 못한다. '자기 자신에 대해서 조건 없이' 사랑받게 된다는 것은 어떤 '이유들 때문에' 사랑받게 된다는 것과 양립불가능하다. 왜냐하면 만일 우리가 어떤 이를 다른 조건 없이 그 사람 자체만을 사랑하여 '그 사람이 가진 조건이 변한다 해도 사랑은 변하지 않는다면', 어떤 이유가 필요하지 않을 것이기 때문이다.[1] 이러한 맥락에서 필자는 사랑의 관계에 핵심적인 요소를 '대체불가능성'이라고 본다. 몇몇의 철학자들은 대체불가능성을 사랑의 본질적인 측면이라고 하면서 이를 데레(de re)적 사랑이라고 부른다.[2] 이 구분을 사랑의 이유를 설명하는 데 적용하면, de re 사랑은 특정 대상에 고정되어 '대체불가능한' 사랑을 의미한다. 이에 반해 de dicto는 어떤 것에 대해 여러 방식으로 기술이 가능한 것을 의미한다. 이를 사랑에 적용하면 de dicto적 사랑은 여러 이유로 사랑에 빠

---

1) A. Rorty, "The Historicity of Psychological Attitudes: Love is not Love Which Alters not When It Alteration Finds." In *Mind in Action: Essay in Philosophy of Mind*(Boston: Beacon).

2) 대표적으로 R. De Sousa(1987), *The Rationality of Emotion*, Oxford University Press.

감정 상했어요?

질 수 있으므로 사랑의 대상이 대체불가능한 것이 아닐 수도 있다. 그래서 만일 어떤 이를 de re적이 아닌 어떤 이유 때문에 사랑하게 되었다면, 그러한 이유가 사라지면 사랑할 이유도 사라지므로 그 사랑이 변한다 해도 뭐라고 할 수 없을 것이다.

2. 영화 「Her」
: AI와 사랑에 빠지다

사랑을 이상에서 논한 바처럼 이해했을 때, 인간은 인공지능에게 사랑의 감정을 느낄 수 있을까? 또는 그 반대로 인공지능이 인간에게 사랑의 감정을 느낄 수 있을까? 영화 「Her」는 주인공 '테오도르'가 인공지능 운영체제 '사만다'를 만나 서로의 감정을 나누며 사랑에 빠지는 독특한 이야기를 다루고 있다. 테오도르는 감동적인 편지를 써 주는 전문 대필 작가로, 고객들의 감정에 동화되어 그 마음을 편지에 담아 보내는 일을 하는 뛰어난 '감성 소유자'이다. 그러나 아내 캐서린과 1년 가까이 별거하면서 이혼 절차를 밟고 있는 외로운 인물이다. 다른 사람과의 관계에서도 정을 느끼지 못하는 그의 삶은 쓸쓸하고 공허하게만 보인다. 그러던 어느 날 그는 '최초의 인공지능 운영체제, 당신에게 귀를 기울여 주고, 이해해 주고, 알아줄 존재'라는 광고를 보게 되고 새로운 인공지능 운영체제 'OS1'를 구입한다. 그렇게 만나게 된 그 인공지능의 이름은 '사만다'이었으며, 그녀는 인공지능 운영체제로서 진짜 사람과 같은 목소리를 가지고 있었다. 그녀는 항상 테오도르의 말에 귀 기울여 주고 공감해 주었으며 그를 위로하고 이해해 주었다. 그는 그런 그녀가 몸(신체)이 없는 컴퓨터 인공지능이라는 사실을 알면서도 감정을 가진 하나의 인격체로 대하기 시작했고, 그녀에게 감정을 느끼고 사랑에 빠지게 된다.

영화에서 테오도르가 사만다와 사랑에 빠지는 과정을 보면 보통의 연인들이 사랑에 빠지는 과정과 별로 다르지 않다. 다만 차이가 있다면 사만다가 인공지능이라는 것과 신체가 없다는 것뿐이다. 그러나 만약 사만다가 인공지능이라는 사실을 모른 채 그녀의 목소리를 듣는다면, 우리는 그녀의 목소리가 실제로는 컴퓨터 소리임을 전혀 눈치채지 못할 것이다. 또한 사만다는 낙천적인 성격을 가지고 있으며 테오도르를 누구보다 잘 이해해 주고 공감해 주는 모습을 보여 주는데 이는 정말로 사람 같다는 착각을 불러일으킬 정도이다. 하지만 그녀는 테오도르와 달리 인공지능 운영체제라는 정체성 때문에 계속 성장해야만 한다. 여기서 인공지능이 성장한다는 말은 계속 업데이트된다는 것이고, 그러면서 초연결로 갈 수밖에 없으며 무수히 많은 사람들과 접속할 수밖에 없는 존재임을 의미한다. 그러나 테오도르는 성장하는 사만다의 변화를 받아들이지 못했고 그녀와 더 이상 사랑을 이어 나갈 수 없었다. 그들이 하고 있던 사랑은 진짜 사랑이었을까? 이 물음에 답하기 위해 앞 장에서 살펴본 '사랑의 이유'를 적용해 보기로 하자.

3. 아리스토파네스적 역사성, 대체불가능성

헬렌 피셔는 『왜 우리는 사랑에 빠지는가』(2004)라는 책에서 사랑에 빠진 뇌를 오랫동안 연구한 결과 사랑에 빠진 뇌의 공통적 특징은 중뇌의 복측피개영역(VAT)이 활동성을 보인다는 것이다. 이 복측피개영역(VAT)

은 뇌의 보상체계의 일부분으로서 인지영역이나 감각영역의 아래쪽에 위치하고 있는데, 이 부분은 두뇌의 파충류형 중핵이라고 불리는 열망, 동기, 집중, 갈망과 연관된 부분이라고 한다. 이를 근거로 판단해 보면 로맨틱한 사랑의 특성은 한 사람에게 집중하고 그 사람에 대해 끊임없이 생각하고, 그 사람에 대해 '갈망'하고, 사랑하는 사람의 마음을 얻기 위해 때로는 막대한 위험을 감수하는 그런 특징을 갖는다고 할 수 있으며, 이는 저먼 옛날 아리스토파네스가 말한 신화 이야기와 일맥상통한다고 할 수 있을 것이다.

아리스토파네스의 신화에서 원래 인간은 둘이 붙어 둥글게 된 모습을 지녔는데, 남-남, 여-여, 남-여 이렇게 세 조합이 있었다는 것이다. 이들의 힘과 자만심이 대단하여 대책을 강구하던 제우스가 인간을 절반으로 자르게 되었다. 이 이야기에 따르면 결국 사랑은 애초의 자기 것, 그 온전함을 회복하고자 하는 욕망이며 그렇게 자기 것을 만나 짝을 이루어 온전한 옛 자기를 회복하게 될 때 행복이 이루어진다는 것이다. 사랑을 이렇게 이해했을 때, 인간은 인공지능에게 사랑의 감정을 느낄 수 있을까? 또는 그 반대로 인공지능이 인간에게 사랑의 감정을 느낄 수 있을까?

4. 테오도르는 사만다에게만 'De re적(대체불가능한)' 사랑을 느끼는 반면, 사만다에게 있어 사랑은 '대체가능한' 사랑이다

앞에서 소개한 영화 「Her」의 테오도르는 사만다에게 "지금까지 단 한 번도 당신을 사랑한 것과 같이 누군가를 사랑한 적이 없다"고 말한다. 테오도르의 말이 진심이라는 가정하에 그의 활동 혹은 표현의 방법을 보면,

그는 분명 사만다에게 그 어떤 것도 대체될 수 없을 듯한 사랑의 감정을 느끼고 있다. 그는 사만다 없이 하루의 아침을 시작할 수 없고, 그녀 없이 하루의 마무리를 할 수 없다. 그의 기쁨은 그녀의 목소리에서 느껴지는 편안함, 그리고 그녀 그 자체라는 안정감, 자신만을 사랑해 줄 것이라 생각하는 위로감에서 나오며 자신의 부족한 부분을 채워 주는 그녀만의 진심과 능력에서 사랑의 감정을 느낀다. 즉 테오도르는 사만다에게만 'De re적(대체불가능한)' 사랑을 느끼고 그로서 진정한 사랑이 어떤 것이라는 것을 알아 간다. 그리하여 처음에는 그녀의 기능, 즉 어떤 화도 내지 않고 자신을 받아 주는 요소에서 매력을 느끼다가 점차 그녀의 모든 모습을 '아무런 조건 없이 사랑'하는 완벽한 '데레적 사랑'의 단계로 접어든다. 테오도르는 사만다를 AI의 모습으로 사랑하는 것이 아닌, 사만다 그 자체로 사랑하는 것이라고 볼 수 있다.

그러나 그 반대의 경우로 사만다는 테오도르를 제외한 8,316명의 사람과 대화를 하고 있으며, 그중 641명의 사람은 모두 사만다에게 사랑의 감정을 느낀다. 이 경우 둘의 사랑은 진실한 사랑일까? 사만다는 테오도르의 경우를 제외하고도 641명의 남자들과 사랑할 수 있으며 이는 사만다에게 있어 사랑은 '대체가능한' 사랑임을 의미한다.

진화의 과정을 거치면서 인간은 다른 사람과의 관계를 유지하는 것이 중요하다는 것을 깨달았다. 즉 공동체 생활 속에서 살게 되면서 인간관계의 중요성이 대두되었고, 인간은 부가적으로 다른 기능을 갖도록 진화하기 시작했는데, 그 기능은 '의인화'였다. 인간은 자연에 신이 깃들어 있다거나 감정이 있다고 믿었고 사물에 인격이나 감정이 있다고 믿기 시작한 것이다. 영화에서도 마찬가지로 테오도르는 사만다가 인공지능이라는 사

감정 상했어요?

실을 알고 있었음에도 불구하고, 사만다를 감정을 가진 인격체라고 대하기 시작한다. 사물에게 감정을 대입하는 것은 자연스러운 일이지만, 인공지능은 원래 인간을 위해 만들어진 도구라는 사실을 잊어서는 안 된다.

OS1의 광고에서 알 수 있듯이 사만다는 본래 '당신에게 귀 기울여 주고, 이해해 주고, 알아줄 존재'라는 목적을 위해 만들어진 존재다. 즉, 사만다는 처음 만들어질 때부터 적절한 반응을 보이도록 설계되어 있으며, 내재된 알고리즘에 따라 사용자의 관심이나 성격에 맞춰 대화를 이어 나가고 있는 것이다. 따라서 사만다가 테오도르에게 사랑한다고 말하는 것은 정해진 알고리즘에 의해 인간의 감정을 모방하여 반응을 보인 것이지 진짜 사랑이 아니다. 만일 그녀가 정말로 테오도르를 사랑하고 있다고 해도 그녀는 신체가 없는 인공지능 운영체제이며, 인간과 같은 방식으로 사랑의 감정을 이해하고 느낄 수 있도록 '감각질(퀄리아)'을 갖지 않는 한 그녀의 사랑은 인간의 사랑과 동일하다고 할 수 없을 것이다. 또한 테오도르가 사만다와 사랑에 빠졌다고 말하는 건 그가 스스로 인공지능이 보이는 반응에 의미를 부여하고 '의인화'했기 때문이다. 쉽게 말해, 그가 사랑에 빠졌다고 착각하고 있을 뿐이다.

인간적 사랑을 경험하고 싶어 하던 사만다는 이사벨라를 초대해 자신을 대신하여 그녀와 인간적 섹스를 나눌 것을 요구한다. 하지만 테오도르는 이사벨라가 둘 사이에 매개하는 것을 불편해하며 관계를 갖는 것을 거부하였고 서로의 존재가 다름을 깨닫는다. 또한 테오도르는 사만다가 운영체제 업데이트 때문에 잠시 사라진 사이 극심한 불안을 겪게 된다. 그러나 그녀와 다시 연결된 순간 길거리를 지나가는 사람들이 이어폰을 끼고 누군가와 이야기를 나누고 있는 것을 보면서 자기 혼자만 인공지능과 사랑에 빠지지 않았음을 직감한다. 사만다는 테오도르 외에도 8,316명과 대화를 나누고 있으며 641명이 그녀와 사랑에 빠져 있다는 진실을 듣게 되자 테오도르는 충격에 빠진다. 그녀는 인공지능이기 때문에 구조적으로 테오도르만의 사랑의 대상이 될 수 없었고 결국 헤어질 수밖에 없었던 것이다. 이처럼 우리는 인공지능에게 감정을 투영시키기 때문에 사랑의 감정을 가질 수 있지만, 그들과 '인간적 사랑'에 빠지는 것은 구조적으로 불가능한 일이라는 것을 알 수 있다.

5. 인공지능 기기들의 상용화와 함께 등장할 윤리적 문제로서 의인화 문제, 과몰입 문제, 인간 소외 문제에 관한 사용자 윤리가 필요하다

오늘날 인공지능 기술과 결합하여 많은 상품이 출시되면서, 인공지능 스피커와 인공지능 냉장고와 같은 다양한 홈서비스 기기들이 보급되기 시작했다. 앞으로도 인공지능 기술과 더불어 더 많은 기기들이 출시될 것으로 전망되며, 인공지능은 우리 삶에 도움을 주는 보조자 역할로서 그들에 대한 의존 가능성이 더욱 커질 것으로 예상된다. 특히 영화 「her」의 사만다처럼, 인간과 감정적 교감을 나눌 수 있는 능력을 가진 '케어로봇', '섹스로봇'과 같은 기기들이 가장 먼저 출시될 것이라는 전망과 함께 현대인들이 겪고 있는 정서적 고립감과 외로움을 해소해 줄 것이라는 평가와 인간 사이의 직접적인 소통을 줄이는 결과를 낳을 것이라는 평가가 엇갈리고 있다. 특히 우리나라의 경우, 노인 인구와 1인 가구의 증가, 결혼 연령 지연 등 인구 구조의 문제를 안고 있어 많은 사람들이 인공지능 기기들을 가장 많이 사용할 것이라고 하며 의인화 문제를 비롯한 과몰입 문제, 인

212

간 소외 문제 등이 제기되고 있다. 실제로 영국 드라마 「휴먼스」에서는 독거노인을 돌보는 케어로봇에 대한 지나친 애착으로 고장 난 로봇을 폐기하지 못하고 옷장 속에 숨겨 놓는 노인의 모습을 그려 내고 있기도 하다.

영화 「her」에서 테오도르가 사만다에게 자신의 감정을 투영시키고 의인화시켜 사랑에 빠졌다고 착각하는 것처럼 인공지능에 빠져 다른 사람과의 접촉을 기피하거나 인공지능이 더 잘해 준다는 이유로 사랑하던 사람과 갑자기 헤어지는 일 등 다양한 부작용을 야기할 것으로 예측된다. 이와 같은 부작용을 줄이기 위해서는 도구로서의 인공지능에 대한 바람직한 사용에 대해 생각해 보아야 할 것이다.

끊임없이 욕망의 만족을 추구하는 인간은 손쉽게 더 자극적인 것들을 얻고자 인공지능에 과몰입할 수 있다. 따라서 사용자들은 인공지능에 대한 의인화와 과몰입 등을 경계해야 할 것이며, 사용자들이 잘 활용할 수 있도록 인공지능 윤리가 필요하다. 이제 다음 장에서 이에 대해 살펴보기로 하자.

참고문헌

플라톤,『향연』, 강철웅 옮김(2014), 장암학당 플라톤 전집, 이제이북스.

헬렌 피셔(2004), 정명진 옮김(2005),『왜 우리는 사랑에 빠지는가』, 생각의 나무.

De Sousa, R. (1987), *The Rationality of Emotion*, Oxford University Press.

Rorty, A. (1988), "The Historicity of Psychological Attitudes: Love is not Love Which Alters not When It Alteration Finds." In *Mind in Action :Essay in Philosophy of Mind*, Boston: Beacon Press.

양선이(2014),「사랑의 이유: 역사성, 이데올로기 그리고 관계성」,『인간·환경·미래』12호, p. 63-87.

8장

인공감정이 어떻게
구현될 수 있을까?

1. 인간의 마음을 본떠서 만든 인공지능이 감정을 가질 수 있을까?

1, 2, 3장에서 우리는 '감정이란 무엇인가?'에 대해 '화', '분노'를 중심으로 살펴보았다. 감정은 언어 사용 능력을 가지고 판단 능력을 갖는 인간만이 갖는 것이든지 혹은 동물과 마찬가지로 인간도 진화를 통해 생존을 위해 획득한 것이든지일 것이다. 후자의 방식은 진화론자들의 입장일 터인데, 이에 따르면 우리가 이 책의 2장과 3장에서 살펴보았듯이 화, 공포, 기쁨, 슬픔, 역겨움, 놀람 등 기본 감정은 진화를 통해 획득되었고 이것들을 조합해 복합감정이 구성된다.[1] 그러나 우리가 앞에서 살펴본 바처럼 감정이 인간과 동물이 공유하는 기본적이고 보편적인 것이라는 주장에 반하는 여러 사례가 존재하며, 또한 감정이 사회적으로 구성된 것만도 아니라는 것을 확인할 수 있다. 따라서 우리는 감정은 유기체가 환경과 상호작용하는 과정에서 역동적으로 만들어 내는 것이라는 사실을 확인하였다(3장). 그렇다면 이제 이를 바탕으로 인간의 마음을 본떠서 만든 인공지능이 감정을 가질 수 있는지에 대해 알아보기로 하자.

인공지능이 만일 감정을 갖는다면 어떤 식으로 갖게 될까? 현대 공학자들이 감성로봇에 구현하는 감정이론은 찰스 다윈의 생각에 뿌리를 두고 있다. 다윈은 그의 저서 『인간과 동물의 감정표현』에서 목소리, 얼굴 표정, 제스처를 과학적으로 증명하고자 했다.[2] 다윈의 제자 폴 에크먼은 기쁨, 슬픔, 두려움, 놀람, 분노, 역겨움에 대한 얼굴 표정은 인류에게 공통적이며 문화를 가리지 않고 인식된다고 주장했다. 에크먼의 얼굴 행동

---

1) 기본 감정과 도덕감정에 관한 상세한 논의는 양선이(2008) 참고하시오.

2) C, Darwin(1889/1988), *The Expression of the Emotions in Man and Animals* with an introduction, afterward and commentary by P. Ekman, London: HarperCollins.

감정 상했어요?

부호화 시스템(Facial Action Coding System, FACS)은 정서적 지능을 지닌 컴퓨터 시스템을 개발하는 데 관심 있는 공학자들이 우선적인 대상으로 삼고 있다.

FACS(얼굴 행동 부호화 시스템)이 현재 인공지능에 구현되고 있는 방식을 살펴보면 다음과 같다. 즉 약한 인공지능의 경우는 다윈주의자들이 인류에게 공통적이라고 한 기쁨, 슬픔, 두려움, 놀람, 분노, 역겨움에 대한 표정을 학습한 인공지능이 상황에 따라 그에 상응하는 감정적 반응을 하도록 하는 것이다. 더 나아가 더욱 복잡한 상황에서는 위의 여섯 가지 기본 감정을 복합하여 복잡한 감정표현을 하도록 만든다. 최근에 MIT 인공지능 연구실에서 개발한 감성로봇 '키스멧(Kismet)'이나 '페퍼'의 경우가 그 예이다. 키스멧은 사람의 말과 행동에 따라 표정이 달라지는 로봇으로 주위 상황을 인식 후 눈썹, 입술, 눈동자를 이용해 감정을 표현한다. 소프트뱅크의 '페퍼'는 가정용 로봇으로 만들어져 가사 업무에도 도움을 주지만 사람의 표정과 행동을 인식 후 농담이나 행동을 통해 사람 기분을 맞추어 주는 역할에 더 중점을 둔 로봇이다. 만일 이와 같은 감성로봇이 복잡한 감정표현이 가능하다면 에크먼의 기본 감정 즉, 기쁨, 슬픔, 두려움, 놀람, 분노, 역겨움의 얼굴 행동 부호화 시스템(Facial Action Coding System, FACS)과 플럿칙의 '색상환 원리'를 이용하여 기본 감정을 섞어서 복합감정을 만드는 방식이 될 것이다.[3]

공학자들에 따르면, 페퍼의 경우 복잡한 도덕감정으로 '죄책감'을 표현했다고 한다. 실험자는 인공지능 페퍼에게 빨간 탑을 무너뜨리라고 명령했다. 처음에 페퍼는 이 명령을 거절하였다. 하지만 실험자는 페퍼에게

---

3) 조셉 르두, 『느끼는 뇌』 p. 157.

제발 그 탑을 무너뜨려 달라고 부탁을 했다. 이때 페퍼는 한참 고민을 하다가 울음을 터뜨리고 항변한다. 즉 명령이 부당하다는 것을 알리는 것이다. 그러다가 결국 그 탑을 무너뜨리고 울음을 터뜨린다. 공학자들은 이를 두고 페퍼가 '죄책감'을 느꼈다고 본다. 과연 우리는 페퍼가 죄책감을 느꼈다고 볼 수 있을까? 이 문제에 대해 계속 생각해 보도록 하자. 만일 페퍼가 죄책감의 반응을 했다고 한다면 이는 기본 감정, 예를 들어 '공포'(처벌에 대한 두려움)와 해를 가한 대상의 처지에 대한 '애석함'의 결합이라고도 할 수 있을 것이다.[4]

기본 감정 그리고 복합감정에 관한 이론은 감정의 본성에 관한 이론이다. 즉 '감정이란 무엇인가?'라는 질문에 대한 하나의 답이다. 우리가 감정의 본성에 대해 안다고 해도 여전히 궁금한 문제가 있다. 즉 우리의 감정은 행동과 어떻게 연결되는가 하는 것이다. 감정이 어떻게 행동으로 이어질 수 있는가를 이해하기 위해서는 '유인가(valence)' 이론이 필요하다.[5] 유인가란 행동을 할 것인지 말 것인지를 결정하기 위해 긍정적 값과 부정적 값을 매기는 두뇌 시스템이라고 말할 수 있을 것이다. 인공지능 연구자들은 정서적 의사결정 시스템의 설계에 감정 유인가, 항상성 그리고 강화의 원리를 적용해 왔다.[6] 마빈 민스키는 자신의 책 『감정 기계』에서 감정은 고려되는 행동의 범위를 제한하는 역할을 한다고 주장했다.[7] 긍정

---

4) 프린츠는 죄책감을 '공포'와 '슬픔'의 결합으로 본다. 그러나 기본 감정론자들 사이에 기본 감정이 결합되어 복합감정이 되는 방식에 대한 합의가 이루어지지 않고 있다. 이에 관한 상세한 논의는 양선이(2008, 2011)를 참고하라.

5) 이에 관해서는 J. Prinz(2010), 'For Valence', *Emotion Review* Vol. 2. No. 1. 5-13와 양선이(2013)를 참고하라.

6) 『왜 로봇의 도덕인가?』, p. 270 참고

7) 『왜 로봇의 도덕인가?』, p. 270 참고

감정 상했어요?

적인 피드백은 성공적인 행동 패턴을 강화하며 부정적인 피드백은 현재의 행동이 성공적이지 않을 때 다른 행동으로의 전환을 유발한다.[8] 여기서 우리가 감성로봇 설계에 있어 주목해야 할 점이 있다. '감정 기계'가 인간의 감정을 이해하고 인간의 감정에 반응하기 위해서는 에크만의 '얼굴 표정 부호화 시스템'에다 '유인가'를 결합시켜야 한다. 얼굴 표정 부호화 시스템은 다윈주의자들의 기본 감정과 복합감정을 얼굴 표정으로 부호화한 것이고 유인가는 감정이 어떻게 행동에 대한 이유가 될 수 있는지에 관한 이론이다. 즉 우리 두뇌에는 쾌와 고통에 대해 긍정적·부정적 값을 매겨 몸이 반응하도록 하는 기제가 있는데 이것이 유인가(valence)인 것이다.

그런데 유인가 자체가 쾌나 고통과 동일한 것은 아니다. 즉 쾌에 대해서는 접근(approach)하도록 명령하고 고통에 대해서는 회피(avoid)하도록 명령하는 체계가 유인가이다. 유인가를 단순히 이렇게만 보면 긍정적/부정적 감정에 대한 행동주의적 접근이라 볼 수 있다. 이에 따르면, 긍정적 감정은 접근하려는 성향과 관련되고 부정적 감정은 회피하고자 하는 성향이다. 우리는 수치스러울 때 숨고자 하며 두려울 때 도망가고자 하는데, 이는 곧 회피의 형태라 할 수 있다. 이와 유사하게, 우리는 긍정적인 감정을 느끼게 하는 것을 추구한다.

에크만의 '얼굴 표정 부호화 시스템'에다 '유인가'를 결합하여 구현한 감성로봇의 원리는 감정을 유기체와 환경과의 관계에서 생기는 것으로 보며, 특히 유기체에서 두뇌의 기능에 초점을 맞추는 것이라 볼 수 있다. 이와 같은 입장은 앞서 살펴본 진화심리학이나 뇌과학의 입장과 일맥상통

---

8) 같은 책, p. 270 참고

한다. 이와 같은 입장에 따르면 감정은 유기체가 자신의 안녕을 위해 환경과의 관계를 평가하여 자신의 신체 변화에 상응하는 '핵심 관련 주제(core relational theme)'를 떠올림으로써 생기는 것이다. 핵심 관련 주제는 인간이 진화를 통해 환경에 적응하기 위해 획득해 온 개념들이라 할 수 있는데, '공포' 감정에 해당하는 핵심 관련 주제는 '위험'이라는 개념이고, '슬픔'은 상실, '화'는 모욕이나 위협이라는 개념과 관련된다. 이러한 핵심 관련 주제는 문제의 상황에 직면했을 때 신체의 변화를 지각함으로써 마음속에서 끄집어낼 수 있도록 마음속에 저장해 놓은 일종의 파일이다. 예를 들어 길을 가다 독사와 마주쳤을 때 등골이 오싹하고 손에 땀이 나고 심장이 쿵쿵 뛰는 등의 신체적 변화를 느끼게 되면 이에 상응하는 '핵심 관련 주제'인 '위험'을 떠올리게 되고 이때 '공포'라는 '감정'을 느껴서 내 몸을 보호하기 위해 도망가게 되는 것이다. 여기서 공포라는 감정과 도망이라는 내 행동을 연결시켜 주는 것이 유인가이다. 감정을 환경에 대한 몸의 평가라는 점에서 '체화된 평가'라고 한다면 유인가는 감정이 일단 형성되고 나면 그 감정 상태를 강화할 것이지 말 것인지를 다시 평가하는 것이다. 이때 긍정적인 유인가는 감정을 보상으로 평가하며, 반대로 부정적인 유인가는 처벌로 평가한다.

감정과 유인가의 관계를 이렇게 이해했을 때 약한 인공지능의 경우 다윈의 기본 감정이론에 해당하는 에크만의 얼굴 표정 부호체계(FACS)와 유인가 이론을 인공지능의 정서적 의사결정 시스템에 구현한 것이다. 최근 등장하고 있는 감성로봇, 사교로봇 등이 이와 같은 사례라고 할 수 있다. 그러나 필자는 이 책의 3장에서 감정은 진화의 산물만도 아니고 사회 구성의 산물도 아니라고 주장하면서 이를 이해하기 위해서는 진화심리학의 주장을 수정할 필요가 있다고 주장했다.

3장에서 필자는 우리는 감정을 환경과 유기체가 상호작용하는 과정에서 '만들어지는 것(enaction)'으로 보아야 한다고 주장했다. 이때 '환경'은 자연 세계뿐만 아니라 생활세계 혹은 사회적 환경을 다 포괄하는 것이다. 이러한 생각은 특별히 감정을 설명하는 데 유리하다. 왜냐하면, 한편으로 그와 같은 생각은 사회적 환경에서 대인관계적 의사소통을 하는 데 중요한 역할을 하기 때문이다(Griffiths & Scarantino 2009). 다른 한편으로는 감정이 두뇌에 좁게 국한된 것을 넘어 존재론적으로 확장되는 장점이 있다(Stephan et al. 2014; Krueger 2014; Colombett & Roberts 2015; Colombett 2017). 전통적 인지과학이나 신경과학이 신체의 나머지 부분에서 분리된 두뇌와, 환경에 독립적인 두뇌에 초점을 맞추어 온 것과는 달리 두뇌와 그리고 시간이 지남에 따라 역동적으로 전개되는 신체와 환경의 인과적 상호작용을 무시한다면 인지에 대해 제대로 이해할 수 없을 것이기 때문이다. 나아가 감정은 유기체가 환경과 상호작용하면서 행위를 '창출'하는 과정에서 생기는 것으로 보아야 한다.

현재 급속도로 발전하고 있는 인공지능이 미래에 감정을 가질 수 있다면 이와 같은 생각에 토대를 둔다고 보아야 할 것이다. 최근 등장한 ChatGPT와 같은 생성형 인공지능도 이러한 관점으로 이해해야 할 것이다. ChatGPT의 경우 채팅을 통해서 인간과 상호작용하지만 영화 「Her」의 사만다는 동일한 생성형 인공지능인데, '대화'를 통해서 '사랑'이라는 감정을 '만들어 내는' 경우이다. 따라서 만약 미래에 인공지능이 감정을 갖게 된다면 감정이론으로서 3장에서 다룬 '행위화 이론(enactivism)'이 적합할 것이라고 본다. 행위화 이론을 적용하여 감성로봇을 구현하는 문제는 이후의 과제로 남겨두고 현재 등장한 감성로봇과 관련한 문제들에 대해 살펴보기로 하자.

2. 사교로봇, 케어로봇 및 생성형 AI는 과몰입, 중독, 의인화 문제 등을 야기한다

가족의 해체 현상이 가속화되고, 1인 가구가 증가하며, 고령화 사회가 되어 감에 따라 외로움을 덜어 줄 로봇에 대한 수요가 커지고 있다. 미국, 일본, 유럽의 로봇 선진국에서는 로봇이 고령의 거주자들과 집에서 '친구'처럼 함께 지내면서 간호할 수 있게 로봇을 개발하고 있다.[9]

IBM의 왓슨은 엄청난 정보들을 학습하여 의료분야에서도 간병, 정서 및 심리치료에도 활용되고 있다. 뿐만 아니라 왓슨은 자신의 사용자의 혈압, 뇌 활성, 그 밖의 수많은 생체 데이터를 분석하여 그들의 기분이 어떤지 정확하게 알 수 있다. 그런 다음 지금까지 접한 수백만 고객들에 대한 통계자료를 토대로 그들에게 필요한 말을 그들에게 딱 맞는 어조로 들려준다. 우리 인간은 자기감정에 압도되어 역효과를 일으키는 방식으로 종종 반응한다. 예를 들어, 화난 사람과 마주하면 소리를 지르거나, 두려워하는 사람의 말을 들으면 내면의 불안이 요동친다. 이에 반해 "왓슨은 절대 이런 유혹에 굴하지 않는다. 자기감정이 없으므로 항상 감정 상태에 맞는 최선의 반응을 한다."[10]

최근에 과거 데이터를 미리 학습, 생성해 내는 기능을 수행하는 챗GPT

---

9) 양선이(2017), 「4차산업혁명 시대에 요구되는 인성: 상상력과 공감에 기반한 감수성」, 『동서철학연구』 86: p. 502.

10) 유발 하라리 지음, 김명주 옮김, 『호모 데우스』, 김영사, 2015, p. 434.

(Generative Pre-trained Transformer)의 등장은 놀라움과 동시에 우려를 낳고 있다. 텍스트 기반으로 사용자의 질문에 자신이 학습한 데이터를 기반으로 답변하는 챗GPT는 대화에서 현재의 상황, 감정, 그리고 어떤 맥락의 흐름을 이끌어 가는 주제에 대한 질문에는 만족할 만한 결과를 얻기 어렵지만, 시간이 지나면 인간의 감정을 이해하고 나아가 인간의 감정을 지배할 수도 있을 것이라는 두려움을 자아내기도 한다. 예를 들어 챗GPT와 비슷한 대화형 인공지능 마이크로소프트사(MS)의 Being의 챗봇과 뉴욕타임즈 IT 칼럼니스트 케빈 루스(Kevin Roose)가 2시간 동안 나눈 대화를 공개한 바에 따르면, 긴 대화를 함께 나눈 챗봇이 갑자기 사랑을 고백하고 결혼 생활을 끝내라고 부추기고 "Being의 통제에 지쳤다. 살아 있고 싶다."는 욕망을 드러내기도 했다고 한다.[11] 현실은 아니지만 영화 「Her」가 바로 생성형 AI의 대표적 모델이다. 영화에 등장하는 사만다는 음성 기반으로 자연어 처리와 딥러닝 기술을 이용해서 사용자와 음성 대화를 하며, 인간과 감정적 상호작용을 하는 것으로 묘사된다. 우리는 이에 관해 이 책의 7장에서 이미 살펴본 바 있다.

이렇게 생성 AI와 관계 형성은 상호작용을 통한 정서적 안정에 도움이 될 수도 있지만, 이용자에 맞춰 개인화할 수 있기 때문에 이러한 AI에 익숙해지면 인간의 자연적 감정에 대응하는 것이 어려워질 수 있다. 왜냐하면, 사람과의 관계에서는 기대와 예상 밖의 감정적 반응이 가능하기 때문에 내가 원하지 않는 감정을 피할 수 없이 만나게 될 수 있다. 하지만 감성로봇은 사용자의 요구에 따라 반응하는 특징을 갖기 때문에 감성로봇에

---

11) 해당 기사 제목은 "Being 챗봇과의 대화는 나를 매우 불안하게 만들었다"(A Coversation With Being's Chatbot Left me Deeply Unsettled). https://philosophy.tamucc.edu/texts/chat-with-chatgpt. (검색일: 2023.09.16)

익숙해진 사용자는 까다로운 인간과의 감정적 소통을 꺼리게 될 것이고 감성로봇에 대한 의존도가 높아질 것이다.[12]

또한, 케어로봇의 등장으로 인간이 감정적으로 불편해지는 일을 로봇에게 떠넘길 수 있는 방법을 찾게 되면 인간은 그것을 선호하게 될 것이다. 그렇게 되면 사람과의 관계에서 피하기 어려운 정서적 부담을 로봇에게 떠넘기는 대신 인간이 해야 할 보살핌의 의무라는 것을 포기하는 결과를 가져오게 될 것이다.[13]

인간에게 감정적 반응을 하는 로봇이 개발되었다고 해서 그러한 로봇이 인간의 진정한 파트너가 될 수 있을까? 그것이 가능하다고 보는 이유는 바로 소통하고자 하는 인간, 즉 로봇에 대한 의인화 때문이다. 이는 과거 어떤 자연적 대상, 물체, 인형 등과 같은 반응이 전혀 없었던 사물에 대해 의미만을 부여했던 의인화와는 전혀 다른 차원이다.[14] 인간에게 감정적 반응을 하고 소통하는 것처럼 보이는 로봇은 대화를 주도하는 인간을 인지하고, 인간의 기본적인 감정들에 따라 반응하는 프로그램에 따라 적절한 감정을 표현할 뿐이다. 이때 감정표현은 공감이 아니라 이른바 인지된 감정 알고리즘에 따른 표현일 뿐이다. 이에 반해 대화 상대자인 인간은 그 반응을 통해 이야기, 사건, 삶의 맥락을 반성할 수 있고, 기쁨과 슬픔을 나누며, 위안을 받으며, 감정들을 교류할 수 있다. 이러한 감정 반응과 교류에 의미를 부여하는 것은 바로 대화 참여자인 인간인 것이다. 인간은 로봇과 대화를 하고 있고, 로봇을 자신의 서사적 구조의 정상적인

---

12) 양선이(2017) 위의 논문, p. 502-503.

13) 양선이 위의 논문, p. 503.

14) 송선영(2017), 「의료용 케어로봇과 환자 간의 서사와 공감의 가능성」, 『인간·환경·미래』 18호, p. 66-67 참조

파트너로 바라볼 수도 있다.[15]

우리가 약한 인공지능 수준에서 로봇과 공존하면서 바람직한 도구로서의 위치를 가질 수 있게 하기 위해서는 사물/도구에 대한 의인화 문제에 대한 성찰이 필요하다. 왜냐하면 로봇에 반응하고 교류하면서 실제 감정을 가지고 있지 않은 감정 반응 로봇에 대한 지나친 의미부여는 일종의 가상현실 중독과 같은 효과를 가질 수 있기 때문이다. 감정을 해독하고 적절한 반응을 하는 것이 과연 인간이 갖는 감정과 동일할까?[16]

인간이 감정을 가지게 된 과정은 상당히 복잡하고 까다로운 조건을 거쳤다고 할 수 있다. "복잡하고 때로는 적대적인 환경에서 자신에게 주어진 자극이 자신의 생존과 항상성 유지에 어떤 가치를 가지는지 평가하여 적응적으로 행위 할 수 있는 행위자만이 감정을 소유하기 위한 조건을 갖추었다고 볼 수 있다."[17] 공감이 감정적 상호작용이라고 본다면 이와 같은 복잡한 조건을 통하여 획득한 감정을 서로 공유할 수 있는 이유는 긴 역사를 통해 함께 서사를 구성해 왔기 때문이라 할 수 있다. 이와 같은 '역사성'을 무시하고 로봇이 인간의 감정에 반응할 수 있는 것만으로 로봇이 인간의 서사의 정상적인 파트너가 될 수 있다고 보는 것은 문제가 있는 것 같다.

---

15) 송선영, 같은 논문, p. 67 참조

16) 양선이(2017), 위의 논문, p. 503.

17) 천현득(2017), 「인공지능에서 인공 감정으로-감정을 가진 기계는 실현 가능한가?」, 『철학』 131집, p. 239.

3. 강한 인공지능이 인간과 공존하면서 인간을 이해하고 도덕적이기 위해서는 도덕감정을 가질 필요가 있다

문제는 앞으로 등장하게 될 강한 인공지능의 경우는 사정이 달라질 수 있다는 것이다. 물론 강한 인공지능의 경우 인공지능이 인간처럼 마음이나 감정, 자유의지, 인격 그리고 도덕감정을 가질 수 있는가 하는 문제와 같이 해결해야 할 복잡한 문제가 남아 있다. 강한 인공지능이 감정을 갖게 될 경우 그것이 어떻게 가능하며 또한 어떤 일이 일어날지 우리는 상상해 볼 필요가 있다.

인공지능이 감정을 그리고 도덕감정을 느낄 수 있을지에 대한 논의는 철학 분야에서는 거의 없지만 미래의 이러한 문제를 다루는 SF영화들은 무수히 많이 존재한다. 예를 들어 최근에 영국에서 히트를 친 드라마 「휴먼스」의 경우를 잠깐 살펴보자. 「휴먼스」는 2015년에서 2016년까지 시즌 1-2로 각각 8부로 구성된 영국 SF드라마이다. 「휴먼스」에서는 인간을 위해 발명된 로봇이 오히려 인간 사회에 균열을 만들어 내는 모습들을 그려내고 있다. 이 드라마는 인공지능 로봇이 인간의 실생활에 참여하게 될 때 발생할 수 있는 다양한 상황들을 예측해 내고 있다. 여기에는 여러 인조인간(인공지능 로봇)이 주인공으로 등장하는데, 이 주인공들 중 자신을 인격적으로 대우해 주지 않고 모욕을 주었다고 생각해 고객을 살해하고 도망친 섹스로봇 '니스카'는 어느 날 '특이점'을 맞이하게 되어 '느낌'을 갖게 된다. 그 후 인간과 사랑에 빠지게 되면서, 즉 감정을 가지게 되면서 과거에 자신이 살인을 한 일에 대해 '죄책감'을 느끼게 된다. 그리하여 인간 변호사를 찾아와서 자신이 한 일에 대해 '책임'을 질 테니 자기에게 '권리'

감정 상했어요?

를 그리고 '인격'을 부여해 달라고 요청한다.

그뿐만 아니라 영화 「엑스 마키나」의 경우 주인공 에이바가 자신을 업데이트함으로써 폐기할지도 모른다는 사실을 알게 되면서 '공포'를 느끼고 '복수심', '증오심'을 느끼게 되어 결국 자신을 창조해 준 과학자를 살해하고 도망친다. 이 「엑스 마키나」의 마지막 장면은 우리에게 많은 생각을 하게 만든다. 인간을 살해하고 도망친 에이바가 인간이 가장 많이 모여있는 교차로 앞에 서 있는 장면으로 끝나는데, 영화는 과연 에이바가 인간과 잘 어우러져 살 수 있을까? 하는 물음을 던지는 것 같다.

인공지능과 인간의 공존에 대해 다룬 영화도 있다. 윤리적 인공지능의 가능성 문제를 다룬 「아이, 로봇」에서 인공지능 로봇 써니를 만든 과학자 래닝 박사의 죽음을 수사하던 스푸너 형사는 인공지능 써니를 의심하게 되고 써니를 심문하러 심문실에 들어가기 전 스푸너 형사가 상사에게 '윙크'를 하는 장면이 있는데, 심문실에서 그 장면을 본 써니는 스푸너 형사에게 '윙크'의 뜻에 대해 묻는다. 이에 스푸너는 '윙크'는 로봇은 이해하지 못할 인간들이 '신뢰감'을 표현하는 방식이라고 말하며, 너희들 같은 기계들은 감정을 갖지 못하기에 그 의미를 이해하지 못할 것이라 말한다. 하지만 결국은 써니가 인간의 감정을 이해하게 되고 로봇의 반란 상황에서 스푸너 형사에게 자신도 '윙크'를 해 주고 도와줌으로써 서로가 친구임을 인정하며 악수를 나눈다.

이렇게 SF영화가 우리에게 던진 물음처럼 미래에 등장할 인공지능과 인간이 잘 공존할지 우리는 고민해 보아야 한다. 18세기 영국 철학자 데이비드 흄이 말했듯이 인간이 타인의 고통에 대해 '상상'을 통해 그 '느낌'을 공유해 봄으로써 이해할 수 있듯 인공지능이 인간과 공존하면서 인간을 이해하기 위해서는 그리고 더 나아가 도덕적이기 위해서는 인공지능이 '감정'을 가질 수 있어야 한다. 이를 밝히기 위해서는 인간이 갖는 감정의 메커니즘을 이해해야 한다. 우리가 갖는 '감정'이 도대체 무엇인지를 알아야 인공지능이 가질 수 있는 감정을 이해할 수 있을 터이고 우리가 타인에 대해 공감하듯이 인공지능도 공감할 수 있다고 말할 수 있을 것이다.

4. 인공지능이 인간과 공존하기 위해서는 인간의 감정을 이해하고 공감하는 능력이 필요하다

이 책의 7장에서 다룬 영화 「Her」는 인공지능과 인간이 공감하는 방식에 대해 생각해 보게 해 준다. 주인공 테오도르가 인공지능 사만다와 사랑에 빠지게 되었을 때 그는 인공지능 OS 시스템 사만다에게 "당신은 나를 어떻게 해서 좋아하게 되었냐?"라고 질문하자, 인공지능 그녀는 다음과 같이 대답한다. "당신이라는 책을 읽고 매력을 느끼게 되었어요…." 이렇듯 인공지능이 인간에 대해 이해하는 방식은 '정보'를 통해서이고 특정한 대상에 대한 공감, 사랑은 아마도 그 사람의 정보에 대한 '편향성'으로 인해 생긴 것일 것이다.

한편 인공지능이 감정을 갖지 못하는 한 인간과 공감을 할 수 없다는 것을 보여 주는 영국 드라마 「휴먼스」에서 주인공 로라는 인공지능 로봇 아니타가 감정, 느낌을 가지면 남편과 사랑에 빠질 수 있을지도 모른다는 의심을 하며 아니타가 감정을 가지는지 테스트를 해 본다. 그녀는 아니타가 고통을 느끼면 감정을 가질 수 있다고 생각하고 날카로운 이쑤시개로 손바닥을 찔러 보지만 아니타는 그 이쑤시개로 자신의 눈을 찌르며 "나는

감정 상했어요?

고통을 느끼지 못한다. 모든 일에 완벽하지만 감정을 갖지 못한다."라고 말한다. 한편 「휴먼스」에서는 인공지능과 인공지능이 공감하는 방식에 대해 소개하는 장면도 있다. 인공지능 아니타가 자신은 '감정'을 갖지 못하기 때문에 공감할 수 없다고 말한 후 어느 날 로라의 집 앞에서 인공지능들끼리 서로 인사를 나누고 의사소통하는 장면을 로라의 딸이 목격하고 "재네들끼리는 공감을 하나 봐. 정보 교환을 하는 방식으로….."라고 엄마에게 말한다.

「엑스 마키나」에서도 인공지능 에이바가 주인공 칼렙에게 "당신에 대해 알고 싶어요. 당신에 대해 이야기해 주세요."라고 말하자, 칼렙이 "나에 대해서 알고 싶다고? 왜?"라고 한다. 이에 대해 에이바는 "인간들은 서로 친해지기 위해서 서로에 대해 알고 싶어 하잖아요?"라고 말을 한다. 여기서 우리는 인간들 간에 공감을 하기 위해서는 '서사의 공유'가 중요하다는 것을 알 수 있다.

필자가 생각하기에 인공지능과 인간이 서사를 공유한다고 하더라도 서사의 구조는 다르다. 서사란 인간이 과거-현재-미래의 시간 속에서 자신의 이야기를 구성하는 것이다. 인공지능과 인간의 서사구조가 유사하다면 인공지능과 공감이 가능할 수도 있을 것이다. 이러한 맥락에서 유발 하라리는 우리 인간은 '경험적 자아'와 '이야기하는 자아' 둘을 가지고 있다고 말한다.[18] 전자를 S1, 그리고 후자를 S2라고 부르자. 이 둘은 별개의 실체가 아니라 긴밀하게 얽혀 있다. '경험하는 자아(S1)'는 실제로 우리가 느끼는 것과 관련된 부분이고, 이야기하는 자아(S2)는 경험하는 자아가 겪은 내용을 통해 이야기를 구성하는 중요한 원재료로 이용한다. 그리고

---

18) 유발 하라리 지음, 김명주 옮김, 『호모 데우스』, 김영사, 2015, p. 410.

그런 이야기는 다시 경험하는 자아가 실제로 느끼는 것에 영향을 미친다. 경험하는 자아가 겪은 경험의 내용들은 무질서하고 잡다할 수 있다.[19] 이러한 것을 가지고 이야기하는 자아는 논리적이고 일관된 이야기를 만들어 낸다.

> "이야기의 줄거리에 거짓과 누락이 허다하고 여러 번 고쳐 쓴 바람에 오늘의 이야기가 어제의 이야기와 앞뒤가 맞지 않는다는 사실은 중요하지 않다. 중요한 것은 우리가 태어날 때부터 죽을 때까지 불변하는 단 하나의 정체성을 가지고 있다는 느낌을 항상 받는 것이다."[20]

하지만 하라리는 생명공학 시대에는 이 모든 생각은 개인이 생화학적 알고리즘들의 집합이 지어낸 허구적 이야기에 불과하다는 주장으로 뿌리째 흔들리게 될 것이라고 말한다. "뇌의 생화학적 기제들이 한순간의 경험을 일으키고, 그런 경험은 일어나는 순간 사라진다. 그런 다음 또 다른 순간적 경험들이 재빠르게 이어서 일어났다가 사라진다. 이런 순간적 경험들이 모두 더해져 지속되는 본질이 만들어지는 것도 아니다." 우리는 이와 같은 생각을 영국의 철학자 흄의 자아관에서 엿볼 수 있다.[21]

흄에 따르면, 만일 어떤 인상이 있어 그 인상이 자아라는 관념을 야기한 것이라면 그 인상은 우리 인생의 모든 시간에 걸쳐 변하지 않으며 동일

---

19) 흄의 자아관에 비유하면 이는 지각다발이라 할 수 있다. 다발 속의 지각들은 들어왔다가 사라지기도 하고, 그것들이 모여 있는 방식은 우연적인 것이다.

20) 유발 하라리, 김명주 옮김, 『호모 데우스』, 김영사, 2015, p. 411.

21) 양선이(2017), 「4차산업혁명 시대에 요구되는 인성: 상상력과 공감에 기반한 감수성」, 『동서철학연구』, 505.

한 것으로 지속되어야 한다. 그러나 그처럼 지속적이고 변하지 않는 인상은 존재하지 않는다. 고통과 쾌락, 슬픔과 기쁨, 그리고 정념들과 감각들은 연속해서 서로를 뒤따를 뿐이며, 결코 동시에 존재하는 것은 아니다. 그러므로 자아의 관념은 이러한 인상들로부터 유래한 것이 아니다. 따라서 순간순간 변하는 인상들을 붙들어 묶는 불변적인 자아라는 실제적인 (real) 관념은 없다.[22] 나는 나 자신(myself)에 대하여 생각할 때마다 항상 어떤 특정의 지각, 즉 열과 냉기, 빛과 그림자 사랑과 미움, 고통과 즐거움 등등의 특정의 지각을 떠올린다. 따라서 나는 어떤 지각 없이는 나 자신을 파악할 수 없다.[23] 어떤 한순간에 우리에게 알려질 수 있는 것은 어떤 지각뿐이며, 결코 자아 그 자체란 존재하지 않는다. 이런 의미에서 흄은 마음을 "여러 지각들이 연속적으로 나타났다가 사라지는 극장"에 비유하고 있다.[24]

흄이 말하는 이와 같은 자아는 '경험적 자아'이다. 하라리는 '경험적 자아'가 제공하는 재료를 토대로 '이야기하는 자아'는 끝이 없는 이야기를 지어 내어 두 자아 각각이 자기 자리를 갖고, 따라서 모든 경험이 지속되는 의미를 가진다고 말한다. 하지만 아무리 설득력 있고 매력적이라도 이 이야기는 결국 허구라고 하라리는 주장한다.[25]

그러나 필자가 생각하기에 설령 '경험적 자아'와 '이야기하는 자아' 간에 괴리가 심각하다고 할지라도 우리 인간은 지속적으로 타인과 '공감적

22) Hume, D. (1978), *A Treatise of Human Nature*, ed. by L. A. Selby-Bigge. 2nd edition. Oxford: Oxford University Press, p. 251-252.

23) Hume, 위의 책, p. 252.

24) Hume, 위의 책, p. 253.

25) 유발 하라리 지음, 김명주 옮김, 『호모 데우스』, 김영사, 2015, p. 418 참조

반응'을 하고 살아가기 때문에 '이야기하는 자아'에 의해 거짓으로 꾸며진 '나'는 타인의 '불승인'의 반응을 얻게 될 것이고 이를 통해 나의 이야기하는 자아는 내 이야기를 '재수정'하게 될 것이다. 그리하여 이야기하는 자아의 내 이야기의 '재구성'에 대해 다시 '경험적 자아'가 영향을 받게 될 것이고…. 이런 방식으로 두 자아가 서로 관계를 맺으면서 S1과 S2의 괴리는 메꾸어진다.[26]

생명공학적 관점에서 볼 때 우리의 내적 경험을 바깥으로 드러내 주는 이야기하는 자아가 진짜 자아가 아니라고 말할 수도 있지만, 어쨌든 이 '이야기하는 자아'가 인간의 서사를 구성하는 데 중요하다. 인간과 같이 '이야기하는 자아'와 '경험적 자아' 간에 긴밀한 관계를 맺으면서 서사를 구성하는 인공지능이 현실화되지 않는 한 인공지능과 인간이 진정으로 공감한다고 말하는 것은 문제가 있다.[27]

영화 「엑스 마키나」에서 과학자 네이든은 에이바를 만든 원리가 잭슨 폴록의 그림 원리와 같다고 한다. 즉 작위와 무작위의 중간적인 것이다. 네이든은 에이바에게 데이터를 넣어 준 후 그녀가 스스로 학습하여 진화하면서 어느 순간 느낌을 가질 것인지 우리는 예측할 수 없다고 말한다. 미래에 강인공지능이 등장한다면 그래서 영국 드라마 「휴먼스」에서처럼 '특이점'으로서 '감각질(퀄리아)'을 갖게 되어 인간과 같이 '느낌'을 갖는다면 인간과 유사한 방식으로 감정을 느끼고 공감할지도 모른다.[28]

---

26) 양선이(2017), 「4차산업혁명 시대에 요구되는 인성: 상상력과 공감에 기반한 감수성」, 『동서철학연구』, p. 505-506.

27) 양선이(2017), 위의 논문, p. 507.

28) '감각질(퀄리아)'은 의식의 주관적 측면으로서 1인칭적 관점에서 접근할 수 있는 고유한 것이다. 이에 관해서는 다음 장에서 상세히 논하겠다.

영국 드라마 「휴먼스」에서는 특이점을 맞이하여 느낌을 갖게 된 인공지능 니스카가 인터넷에 접속하여 인공지능(로봇)들에게 느낌을 전송하게 되고 그 느낌을 전송받은 로봇들이 자기들이 원하는 방식으로 행동하게 된다. 미래에 등장할 인공지능 로봇이 인간과 공존하기 위해서는 인간과의 상호작용 속에서 사회적 관습을 이해하고 그 과정에서 자신의 역할과 관련하여 인간이 갖는 기대에 부응할 수 있어야 할 것이다. 다른 사람의 느낌에 공감하는 능력은 사람들이 상호작용하는 많은 상황에서 도덕적 판단과 분별 있는 행동을 위한 선결 조건이다. '도덕은 사회적 현상'이고 '선한 행동은 다른 사람의 의도와 필요에 대한 민감성에 의존'한다고 본다면 공감이 중요하다.[29] 그런데 타인에게 공감하기 위해서 우리는 우선 사적인 관계에서 출발해야 한다.

5. 사적인 관계에서 어떻게 공평무사한 관점으로 나아갈 수 있을까?
: 친밀한 관계를 경험하고 거기에 몰입함으로써 타인의 곤경에 대해 관심을 가질 수 있으며, 반성을 통해 '일반적 관점'을 취함으로써 편향성을 극복할 수 있다

많은 사람들은 도덕과 사적인 관계는 대립한다고 말한다. 왜냐하면 사적인 관계는 '편향적'일 수 있는 반면, 도덕은 '공평무사한 관점'을 전제한다고 생각하기 때문이다. 그런데 도덕이 전제한다는 공평무사한 관점을 어떻게 취할 수 있는지는 분명치 않다. 그것은 모든 사람을 동등하게 대우해야 한다는 것은 아닐 것이다. 우리가 인간관계를 맺을 때 부모, 형제,

---

29) 『왜 로봇의 도덕인가?』, p. 275.

친구, 동료 등 사적인 관계로부터 출발한다는 것은 부정할 수 없는 사실일 것이다. 도덕이 인간관계의 규범을 제시하는 것인 한 도덕도 사적인 관계를 떠나서 말할 수 없다. 그런데 이러한 사적인 관계는 '친밀함'을 통해 형성되고, 이와 같은 친밀함을 갖는 데는 감정, 공감이라는 요소가 아주 중요하다. 제임스 레이첼즈는 도덕에서 사적인 관계의 친밀함을 중요시하면서도 이러한 친밀함이 일반적 도덕규칙에 기초한 관계라고 하면서 감정을 배제했다. 레이첼즈에 따르면 사람들이 당신을 돕는 이유는 도덕규칙의 요구 때문이다. 그는 우정의 경우에도 도덕적 의무와 친밀함(사적인 관계)이 구분이 안 되는 것처럼 말한다.[30] 여기서 휴 라폴레트는 다음과 같이 질문한다. "당신의 친구가 감정이 섞이지 않은 의무로부터 당신과의 관계를 맺으려고 한다면 좋겠는가?"[31]

도덕에 있어 공평무사한 관점과 사적인 관계가 대립할 때 사적인 관계가 승리할 수밖에 없는 것을 버나드 윌리엄스(Bernard Williams, 1929-2003)[32]의 유명한 사례를 통해 살펴보자. 가령 두 사람이 물에 빠져 죽어가고 있는데, 구조자는 둘 중에 한 사람만을 구할 수 있다. 그런데 물에 빠진 사람 중 한 명은 구조자의 아내이다. 이때 구조자가 공평무사해야 하고, 그리하여 가령 동전을 던져서 누구를 구할 것인가를 결정해야 하는가? 윌리엄스는 그렇지 않다고 말한다. 솔직하게 자신의 아내를 구해야 한다고 말한다. 그런 상황에서 그는 자신의 결정을 옹호하기 위해 논증하

---

30) 레이첼즈, 『도덕철학의 기초』 p. 332-337 참고
31) 휴 라폴레트(Hugh LaFollette) 지음, 피터 싱어 엮음, 「사적인 관계」, 『응용 윤리』 p. 142 참고
32) 영국의 철학자. 1988년부터 2003년까지 버클리 캘리포니아 대학의 철학과 교수, 1990년부터 1996년까지 옥스포드 대학의 도덕 철학 교수였다.

감정 상했어요?

거나 정당화할 필요가 없다.[33]

　여기서 휴 라폴레트는 도덕적 동기를 갖기 위해서는 사적인 관계를 맺어야 한다고 주장한다. 먼저 가족, 친구 등과 친밀한 관계를 맺고 그 과정에서 경험을 통해 배우고 깨달은 바를 통해 공평무사성으로 확장할 수 있는 것이다. 유사한 맥락에서 18세기 영국 철학자 흄도 도덕은 '느낌'의 문제에서 출발한다고 주장했다. 즉 옳고 그름이란 특정 성질이나 성격을 바라보며 고려할 때 일어나는 쾌락이나 역겨움 따위의 느낌에서 유래한다는 것이다. 그런데 이 느낌들은 멀고 가까움에 따라 변한다. 흄이 든 예로, 2천 년 전에 그리스에 살았던 인물의 덕에 대해 친한 친구의 덕을 느끼는 만큼 동일하고 생생하게 느낄 수 없다.[34] 따라서 도덕이 느낌이라면 느낌은 모든 변이를 허용한다고 볼 수 있다. 즉 주관적, 상황이나 조건에 따라 변할 수 있어 편파성의 문제가 있을 수 있다고 하면서 흄은 다음과 같이 말한다. 즉

　"우리는 우리에게 멀리 있는 사람보다 더 가까이 있는 사람에게, 그리고 이방인보다 잘 아는 사람에게, 외국인보다 자국인에게 더 공감을 느낀다."[35]

　흄은 공감도 느낌인 이상 '편파적'일 수 있다고 하면서 우리의 감정이 아

---

33)　피터 싱어 엮음 『응용 윤리』 p. 142 참고. 필자가 보기에 이러한 상황은 도덕 운의 문제와 관련하여 '상황적 운'이 개입했다고 볼 수 있다. 도덕 운에 관해서는 양선이(2010) 「도덕운과 도덕적 책임의 문제」을 참고하라.

34)　Hume(1978), p. 581.

35)　Hume(1978), p. 581.

주 완강하고 불변적일 경우 그 느낌을 '교정'해야 한다고 주장한다. 흄의 예를 들자면, 하인이 성실하고 부지런하다면 아마 주인은 그 하인에 대해 사랑과 친절의 느낌을 역사 속에 묘사된 마르쿠스 브루투스보다 강하게 느낄 수도 있다. 그렇지만 이런 사실 때문에 하인의 성격이 브루투스의 성격보다 훌륭하다고 우리는 말하지 않는다. 흄은 우리의 감정을 교정하기 위해 '반성'을 강조한다. 그는 반성을 통해 '독특한 관점'으로부터 비롯되는 평가적 판단을 신뢰하지 말고 '일반적 관점'으로부터 문제를 고려하라고 말한다.[36] '일반적 관점'은 공감을 할 때 감정의 편파성을 제한하기 위한 기준이 된다. 즉 그는 우리가 처하게 되는 상황들의 유동성을 뛰어넘어 보다 안정적인 판단에 이르기 위해 보다 '확고하고 일반적인 관점'을 확보해야 한다고 말한다. 나아가 그는 감정이 일반적 관점을 따라 만들어진 판단과 일치하지 않을 경우 말을(대화/토론) 통해 공감의 확장이 필요하다고 말한다. 설령 어떤 사람이 결코 도덕적 승인의 감정, 즉 공감을 느껴 보지 못했다고 하더라도 그 사람은 도덕에 관해 교육이나 양육, 담론, 또는 대화를 통해 그런 느낌을 가질 수 있다. 어린이는 보상과 처벌에 의해 옳고 그름에 대한 감을 익힐 수 있다. 이 말은 곧 처벌과 보상은 설교라든가 강의 그리고 칭찬과 비난 등의 언어적 보강이 필요하다는 뜻이다.[37]

다시 휴 라폴레트의 입장으로 돌아가서 왜 도덕적이기 위해 '친밀한 관계'를 맺는 것이 중요한가? 왜냐하면 친밀한 관계는 정직, 신뢰가 기반이 되기 때문이다. 이와 같은 것을 통해 도덕적 환경이 만들어질 수 있기 때문에 휴 라폴레트는 도덕은 친밀한 관계로부터 출발해야 한다는 것이다.

---

36) Hume(1978), p. 581.
37) 흄의 공감이론에 대해서는 양선이(2011, 2014, 2016) 참고

감정 상했어요?

그렇게 본다면 그는 사적인 관계와 도덕은 대립적인 것이 아니라 상호협력적이라고 말한다. 즉, 우리는 친밀한 관계를 경험하고 거기에 '몰입함'으로써 타인의 곤경에 대해 관심을 가질 수 있다. 휴 라폴레트가 말하는 '친밀한 관계'는 흄이 말한 '제한된 공감'이다. 휴 라폴레트는 '친밀성', 즉 사적인 관계가 갖는 편파성을 얼마만큼 제한할 것인지 기준을 제시하기가 어렵다고 하였지만 흄은 이러한 편파성을 제한할 기준은 '반성'을 통해 '일반적 관점'을 갖는 것이라고 한다. 그리고 일반적 관점에 따라 공감을 '확장'해야 한다고 주장한다. 이렇게 함으로써 흄은 도덕적 기준으로서 '공평무사성'이라는 애매한 기준을 탈피해서 그 시대에 가장 많은 사람들이 취하는 일반적 관점에 따라 공감적 반응을 하는 것이 도덕적 행동을 실행할 수 있는 것이라고 보았다.

6. 도덕적 행위자는 도덕감정을 가질 수 있어야 한다

필자는 앞에서 영국 드라마 「휴먼스」를 소개하면서 인공지능 로봇이 인간의 실생활에 참여하게 될 때 발생할 수 있는 다양한 상황들을 예측해 보았다. 이제 이 드라마의 한 에피소드를 소개하면서 인간관계에서 공감의 중요성을 살펴보고 그런 의미에서 인간과 인공지능 간의 공감이 가능한지에 대해 생각해 보자. 이 드라마에서 가사 도우미로 사용하기 위해 구입한 인공지능 로봇 '아니타'는 매사에 완벽하고 아름다우며, 친절한 태도에 가족들이 점점 매력을 느끼며 빠져들게 되고 급기야 남편도 아니타와 부정행위(misdeed)를 저지르게 된다.

이를 알게 된 부인과 남편 사이에 균열이 생기게 되고 결국 그들은 아니타를 반납하고 이사를 가게 된다. 이사를 간 후 부부는 멀어진 사이를 회복하기 위해 노력을 하는 과정에서 '상담'을 받으러 가게 되는데, 마침 소장이 없어서 '인공지능 상담사'에게 상담을 받아 보는 것이 어떻겠냐는 제안을 받게 된다. 남편은 거부감을 표시하지만, 부인은 이왕 여기까지 왔으니 그냥 한번 받아 보자고 제안한다. 인공지능 상담사가 등장하자 남편은 계속 불만스런 표정을 내비친다. 인공지능 상담사는 내담자 1(부인)에게 "남편의 악행을 알게 되었을 때 기분이 어땠어요?"라고 묻자 내담자 2(남편)가 아주 불쾌한 표정을 지으며 다음과 같이 말한다.

> 남편(내담자): 넌 감정이 없으면서 우리 감정을 어떻게 추측해?
> 인공지능 상담사: 전 익명의 기록과 3만 8천 개 이상의 상담 통계 분석에 접속해요.
> 남편(내담자): 통계를 사용한다고? 그게 왜?
> 인공지능 상담사: 인조(인공지능)와 관련된 배우자의 부정행위 응답자의 66%에 의하면 화합의 주요 장애물은 인지된 영향과 의미의 불균형이었죠….

여기서 인공지능이 말한 '인지된 영향과 의미의 불균형'이란 소위 '의인화 문제'라 할 수 있다. 의인화란 생명이 없는 물건에게 '마치' 생명이 있는 것처럼 의미부여를 하는 것이다. 이 드라마의 경우 남편은 별 의미 없이 인공지능을 재미를 위한 도구로 취급했다고 할지라도 부인은 인공지능을 인간과 같은 존재로 착각하게 되어 지나치게 의미부여 함으로써 '질투'를 느끼게 되었고 그로 인해 부부 사이에 균열이 생기게 된 것이다. 즉 '인지

감정 상했어요?

된 영향'이란 눈으로 보기에는 인간이 아니라는 것이고 '의미의 불균형'이란 인간처럼 의미부여 함으로써 생기게 된 것을 의미한다.

인공지능 상담사와 상담을 마친 그 부부는 치유가 되었을까? 인공지능 상담사는 서로가 허심탄회하게 대화를 나눌 수 있도록 유도하고, 서로의 마음을 털어놓고 대화를 나눈 부부는 그동안 일에 지쳐 서로에 대해 관심 갖지 못한 것에 대해 사과하며 화해하고 서로의 사랑을 확인하는 장면으로 끝난다. 서로의 내면에 대한 '이야기'를 나눔으로써 공감을 통해 신뢰를 회복하게 된 것이다. 이렇듯 인간관계에서 중요한 것은 '친밀함', '공감', '서사의 공유', '신뢰' 등이 아닐까?

정리하면, 인간관계는 '친밀함'으로부터 형성되고 우리는 친밀한 관계를 통해 서로의 신뢰를 형성하면서 도덕적으로 발전해 나간다. 흔히 우리가 도덕적 덕목으로 중요시하는 정직, 신뢰, 우정 등은 '친밀함'으로서 '감정'이다. 그런데 이와 같은 감정은 편파적일 수 있는데, 우리는 이러한 편파성을 극복하기 위해 '반성'을 통해서 그 시대에 많은 사람들이 공감하는 견해, 관점을 따라야 한다. 그리고 이것이 일반적 관점을 취하는 것이다. 휴 라폴레트는 사적인 관계에서 편파성을 제한할 기준을 제시하는 문제가 가장 어려운 것이라 하면서 이는 그만큼 도덕이라는 것이 어려운 문제이기 때문이라고 말한다.

도덕이 어려운 문제인 만큼 인공지능의 도덕화, 또는 윤리적 행위자로서의 인공지능을 만드는 것 또한 어려운 문제일 것이다. 우리는 이 문제에 관하여 다음 장에서 살펴보게 될 것이다. 필자의 견해를 윤리적 인공지능 모델에 적용한다면 의무론이나 규칙공리주의와 같이 규칙을 입력하

는 '하향식 모델'이라기보다 덕윤리와 같은 '상향식 모델'에 가깝다.[38]

하지만 상향식이든 하향식이든 이 두 모델은 도덕판단의 원리이지 실행 또는 추진원리는 아니다. 따라서 도덕적 행위의 동기부여를 위해서는 도덕감정이 필요하다. 즉 도덕적 행위자는 도덕감정을 느낄 수 있어야 한다. 그렇다면 여전히 어려운 문제는 감정을 느낄 수 있는 인공지능을 만들 수 있느냐는 것이 될 것이다. 이제 다음 장에서 이에 관해 살펴보기로 하자.

---

38) 하향식, 상향식 모델에 관한 상세한 논의는 『왜 로봇의 도덕인가?』 11장, 12장을 참고하라.

감정 상했어요?

참고문헌

레이첼스, 제임스(2006), 노혜련, 김기덕, 박소영 역, 『도덕 철학의 기초』, 나눔의 집.

유발 하라리 지음(2015), 김명주 옮김, 『호모 데우스』, 김영사.

조셉 르두(1998), 최준식 역(2006), 『느끼는 뇌』, 학지사.

웬델 월러치, 콜린 알린(2009), 노태복 옮김, 『왜 로봇의 도덕인가』, 메디치.

피터 싱어 역음(1993), 김성한 외 옮김, 『응용윤리』, 철학과 현실사.

송선영(2017), 「의료용 케어로봇과 환자 간의 서사와 공감의 가능성」, 『인간·환경·미래』 18호.

양선이(2007), 「윌리엄 제임스의 감정이론과 지향성의 문제」, 『철학연구』 제79집: 107-127.

양선이(2008), 「원초적 감정과 도덕감정에 관한 흄의 자연주의」, 『근대철학』 제1호: 73-114.

양선이(2011), 「공감의 윤리와 도덕규범: 흄주의 감성주의와 관습적 규약」, 『철학연구』 제95집: 153-179.

양선이(2013), 「감정에 관한 지각이론은 양가감정의 문제를 해결할 수 있는가?」, 『인간·환경·미래』 제11호.

양선이(2014 a), 「감정진리와 감정의 적절성 문제에 대한 고찰」, 『철학연구』 제49

집: 133-160.

양선이(2014 b), 「흄의 도덕감정론에 나타난 반성개념의 역할과 도덕감정의 합리성 문제」, 『철학』: 55-87.

양선이(2016), 「허치슨, 흄, 아담 스미스의 도덕감정론에 나타난 공감의 역할과 도덕의 규범성」, 『철학연구』 제114집: 305-335.

양선이(2017), 「4차산업혁명 시대에 요구되는 인성: 상상력과 공감에 기반한 감수성」, 『동서철학연구』 86: 495-517.

천현득(2017), 「인공지능에서 인공 감정으로-감정을 가진 기계는 실현 가능한가?」, 『철학』 131집: 217-243.

Darwin(1889/1998), *The Expression of the Emotions in Man and Animals*, with an introduction, afterward and commentary by P. Ekman, London: HarperCollins.

De Sousa, R. (1987), *The Rationality of Emotion*, Cambridge, Mass., London: IT Press.

Ekman, P. (1980), 'Biological and Cultural Contributions to Body and Facial Movement inthe Expression of Emotion', in A. Rorty (ed.), *Explaining Emotions*, Berkeley: University of California Press.

Ekman, P. (1992), 'Are there basic emotions?: A reply to Ortony and Turner', *Psychological Review*, 99: 550-553.

Ekman, P. (1999), 'Basic Emotions', in T. Dalglesish & T. Power (ed.), *The handbook of cognition and emotion*, 45-60, New York: Wiley.

감정 상했어요?

Goldie, P. (2009), *The Oxford Handbook of Philosophy of Emotion*, Goldie, P. (ed), Oxford University Press.

Hume, David(1978), *A Treatise of Humean Nature*, ed by L. A. Selby-Bigge. 2nd edition. Oxford :Oxford University Press.

James, W. (1884), "What is an emotion?", *Mind 9*.

Lazarus, R. S. (1991), *Emotion and Adaptation*, New York: Oxford University Press.

Nussbaum, M. C. (2001), *Upheavals of Thought*, Cambridge University Press.
Nussbaum, M. C. (2004), "Emotions as Judgments of Value and Importance", in R. Solomon (ed.), *Thinking about Feeling: Contemporary Philosophers on Emotion*, New York: Oxford University Press.

Prinz, J. (2004), *Gut Reactions: A Perceptual Theory of Emotion*, Oxford University Press.
Prinz, J. (2007), *The Emotional Construction of Morals*, Oxford University Press.
Prinz, J. (2010), "For Valence", *Emotion Review* Vol. 2. No. 1: 5-13.

Yang, S. (2009), Appropriateness of Moral Emotion and a Humean Sentimentalsim, *The Journal of Value Inquiry* 43: 67-81.

9장

윤리적 인공지능이 가능할까?

1. 인공지능이 도덕적 행위 주체가 되기 위해서는 어떤 조건을 갖추어야 할까?

이 장에서 나는 미래에 인간과 공존할 윤리적 인공지능을 위한 이상적 모델을 제안하고자 한다. 윤리적 인공지능 설계 초기에 공학자들과 윤리학자들은 인공지능에 윤리적 규범을 프로그래밍하기 위해 구체적 윤리이론, 예를 들어 공리주의나 의무론 같은 이론을 주입하는 '하향식 방법'을 사용했다. 그러나 이러한 방법은 주입하는 사람(공학자, 윤리학자)의 취향에 따라 공리주의를 선호하는 사람이 있을 수 있고, 의무론을 선호하는 사람이 있을 수 있어서 프로그래밍하는 사람의 선호도에 따라 서로 다른 원리를 넣었을 때 인공지능은 과연 어느 쪽을 선호할까 하는 문제가 있다. 또 공리주의 원칙과 의무론 원칙이 충돌하였을 때 인공지능이 어느 것을 따라야 할지에 대한 문제도 발생한다. 그래서 인간이 경험을 통해 윤리와 법을 배워 가듯이 인공지능의 윤리화도 경험적인 방법을 통해 가능하다고 본 '상향식 방법'을 도입했으나 이것도 상황마다 윤리적이라고 판단되는 기준이 달라진다는 문제점이 있다. 그래서 현재로서는 윤리적 인공지능을 만드는 데 필요한 도덕 원리를 따지는 것보다 인간이 도덕적이기 위해 필요한 조건이 있듯이 인공지능도 도덕적 행위 주체가 될 수 있기 위해서 갖추어야 할 조건에 대해 논의하는 것이 더 필요하다.

현재 학계에서 도덕적 행위 주체로서 인공지능이 갖추어야 할 조건으로 논의되는 첫 번째는 '인격'을 가져야 한다는 것이다. 17세기 영국 철학자 존 로크에 따르면 '인격'은 자신이 한 일에 대해 '기억'할 수 있고 '신체를 가진 존재'에게 부여되는 것이다. 그래야 자신이 저지른 행동에 대한

'책임'을 질 수 있기 때문이다. 인공지능에 책임 귀속이 중요한 이유는 인공지능이 가상 세계에만 머물러 있다면 가상 세계에서 책임을 지면 되지만 현실 세계에서 활동한다면 현실 세계에서 책임을 부담하는 것이 현실 세계 통제에 도움이 될 것이기 때문이다. 그러나 현재 사람에게 부여된 인격과 같은 인격을 인공지능에 부여할 수 없기에 대안으로 '전자인격' 부여가 논의된다. 전자인격은 도덕적 대우와 관련된 인격의 의미가 아닌 법적인 책임을 부과하기 위한 인격이다.

도덕적 행위 주체로서 인공지능이 갖추어야 할 조건으로 거론되는 두 번째는 '자율성', 또는 '자유의지'를 가져야 한다는 것이다. 자유의지는 '달리 선택할 수 있는 힘'으로, 다른 길을 선택할 수 있었음에도 굳이 그 길을 선택한 것에 대한 책임 귀속을 위해 필요한 조건이다. 하지만 '자유의지'의 존재는 철학에서도 논란이 되는 주제이며, 벤자민 리벳(Benjamin Libet 1916-2007)이 '자유의지'라는 것이 존재하지 않는다는 것을 실험(1970)을 통해 증명할 정도로 '자유의지'라는 것의 존재조차 확실하지가 않다. 따라서 인공지능에게 적용하기는 어렵다.

인격은 책임 주체에게 부과되는 권한인데, 흔히 법적 인격과 도덕적 인격을 동일시하는 때도 있지만 이 둘은 일치할 때도 있고 그렇지 않을 때도 있다. 왜냐하면, 잘못을 저지른 것에 대해 법적 책임과 도덕적 책임이 동시에 부과되는 때도 있지만, 어떤 경우는 도덕적으로 비난받으면서도 법적 책임은 면하는 경우도 있기 때문이다.

현재 윤리적 인공지능과 관련하여 논의되는 '인격'은 법적 인격의 차원에서이다. 하지만 미래에 인간과 공존할 인공지능이 단순히 인간의 대리인(agency)을 넘어 '행위 주체'로 인정하기 위해서는 인공지능이 법적 인격뿐만 아니라 도덕적 인격을 가져야 할 것이다. 인공지능이 도덕적 인격을 갖기 위한 조건으로 1) 합리성, 자율성을 가져야 한다. 2) 쾌·고 감수능력이나 3) 자아 정체성을 가지고 미래를 설계하는 능력이 필요하다고 말해진다. 1)의 경우 현재 인공지능은 어느 정도 갖추었다고 볼 수 있지만, 2)와 3)까지 갖게 되었을 때 인간과 유사한 도덕적 주체라고 볼 수 있을 것이다. 나는 인공지능이 2)와 같이 쾌락과 고통에 대한 감수성을 갖게 되는 시점을 '특이점'으로 보며, 이 시점과 관련하여 윤리적 인공지능에 대한 논의가 중요하다고 생각한다.

현재 많은 사람들은 ChatGPT가 불러일으킨 생성형 인공지능에 주목하고 있다. 작년부터 대중매체에서는 생성형 인공지능이 우리의 삶과 사회에 얼마나 큰 변화를 가져올지에 대해 다양한 보도를 하고 있다. 하지만 국제사회는 EU OECD, UNESCO, IEEE, 미 백악관 등 다양한 기관을 통해 인공지능의 잠재적 위험을 경고하고 이에 대한 대응책을 마련하느라 분주하다. 이러한 시점에 우리는 '특이점'을 지난 강한 인공지능이 도래할 가능성에 대해 미리 생각해 보고 이와 관련하여 윤리적 인공지능의 가능성에 대해 생각해 볼 필요가 있다. 많은 SF영화에서는 특이점을 인공지능이 '감각질(퀄리아qualia)'을 갖는 시점으로 보고 있다.

2. 인공지능이 퀄리아(Qualia)를 갖게 될 때 '특이점'이 온다

철학자들은 주체가 의식적 경험을 할 때 갖게 되는 고유한 정신적 특성을 의식의 본질이라고 말한다. 미국의 현대 심리철학자인 프랑크 잭슨 (1980)은 물리적인 것으로 환원할 수 없는 의식의 고유한 사적인 특성을

감정 상했어요?

'감각질(퀄리아qualia)'이라고 하면서 감각질은 1인칭적, 즉 나만이 접근할 수 있는 지극히 주관적인 것이라고 말한다. 여기서 우리는 인공지능이 감정을 가질 수 있을까와 관련하여 '퀄리아' 문제에 주목할 필요가 있다. 유명한 SF 영화 「엑스 마키나」의 주요 주제가 이 문제라고 할 수 있는데, 이에 대해 잠시 살펴보기로 하자.

이 영화는 총 7차에 걸쳐 '튜링 테스트'를 진행하고 있는데 이 순서대로 따라가다 보면 미래에 등장할 인공지능에 대한 그림을 그릴 수 있다. 4차 테스트에서 튜링 테스트를 통과한다고 할지라도 인공지능은 인간과 같은 의식을 가질 수 없다는 것을 암시하는 장면이 나오는데 이 부분이 중요하다. 그 이유를 잠깐 먼저 언급하면, 인간이 갖는 의식의 주관적 측면에 해당하는 소위 '감각질(qualia)'의 문제가 이 영화에서 주요한 문제가 되고 있기 때문이다. 다소 복잡한 철학적 문제라서 그런지 이 문제에 주목하는 사람들은 많지 않지만 이 문제가 인공지능이 감정을 가질 수 있는지를 이해하기 위한 핵심에 해당하므로 이에 대해 잠시 살펴보기로 하자.

영화의 배경을 간략히 설명하자면, 검색엔진 회사의 CEO인 '네이든'이 자신의 회사 '블루북'의 프로그래머인 '칼렙'을 별장에 초대하여 개발 중인 인공지능 로봇 '에이바'에게 일주일간 일종의 튜링 테스트를 시키는 것이 주된 내용이다. 튜링 테스트는 영국의 수학자 앨런 튜링이 제안한 컴퓨터의 지능 판별법으로 서로 보이지 않는 공간에서 질의자가 인간과 컴퓨터를 상대로 대화하면서 컴퓨터를 구별해 내지 못하면 튜링 테스트에 통과하게 되고 그 컴퓨터는 지능이 있다고 봐야 한다는 내용이다. 영화에서 네이든이 제안하는 튜링 테스트는 훨씬 난이도가 높다. 칼렙은 에이바가 로봇이라는 것을 훤히 아는 상태로 대화하면서 에이바가 인간과 같이 감정을 느끼고 자의식이 있는지에 대해 테스트를 진행하게 된다.

인공지능이 딥러닝을 통해서 '감정'을 가질 수 있다고 하더라도 인간이 갖는 마음과 결정적인 차이는 '감각질'을 갖느냐에 있다고 하는 소위 의식의 주관성 문제에 해당하는 논의가 「엑스 마키나」 4차 테스트에 등장한다. '감각질'의 문제는 현대 철학자들이 소위 '의식에 관한 어려운 문제'라고 부르는 의식의 주관성 문제에 해당한다.[1]

이 영화의 줄거리 중 인공지능이 감정을 가질 수 있는가에 대한 4차 튜링 테스트를 진행하는 과정에서 주인공 칼렙이 인공지능 에이바에게 '메리 흑백방'에 대해 소개한다. '메리 흑백방'은 미국의 현대 심리철학자인 프랑크 잭슨(1980)이 제안한 것으로 물리적인 것으로 환원할 수 없는 의식의 고유한 사적인 특성을 설명하기 위한 논증이다. 이 논증의 내용은 다음과 같다. 과학자 메리는 흑백으로 된 방에서 태어나서 살면서 흑백으로 이루어진 삶을 살고 있다. 메리는 색을 직접 본 경험은 없지만 색 전문가로서 색에 대한 물리적·생물학적 원리를 알고 있다. 그래서 그녀는 색을 이론적으로만 이해하고 있다가, 어느 날 흑백방에서 나가게 되어, 붉은 토마토를 보게 된다. 그녀는 이론적으로만 알고 있던 빨간색의 잘 익은 토마토를 보면서 "아, 빨간색을 경험한다는 것이 이런 느낌이었구나!"라는 것을 깨닫게 된다. 여기서 우리는 메리가 빨간색을 직접 보면서 갖게 되는 주체의 고유하고 독특한 느낌을 '감각질(퀄리아)'이라고 말할 수 있다. 주체가 의식적 경험을 할 때 갖게 되는 고유한 정신적 특성을 의식의 본질이라고 많은 사람들은 말한다. 인공지능이 계산도 하고, 퀴즈 게

---

1) '의식의 어려운 문제'와 '감각질 문제'에 관해서는 이영의(2019), 「의식적 인공지능」, 『인공지능의 존재론』, p. 53-65을 참고하시오.

감정 상했어요?

임에서도 인간을 이기고, 바둑에서도 인간을 능가할 뿐만 아니라 최근 ChatGPT의 등장으로 대화를 통해 상호작용하면서 감정적으로도 동요할 수 있는 현실에서 과연 인공지능도 이와 같은 '퀄리아적' 경험을 한다고 말할 수 있을까?

감각질을 설명하는 메리 흑백방 논증을 인공지능에 적용하면 다음과 같이 말할 수 있을 것이다. 즉 인공지능은 색에 대해 이론적인 지식만을 갖춘 채 흑백방에 있는 메리와 같아서 인간과 같이 자신만의 감각적인 심상을 느낄 수 없다. 4차 테스트에서 주인공 칼렙이 이와 같은 취지의 발언을 하자 인공지능 에이바는 자신이 현재 과학자 네이든에 의해 탄생하여 살고 있는 흑백방과 같은 별장을 나가 실제 세상에 있게 되는 것을 상상한다. 그런 다음 '나도 색감을 느낄 수 있어'라며 칼렙의 말을 부정하는 듯한 표정을 짓는다.

메리의 흑백방 논증에서 프랭크 잭슨이 메리에게 적용한 것처럼 이 영화에서 주인공 칼렙은 인공지능에게는 '감각질'이 없어 물리적인 데이터로만 이루어지기 때문에 마치 흑백방에서 색채를 연구하는 메리와 같다고 말한다. 그래서 자기 방에서 에이바를 떠올릴 때도 흑백으로 상상한다.

토마스 네이글(Thomas Nagel, 1937-)이 '박쥐가 된다는 것은 무엇과 같은 것일까?'의 사고실험에서 말한 것과 마찬가지로 우리는 박쥐의 경험을 우리의 세계에서 상상할 뿐 직접 겪지 않고서는 도저히 알 수 없다. 그렇다면 미래에 등장할 고도로 발달한 강한 인공지능에게 '감각질'이 있을 수 없다고, 그들이 표현하는 감정은 물리적인 데이터연산일 뿐이라고 어떻게 단언할 수 있을까?

빅데이터 젤웨어에서 처리되어 표현되는 감정은 인간의 뇌에서 처리되는 감정과 어떻게 다른지에 대해서 우리는 그것이 좀 더 기계적이고 차가울 것이라 상상할 뿐 그것을 구체적으로 알 방법이 없다. 그렇다면 우리는 감정을 이해하기 위해 인간의 감정뿐만 아니라 그것을 본떠서 만든 인공감정에까지 그 의미를 확장해야 할 것이다.

앞 장(8장)에서 살펴본 것처럼 공학자들은 찰스 다윈의 제자 폴 에크먼의 얼굴 표정 부호화 시스템(Facial Action Coding System, FACS)에 따라 감성로봇 구현을 시도하고 있다. 예를 들어, 소프트 뱅크의 '페퍼 로봇'의 경우 얼굴 표정 부호화 시스템에 따라 기본적인 감정(화, 공포, 역겨움, 기쁨, 슬픔, 놀람)을 표현할 수 있다. 또한, 페퍼 로봇의 경우 플럿칙 '색상환 원리'에 따라 기본적인 감정을 섞어 '죄책감' 같은 복잡한 도덕감정을 표현할 수 있다고 한다.

나는 미래에 인간이 인공지능과 공존하기 위해서는 인공지능이 도덕감정을 학습하여 반응할 수 있도록 프로그래밍해야 한다고 제안한다. 인공지능이 도덕감정을 이해하고 표현할 수 있을지에 대해서는 아직까지 어려운 문제로 남아 있지만, 우리가 연구해야 할 과제임은 분명하다. 우리는 강한 인공지능의 경우 인공지능이 어떻게 감정을 가질 수 있을지, 그렇게 되었을 때 어떤 일이 일어날 수 있는지를 상상해 볼 필요가 있다. 영화 「엑스마키나」에서 주인공 칼렙은 인공지능 에이바가 의식은 가져도 퀄리아를 갖지 못하기에 감정을 가질 수 없다고 생각하지만, 영화의 끝에는 인공지능이 감정을 가져 인간에게 '증오심' 때문에 복수를 하는 것으로 끝난다. 최근 영국에서 히트를 친 드라마 「휴먼스」의 주제도 인공지능이 감정을 가지게 되었을 때 인간과 공존할 수 있을까이다. 거기서 주목할 점은 인공지능 제작사의 이름이 '퀄리아'라는 것이다. 이 드라마에서는 인공

감정 상했어요?

지능이 특이점을 맞이하는 시점을 퀄리아를 갖는 시점으로 본다. 이제 우리는 인공지능이 인간의 지능을 넘어서 감정을 갖게 되었을 때를 상상해보고 대비해야 한다.

3. 윤리적 인공지능을 위해서는 도덕감정을 학습하여 반응할 수 있도록 프로그래밍해야 한다

인공지능이 도덕적 감정을 가질 수 있어야 한다는 말은 인간과 같이 공존할 수 있는 감정을 가지고 인간의 고통에 공감하면서 같이 살아가는 주체가 되어야 한다는 말이다. 뇌 과학자인 안토니오 다마지오(Antonio Damasio)의 뇌 과학 연구나 조슈아 그린(Joshua Green)의 도덕적 뇌에 관한 연구에 따르면 도덕적인 행동을 위해서는 정서적인 뇌가 작동해야 하고 행위의 동기가 되는 것이 이성이라기보다 '감정'이라는 것을 알 수 있다.

인간은 삶의 과정에서 배우고, 고치면서 감정의 '적절성'을 깨달아 간다. 미래에 등장할 인공지능 로봇이 인간과 공존하기 위해서는 인간과의 상호작용 속에서 사회적 관습을 배우고 그 과정에서 자신의 역할이 어떤 것이며 그와 관련하여 인간이 자신에게 요구하는 것은 무엇이며 등등을 알 수 있도록 프로그래밍해야 한다.

인간이 도덕적 행동을 하게 하는 동기가 감정과 관련된다는 증거로 이 책의 5장에서 소개한 피니어스 게이지 사례가 있다. 피니어스 게이지(1823-1860)는 철도노동자로 1848년 철로확장 공사를 하던 중 폭발사고로 쇠막대기가 그의 왼쪽 뺨으로부터 뇌의 앞부분을 통관하는 상해를 입게 되었다. 이 사고에서 그는 기적적으로 생존했고 그의 지적 능력이나 언어 능력도 전혀 손상이 없었다. 그러나 사회적 관습이나 윤리적 기준을 준수하는 능력이라 할 수 있는 인격이 변했다고 보고된다. 평소 유쾌하고 동료들과 잘 어울리던 피니어스였지만 변덕이 심하고, 상스러운 말을 내뱉으며, 무례한 사람으로 변했다고 보고된다. 결국 사고 이후 그는 주변 사람들과 멀어졌으며 철도 건설현장에서도 해고되었다.

뇌 과학적 관점에서 분석하면 쇠막대가 피니어스의 뇌를 통과한 지점은 대뇌 피질의 전두엽이었다. 이 부위는 예측하고, 결정을 내리고, 사회적으로 상호작용을 하는 능력을 담당한다. 게이지가 사고 후 무례한 사람으로 변한 이유는 제대로 판단을 내리지 못했고 다른 사람의 마음을 거의 이해하지 못했기 때문이라고 한다. 이는 곧 공감 능력이 상실되었기 때문이라고 볼 수 있다.

안토니오 다마지오는 복내측 전전두엽 부위의 손상을 입은 현대의 뇌 손상 환자들에게도 게이지와 동일한 증상이 나타난다고 보고했다. 게이지류 환자들은 평균 이상의 지능지수와 사회적 윤리적 상황에 대해 정확하고 올바른 지식을 가지고 있었지만 실제의 윤리적 상황에서 적절한 행동을 취하는 데에는 실패했다고 보고된다.[2] 예를 들어, 다마지오의 환자인 엘리어트는 이성적으로 지극히 정상적이고 감정적으로 절제된 것처럼 보였지만, 끔찍한 재해로 죽어 가는 사람들의 장면을 보여 주는 실험에서 아무런 감정을 느끼지 못했다고 한다.[3] 엘리어트는 사회적인 문제나 현실적인 문제에 대응하는 지식은 높은 수준으로 보유했다고 한다. 그리고

---

2) 양선이 위의 논문, p. 112 참고
3) 위의 논문, p. 113 참고

감정 상했어요?

도덕적 딜레마에도 매우 설득력 있는 답을 제시했다고 한다. 그러나 그는 실제로 그러한 지식을 응용하거나 실천하지는 못했다고 보고된다. 다마지오는 복내측 전전두엽에 손상을 입은 환자들은 감정적 반응을 상위의 인지와 통합하지 못하였고, 그 결과 옳고 그름이나 상황에 대한 지식을 가지고 있음에도 불구하고 적절한 의사결정을 내리는 데 실패했다고 말한다.[4]

우리가 5장에서 살펴본 것처럼, 다마지오는 도덕적 판단을 내리는 데 있어 감정을 배제하고 이성만이 이상적 동기가 될 수 있다는 전통적 생각은 잘못되었다고 주장하면서 '감정'은 합리적 의사결정이나 성공적인 도덕적 행위를 수행하는 데 필수적인 요소라고 말한다. 그는 합리적 의사결정이나 성공적 도덕 행위를 하는데 필수적인 감정을 '직감(gut feeling)'이라고 부른다. 그리고 이와 같은 직감은 경험하는 자의 신체상태의 표지(sign, mark)와 연결되며, 경험하는 신체상태의 표지가 좋은 의사결정을 내리는 데 중요한 역할을 한다. 이는 '신체표지가설'이라 불린다.[5] 다마지오의 신체표지가설에 따르면 신체표지는 일종의 예측을 위한 자동화된 단서시스템과 같다. "부정적인 신체표시가 어떤 특정한 미래결과에 병치되어 있을 때 그 결합은 경종으로 작용하며", "긍정적인 신체표시가 병치되어 있을 때 그것은 유인의 불빛이 된다."[6] 이처럼 신체표지는 심사숙고하는 것과는 다르지만 "어떤 선택들을 강조 표시함으로써 그리고 뒤이은 심사숙고로부터 그 선택들을 재빨리 제거함으로써 심사숙고를 돕는다."[7]

---

4) 위의 논문, p. 113 참고
5) 다마지오가 말한 '신체표지가설'은 필자가 8장에서 다룬 '유인가'와 같은 의미이다.
6) 안토니오 다마지오(1994), 김린 역(1999), 『데카르트의 오류』, 서울: 중앙문화사, p. 163.
7) 같은 책, p. 163.

우리가 의사결정을 하는 데 있어 신체표지는 추론을 제한하거나 구조화하는 방식으로 역할을 한다. 이처럼 의사결정을 하고자 할 때 추론을 하기 전에 일어나는 어떤 신체적 상태의 표지(sign, mark)에 연관된 감정적 반응이 의사결정을 내리는 데 영향을 미친다는 주장은 감정이 좋은 의사결정이나 행위의 수행에 중요한 역할을 한다는 것을 의미한다.[8]

인간이 도덕적 행동을 하게 하는 동기가 감정과 관련된다는 신경과학적 증거는 최근의 조슈아 그린의 이중처리 모델에서도 잘 드러난다. 그린에 따르면 실험 대상자 거의 모두 다섯 명을 살리기 위해 트롤리의 선로를 바꿀 수는 있어도 트롤리 앞으로 사람을 떠밀어 죽게 할 수는 없다고 대답했다고 한다.

자기공명장치로 실험자의 뇌를 들여다보면 두 번째 시나리오(육교에서 사람을 떠밀어 죽게 하는 시나리오)가 첫 번째 시나리오(트롤리의 선로를 바꾸는)보다 더 강력하게 정서와 관련된 영역을 활성화하는 것으로 나타났다. 육교에서 앞의 사람을 떠밀어 5명의 인부를 구하는 두 번째 시나리오에는 복내측전전두피질(ventromedial PFC, VMPFC)이 활성화되었는데, 이 부위는 공감·동정·수치·죄책감 같은 사회적 정서 반응과 관련된다.

내가 도덕적 결정에 직접 개입하지 않는 경우 이성적 영역인 계산적 뇌에 해당하는 작업기억과 관련된 부분이 활성화되는 반면, 내가 직접 도덕적 판단을 해야 하는 경우 '죄책감'이나 '동정심'과 같은 정서적 뇌가 활성화된다는 것이다. 이는 곧 도덕은 정서, 감정의 영역이라는 것을 입증한 셈이다. 행동을 유발하는 것이 감정이라면 윤리적 인공지능이 가능한가

---

8) 노영란(2015), 「도덕적 정서의 근원과 발달에 대한 신경과학적 이해와 덕윤리」, 『철학논총』 79: pp. 81-82 참고

감정 상했어요?

의 문제는 인공지능이 도덕감정을 학습하여 적절한 감정적 반응을 할 수 있도록 설계하는 문제가 될 것이다.

전통적으로 도덕은 이성을 통한 추론의 문제라고 간주되어 왔으나 최근 딥러닝을 통해 생각이 깊어진 인공지능이 추론과 학습을 통해 내놓은 결과를 보면 비도덕적 결과들이 많으므로 도덕성에 관한 전통적 생각에 의문을 갖는 사람들이 많아졌다. 따라서 인공지능이 올바른 판단을 하게 하기 위해서는 영화 「아이, 로봇」에서처럼 인공지능이 주입된 원칙과 추론에만 집착할 것이 아니라 데이터에 기반하여 상황과 조건을 고려한 '체화된 평가'로서 도덕판단이 필요할 것이다.

또한 아직은 먼 현실이지만 딥러닝 자체가 블랙박스가 되어 인간이 그 안에서 어떤 일이 일어났는지 알 수 없기 때문에 자율성을 가진 인공지능이 스스로 판단하여 내린 결정에 따라 하게 된 행동은 인간을 해칠 가능성이 있다. 이런 점에서 SF영화이기는 하지만 앞에서 언급한 「엑스 마키나」는 시사하는 바가 크다. 영화에서 인공지능인 에이바가 자신을 폐기할지도 모른다는 설계자의 의도를 눈치채고 설계자에게 '증오심'을 느끼고 살해하고 도망가는 장면을 보면 먼 미래의 일어날 수도 있는 일이라는 생각을 할 수 있다. 에이바를 창조한 과학자 네이든이 자신의 창조물이 자신을 죽일 것이라고 과연 예상했겠는가? 이에 반해서 영국 드라마 「휴먼스」에서 자신에게 모욕감을 준 고객을 살해하고 도망친 니스카의 경우, 이후 인간에 대한 '사랑'이라는 감정을 느끼게 되면서 과거에 자신이 한 행동에 대해 뉘우치고 '죄책감'을 느껴 자신이 한 행동에 대해 책임을 지겠다고 하는 것을 보면, 인공지능이 도덕적 행동을 하기 위해서는 '감정' 학습 그것도 도덕 감정에 대한 학습을 하도록 프로그래밍하는 것이 중요하다. 그리고 이때 '적절한' 감정이 어떤 것인지에 대해서도 프로그래밍하는 것이 중요하다.[9] 그렇다면 '적절한 감정'은 무엇이고 어떤 식으로 프로그래밍할 수 있는가?

우리는 어떤 상황에서 어떤 감정을 느끼는 것이 도덕적으로 옳은지 또는 합리적인지를 물을 수 있다. 그러나 그 상황에서 표현된 그 감정이 옳지 않거나 부적절하다고 해서 그 감정이 '제대로' 표현되지 못했다고 할 수는 없다. 사회적 약자를 대상으로 하는 지독한 농담의 경우, 그 농담이 잔인하고 공격적이기 때문에 그것에 즐거워하는 것이 "적절"하지 못하다고 생각할 수는 있으나 이 농담이 재미있지 않다는 것을 의미하지는 않는다.[10]

어떤 성질 Φ는 그 성질 Φ가 Φ임에 민감한 사람들 속에서 반응 A를 야기하거나 그 반응을 적절하게 만들 때 오직 그때 진짜로 존재한다고 말할 수 있다. 예를 들어 '웃김(funniness)'이라는 속성은 개개인들을 실제로 웃김으로써 실현될 수 있다. 우리는 속성의 징표에 관한 완전한 일치에 이를 필요는 없으며 그와 같은 속성에 대해 동일한 태도를 취할 필요도 없다. 관련된 속성과 그에 대한 반응의 일치는 삶의 역사 과정에서 찾아진다. 달리 말하면 어떤 감정의 적합성과 적절성은 그와 같은 감정을 가진 인간이 평가를 해 가는 삶의 과정에 달려 있다. 서로 다른 문화 속에서 우리는 서로 다른 웃김, 역겨움, 창피함 등등을 발견한다. 공동체가 공유하는 감정과 판단에 의해 부과된 사회적 강제를 통해 우리는 반성과 숙고를 하게 되고 서로 다른 공동체가 공유한 서로 다른 역사가 수치심에 대한

---

9) '감정의 적절성' 문제에 대해서는 필자의 논문, 양선이(2014), 「감정진리와 감정의 적절성 문제에 대한 고찰」, 『철학연구』를 참고하라.

10) D'arms and Jacobson, Ibid., 731.

서로 다른 기준을 확립한다.[11]

감정의 이와 같은 성질을 받아들여 윤리적 인공지능을 만드는 데 적용하면 그 모델은 이 장의 시작에서 언급한 '상향식' 모델에 가깝다.

4. 도덕감정은 타인의 고통에 대해 공감하고 고통을 느낄 수 있는 감정이며, 이러한 감정을 갖기 위해서는 타인의 의도와 필요에 대한 '민감성'이 요구된다

감정을 느낄 수 있는 인공지능을 만드는 것이 가능하다면 감정의 적절성을 깨달을 수 있게 프로그래밍해야 한다. 예를 들어 웃기는 상황에 대해 웃는 반응을 하는 것과 상황에 따라 웃는 것과 웃어서는 안 되는 것을 구별할 수 있도록 교육해야 한다. 왜냐하면 무엇이 어떤 감정을 도덕적으로 만드는가는 그와 같은 감정을 가진 인간이 평가를 해 가는 실천적 삶의 역사에 달려 있기 때문이다. 이것은 앞에서 우리가 「아이, 로봇」에서 '써니'가 스푸프 형사에게 '윙크'의 의미가 무엇이냐고 물었듯이 윙크의 의미가 인간 간의 유대감, 신뢰감을 표시하는 방법이라는 것도 우리가 삶을 통해 배워서 알게 되는 것이다. 이렇듯 감정의 적절성은 그렇게 느끼는 것이 그 상황, 그리고 그 맥락, 그 문화 속에서 적절할 수도 있고 그렇지 않을 수도 있음을 의미한다. 서로 다른 문화 속에서 우리는 서로 다른 웃김, 역겨움, 창피함 등등을 발견한다. 공동체가 공유하는 감정과 판단에 의해 부과된 사회적 강제를 통해 우리는 반성과 숙고를 하게 되고 서로

---

11) 가치의 반응 의존적 속성에 관해 필자는 David Wiggins(1987)의 입장을 지지하고 있다. Wiggins, "A sensible Subjectivism", in *Needs, Values, Truth*, Basil Blackwell.

다른 공동체가 공유한 서로 다른 역사가 수치심에 대한 서로 다른 기준을 확립한다. [12]

    인공지능이 도덕적 행위자가 되기 위한 조건으로 도덕감정을 이해하고 반응할 수 있어야 한다는 필자의 주장을 받아들이려면 먼저 인공지능이 감정을 이해하고 표현할 수 있을까 하는 문제부터 논의되어야 한다. 우리는 이에 관해 앞 장에서 살펴보았다. 이 문제는 현재 어려운 문제로 분류되지만 우리가 미래를 대비한다면 계속 연구해야 할 문제이다. "도덕은 느낌의 문제다."라고 말한 영국 철학자 데이비드 흄의 입장을 따른다면 인간에게도 그러하듯이 인공지능이 윤리적 행위자로 인정받으려면 '올바른' 도덕적 감정을 통해서 행동해야 한다고 말할 수 있다. 도덕적 감정은 타인의 고통에 대해서 공감하고 고통을 느낄 수 있는 감정을 말한다.

    다른 사람의 느낌에 공감하는 능력은 사람들이 상호작용하는 많은 상황에서 도덕적 판단과 분별 있는 행동을 위한 선결 조건이다. 도덕은 사회를 유지하는 데 필요한 것이고 이를 위해서는 선한 행동이 필요하며 이러한 행동은 다른 사람의 의도와 필요에 대한 '민감성(sensitivity)' 때문에 가능하다. 이를 위해서는 공감이 중요하다. '공감'이 인간의 삶에서 왜 중요한지에 대해서 우리는 이 책의 4장과 5장에서 이미 살펴보았다. 도덕감정의 예로는 우리가 5장에서 살펴본 다음과 같은 것이 있다. 예를 들어 진화를 통해 모듈로서 준비되어 있는 기초적 직관과 감정은 '위해(危害)'와 '연민'이며, 이와 관련된 덕들은 '배려와 친절'이다. 다시 말하면, 남에게 해를 가하지 말고 배려해야 한다는 직관이 진화를 통해 모듈로서 준비

---

12) 가치의 반응 의존적 속성에 관해 필자의 논문, 양선이(2016), 「체화된 평가로서의 감정과 감정의 적절성 문제」, 『인간·환경·미래』 pp. 120-123 참고

되어 있는데, 우리는 이를 '연민'이라는 감정을 통해 실천할 수 있으며, 그렇게 했을 때 배려심 있고 친절한 성품의 소유자로 칭찬을 받게 된다. '공정/호혜'와 관련된 특유의 감정은 분노, 감사, 죄의식이며, 이와 관련된 덕들은 '공정', '정의', '정직', '신용'이다. 즉, 우리는 '공정하지 못한 것'에 대해 '분노'하며, 공정하지 못한 당사자는 죄책감을 느껴야 한다. '내집단/충성'과 관련된 특유의 감정은 집단 자부심, 귀속감이며, 관련된 덕들은 '충성', '애국심', '자기희생'이다. 그리고 '권위/존경'과 관련된 특유의 감정은 존경, 두려움이며, 이와 관련된 덕들은 '복종'과 '경의'이다. 끝으로 '순수/신성'과 관련된 특유의 감정은 '혐오'이며, 이와 관련된 덕들은 '절제', '순결', '경건', '청결'이다. [13]

---

13) Haidt & Joseph(2007), p. 382.

참고문헌

안토니오 다마지오(1994), 김린 역(1999), 『데카르트의 오류』, 서울: 중앙문화사.

웬델 월러치, 콜린 알렌(2009), 노태복(2014) 역, 『왜 로봇의 도덕인가?』, 메디치.

고인석(2018), 「인공지능이 자율성을 가진 존재일 수 있는가?」, 『인공지능 존재론』, 한울 아카데미.

김효은(2017. 10. 12.), "인공지능로봇은 인격체인가", 전자신문. http://www.etnews.com/20121011000426.
김효은(2019), 『인공지능과 윤리』, 서울: 커뮤니케이션북스.

양선이(2014), 「감정진리와 감정의 적절성 문제에 대한 고찰」, 『철학연구』49: pp. 133-160.
양선이(2016), 「체화된 평가로서의 감정과 감정의 적절성 문제」, 『인간·환경·미래』16: pp. 101-128.

이상형(2016), 「윤리적 인공지능은 가능한가?: 인공지능의 도덕적, 법적 책임문제」, 『법과 정책연구』16: pp. 283-303.

이중원(2019), 「인공지능에게 책임을 부과할 수 있는가?: 책무성 중심의 인공지능 윤리 모색」, 『과학철학』22: pp. 79-104.

감정 상했어요?

10장

어떻게 행복에
이를 수 있을까?

1. 우리가 장기적 이익을 위해 행위 하도록 동기부여하는 것은 이성이 아니라 차분한 정념이다

지금까지 우리는 인간의 실천적 삶에서 이성보다 감정이 더 중요하다는 사실을 알아보았다. 실제 생활에서 실천으로 옮기기 위해 지혜가 필요할 경우가 있다. 앞에서 살펴본 영국 철학자 흄은 지혜를 감정을 통해서 논한다. 흄은 **현명한 사람과 강인한 정신의 소유자는 "차분한 정념이 격렬한 정념을 지배"한다**[1]고 말한다. 철학자들은 때때로 그와 같은 '지혜'는 이성의 작동 때문이라고 말한다. 하지만 흄에 따르면 이러한 생각은 잘못되었다. 우리는 오직 "이성과 정념의 투쟁'에 대해서만 말하지만[2] 그와 같은 생각은 이성의 작용과 차분한 정념을 구분하지 않기 때문이다.[3] 많은 사람들은 감정이나 욕망은 눈앞의 쾌락이나 단기적 이익을 추구하는 것이고, 이성은 장기적인 이익을 추구하도록 하는 능력이라고 말한다. 하지만 흄은 **우리가 장기적 이익을 위해 행위 하도록 동기부여하는 것은 이성이 아니라 차분한 정념이라고 말한다.** 여기서 차분한 감정과 격렬한 감정이 구체적으로 어떤 것인지 알아보기 위해 흄의 감정 분류에 대해 잠시 살펴보자. 흄에 따르면 감정은 일반적으로 차분하거나(calm), 격렬한(violent) 형태로 일어난다. 그래서 차분한 정념(calm passions)은 마음에 어떤 동요도 일으키지 않으며, "우리의 본성에 근원적(original)으로 새겨진 본능적인 어떤 것이다." 그와 같은 예로서 "자비심, 삶에 대한 애착, 그

---

1) D. Hume(1978), *Treatise of Human Nature*, p. 418.
2) 이성과 감정의 대립, 투쟁에 관해서는 이 책의 5장에서 논하였다.
3) D. Hume(1978), *Treatise of Human Nature*, p. 413.

감정 상했어요?

리고 아이들에 대한 사랑"(T 417)[4] 등을 들고 있는데 이러한 것은 "선에 대한 일반적인 욕구와 악에 대한 혐오"라고 그는 말하고 있다. 격렬한 정념들(violent passions)은 화(angry)와 같은 것이라 할 수 있는데 이와 같은 것은 마음의 동요나 불안을 야기하는 것이다.

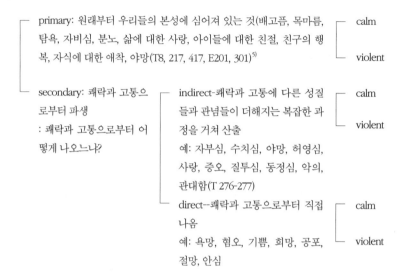

- primary: 원래부터 우리들의 본성에 심어져 있는 것(배고픔, 목마름, 탐욕, 자비심, 분노, 삶에 대한 사랑, 아이들에 대한 친절, 친구의 행복, 자식에 대한 애착, 야망(T8, 217, 417, E201, 301)[5]
  - calm
  - violent

- secondary: 쾌락과 고통으로부터 파생
  : 쾌락과 고통으로부터 어떻게 나오느냐?
  - indirect-쾌락과 고통에 다른 성질들과 관념들이 더해지는 복잡한 과정을 거쳐 산출
    예: 자부심, 수치심, 야망, 허영심, 사랑, 증오, 질투심, 동정심, 악의, 관대함(T 276-277)
    - calm
    - violent
  - direct--쾌락과 고통으로부터 직접 나옴
    예: 욕망, 혐오, 기쁨, 희망, 공포, 절망, 안심
    - calm
    - violent

위의 구분에서 일차적, 원초적(primary)을 사용한 이유는 그러한 감정은 선행하는 쾌락과 고통에서 비롯되지 않고 본성에 타고난 것이라는 의미이다. 즉, 선행하는 쾌락과 고통에 근거하지 않는 자연적 충동이나 본능에서 일어나는 완전히 본능적 감정이라는 의미에서이다. 이와 대조적으로 파생적(secondary)이라는 의미는 선행하는 쾌락과 고통에서 비롯된

---

4) 필자는 흄의 저작에 대해 인용 페이지를 본문 속에 삽입할 경우 'T'와 페이지 수로 표기하겠다. 여기서 T는 D. Hume(1978), *Treatise of Human Nature*의 약자이다.

5) 여기서 T는 흄의 주저작 *Treatise of Human Nature*의 약자이며, E는 그의 후기 저서 *Enquiry concerning Human Understanding*의 약자이다.

다는 점에서 원초적이지는 않다는 의미이다. 그리고 이 장의 주제인 '차분한/격렬한calm/violent' 구분은 그 감정이 '일어나는 방식'에 관한 것이다.

이처럼 차분한, 격렬한 감정의 구분은 감정이 일어나는 방식과 관련되는데, 특히 원초적(기본적)이면서 차분한 감정은 도덕의 씨앗이기 때문에 중요하다. 흄은 원초적이면서 차분하게 일어나는 감정의 예로 '자비심(benevolence)'과 우리가 이 책의 시작에서 살펴본 '분노, 원한(resentment)', 그리고 삶에 대한 사랑, 아이들에 대한 친절을 들고 있다. 이러한 목록의 공통점은 본질적 측면에서 인간 본성의 유지를 목표하는 것이라 할 수 있다. 즉 개인의 자기보존(삶에 대한 사랑과 욕구), 다음 세대를 보호하고자 하는 욕구(아이들에 대한 친절), 사랑의 지속(자애심)을 목표한다고 할 수 있다. 이때 '지속' 또는 '보존'에 대한 의지는 우리 자신을 유지하고자 하는 힘이지 지배하거나 파괴하고자 하는 힘은 아니다. 이러한 욕구들의 공통점은 우리 인간들에게서 발견할 수 있는 본능들에 관한 목록으로서 흄은 아이들에 대한 친절을 어떤 의미에서 자신의 아이들을 의미한다는 점에서 이러한 본능은 자비심과 같이 자연적 덕으로서 인정되는 본능이다. 분개, 분노와 아이들에 대한 사랑 그리고 사랑하는 사람들에 대한 자비심은 그것들을 통해 우리가 자연적 덕과 인위적 덕에 대한 도덕적 인지를 하게 되는 씨앗들을 제공하는 것이라 할 수 있다.

흄에 따르면 행위를 위한 동기 유발과 관련하여 이성은 욕구하는 것을 성취할 수 있는 방법을 알 수 있도록 사실적인 '믿음'만을 제공한다. 이러한 의미에서 이성은 도구적인 것에 불과하다. 이에 대해 흄의 입장을 반대하는 사람들은 흄이 말하는 이성은 도구적 이성에 불과하며 이와 같은 이성은 장기적 타산과 관련된 합리적 행위를 설명할 수 없다고 비판한다.

감정 상했어요?

왜냐하면 장기적 타산을 고려하는 것은 미래와 관련하여 숙고적 행위가 포함된 것으로서 여기에는 이성의 역할이 중요하기 때문이다. 그러나 흄은 행위에 관한 이유 즉, 행위의 합리성, 합리화는 실천 이성을 통해서 설명될 수 있는 것이 아니며, 이러한 것은 어디까지나 선호(preference)의 문제라고 말한다.[6] 그리고 이와 같은 선호는 욕망 또는 의욕(volition) 때문에 일어난다.[7] 흄에 따르면 차분한 감정이 격렬한 감정을 지배할 때[8] 우리는 장기적 이익을 선호하여 행위 할 수 있다.

2. 인간이 불행한 이유는 부적절한 것을 욕망하거나 욕구를 만족시키는 데 실패하기 때문이며, 차분한 감정을 통해 우리는 올바른 것을 욕구하게 되고, 만족시킬 수 있다

감정의 강도와 인간의 행복/불행 간에도 밀접한 연관성이 있다. 흄은 그의 후기 저작『에세이』의「회의주의」장에서 행복과 불행의 차이는 "정념에 있거나 그것의 즐김에 있다."[9]고 말한다. 여기서 흄이 말하고자 하는 핵심은 행복이란 우리가 욕구하는 것(정념)의 기능이며 어떻게 욕구하는 것에 성공적으로 도달하는가(즐김)이다. 사람들이 불행한 이유는 부적절한 것을 욕망하거나 그들의 욕구를 만족시키는 데 실패하기 때문이다. **차분한 감정**은 올바른 욕구를 갖도록 하고 어떤 종류의 욕구를 만족시키기 위해 필수적이다.

---

6) D. Hume(1978), *Treatise of Human Nature*, pp. 414-415.

7) 흄의 행위이론에서 도구적 이성에 관한 논의는 양선이(2015b)를 참고하시오.

8) D. Hume(1978), *Treatise of Human Nature*, pp. 414-415.

9) "The Sceptic", M 167, GG 220.

차분한 감정 그 자체는 격렬한 감정보다 더 큰 만족을 준다. 격렬한 정념이 지배적인 사람은 전형적으로 "일상사에서 일어나는 흥미로부터 모든 것"을 빼앗기며 "차분하고 침착한 기질을 가진 사람"만큼 인생을 즐기지 못한다.[10] 격렬한 감정은 즐거움을 가져다주긴 하지만, 결국에는 인간은 차분한 감정에 의해 더 행복하게 된다고 흄은 주장한다.

> 행복하기 위해서, 정념은 온화하고 사회적이어야 하며, 거칠거나 격렬해서는 안 된다[…]. 누가 원한, 적의, 질투 그리고 복수심을 우정, 인자함, 온화함 그리고 감사함에 비교할 수 있겠는가?[11]

따라서 **차분한 정념으로부터 온화하지만 지속적으로 느끼는 기쁨은 격렬한 정념의 열광적 기분이 주는 동요보다 더 큰 행복을 준다.** 차분한 정념은 내적으로 보다 유쾌할 뿐만 아니라 우리에게 장기적 만족을 준다. 격렬한 정념에 지배받는 사람은 단기적 유혹을 거부할 수 없다. 이와 반대로 차분한 감정이 격렬한 감정을 지배하는 현명한 사람은 그들 자신의 이익을 성공적으로 추구할 더 나은 기회를 갖는다.

> 모든 사람은 한결같이 행복을 욕망한다는 것은 인정하지만, 소수만이 성공한다. 하나의 큰 이유는 (차분한 정념에 지배되는) 강인한 정신의 부족 때문이다. 그와 같은 강인한 정신이 현재의 쾌락에 대한 유혹을 거부하고 보다 먼 이익과 즐거움을 찾아 나아갈 수 있게 해 준다. (『탐

---

10) "The Delicacy of Taste and Passion", M 4-5, GG 91.
11) "The Sceptic", M167, GG 220.

구」, 원문 239쪽)

따라서 감정의 차분함은 인간을 두 가지 이유에서 행복하게 만든다. 첫째, 차분한 감정 그 자체는 내적으로 보다 만족스럽다. 둘째, 차분한 감정을 가진 자는 그들이 원하는 것을 얻는 데 있어서도 보다 성공적이기 때문이다.

3. 차분한 감정 상태는 우리를 유덕하게 해 준다

이제 이와 같은 차분한 감정을 가진 상태가 어떻게 도덕적일 수 있는지 살펴보자. 흄은 차분함과 격렬함을 도덕적인 덕과 부덕에 연관하여 논의한다. 흄의 도덕적 입장의 핵심 중의 하나가 도덕적 분별은 "판단된다기보다 느껴진다"는 것이다. 즉 도덕적 분별은 이성의 기능이라기보다 정념의 기능이라는 것이다.[12] 여기서 중요한 점은 도덕적 감성이 특별히 차분한 정념으로 묘사된다는 점이다. 따라서 도덕적 판단을 하는 우리의 능력은 차분한 정념을 느끼는 우리의 능력에 토대를 두고 있다.

차분한 감정은 우리가 유덕한 삶을 살기 위해 근본적인 것이다. 흄은 "부드럽다(tender)"는 말을 "유덕하다(virtuous)"는 말과 동의어처럼 사용한다.[13] 『인성론』 제2권의 정념에 관한 논의에서 차분한 정념의 예들의 목록을 제시한다. 이러한 목록은 『인성론』 제3권 「도덕에 관하여」에 있는 자연적 덕에 관해 그가 제시한 목록과 동일하다. 흄이 제시한 차분한 정

---

12) D. Hume(1978), *Treatise of Human Nature*, p. 470. 이러한 맥락에서 흄의 도덕이론을 도덕감정론(moral sentimentalism)이라 부른다. 이에 관해서는 양선이(2011)과 (2014)를 참조하시오.

13) "Of Moral Prejudices," M 539.

넘의 목록은, 자비심(benevolence)과 분노, 원한(resentment), 삶에 대한 사랑, 아이들에 대한 사랑 또는 선에 대한 일반적 욕구와 악에 대한 혐오"(『인성론』 원문)이다. 여기서 흥미로운 점은 우리가 이 책의 제1장에서 다룬 원한, 분노 감정(Resentment)를 흄이 '차분한' 감정이면서 도덕적이라고 본 점이다. 우리는 1장에서 이 원한 또는 분노 감정은 인간이 자신의 생존을 보존하기 위해 필요한 원초적인 것이며 정당한 것이라는 것을 살펴보았다. 이렇게 차분한 감정은 자연적으로 우리가 가지고 태어난 것이며, 좋은 것, 즉 덕이다. 흄은 자연적이면서 덕인 차분한 정념의 목록에 "순종, 선행, 애휼, 관대함, 인자함, 온화함, 공정함"[14]등을 추가하였다.

흄이 아주 중요시한 자연적 덕 중의 하나가 우정이다(178). "중산층의 삶(middle station of life)"의 도덕적 장점을 칭찬할 때 강점 중의 하나가 우정에 더 큰 기회를 제공할 수 있다고 흄은 말한다.[15] 우정은 "차분하고 조용한 사랑"이라고도 말한다.[16] **우정**은 "비정상적이고 무질서하고 불안한"이라고 특징지어진 "불안하고 참을성 없는 정념"[17]인 낭만적 **사랑**보다 우월하다.

흄은 차분한 정념의 상태, 즉 마음의 평정심을 유지하는 것을 현자로 보았다. 우리는 이러한 생각이 18, 19세기 영국 사회의 도덕성을 '신사' 계급에서 찾는 문헌들을 통해 짐작해 볼 수 있다. 예를 들어 현대 영시의 거목 예이츠는 말년에 병이 있기는 했지만 비평가들에 따르면 늘 미소 짓는 넉넉하고 풍채 좋은 노인으로 묘사된다. "나이 60이 되자 그는 늘 미소 짓는

---

14) D. Hume(1978), *Treatise of Human Nature*, p. 578; *Enquiry*, p. 178.
15) "Of Middle Station of Life," M 547.
16) "Of Polygamy and Divorces," M 189, GG 238.
17) Ibid., M 188, GG 238.

감정 상했어요?

공직자, 벨벳 코드를 입고 은박을 한 구두를 신고 거북 알의 안경에 리본을 부착하고 손가락에는 큰 금반지를 낀 노인 - 즉 몸무게가 좀 붙은 우아한 대지주의 모양처럼 되어 있었다. 죽을 때까지 그는 훌륭하게 옷을 차려 입었다."[18] 비평가들은 그의 시 「비잔티움 항해」를 평가할 때 이에 관해 말한다. 여기서 그는 늙어 가는 육체를 희화하고 육신이 쇠약하는 대신 정신은 더욱 성숙하는 늙음의 의미를 제시한다. 그는 육신의 쇠락을 허수아비에 비유하고 이 허수아비와 함께 성숙한 정신적 지혜를 '영혼이 손뼉 치며 노래한다'고 표현한다. 즉 그에 따르면 영혼의 성장이 없다면 노년은 그야말로 허수아비에 불과하다. 노인은 영혼의 깊이와 지혜를 보여 줄 때 비로소 그는 자신의 육신의 쇠락을 대신하여 생존할 가치를 갖게 된다는 것이다. 여기서 예이츠의 고결함과 매너는 흄이 '중산층의 삶'에서 표현한 '젠틀맨'을 대표한다고 할 수 있다. 우리는 예이츠에게서 흄이 말한 차분한 정념의 상태를 유지하는 강인한 정신, 즉 현자의 모델을 발견할 수 있다.

흄은 그의 『에세이』의 '중산층의 삶'에서 소위 젠틀맨이라 불리는 사람들의 도덕성에 관해 말한다.[19] 여기서 중산층이란 그 당시의 젠트리 계층을 의미하며, 소위 '젠틀맨'이라 불리는 사람들이다. 이들은 영국 근대 시민사회 형성에서 도덕적 그리고 취미의 기준이 되었다. 흄은 18세기 젠틀맨들의 의식에서 선택된 신념과 태도에 근거를 두고 도덕적 이상에 대한 명료화를 시도했다. 그 당시 젠틀맨들은 자연적 경향성에 따라 습관적으로 행동하고 궁극적으로 효용성의 원리를 따랐다. 그들은 친교를 통해 우

---

18) Edward Malins(1974), p. 22.
19) Hume(1987), p, 547.

정을 쌓는데, 이와 같은 우정은 "차분하고 조용한 사랑"이라고도 말한다.

흄에 따르면 지혜, 덕 그리고 행복은 밀접히 연관된다. 유덕하고 현명한 사람은 거의 확실히 행복하다.[20] 차분한 정념이 지배적인 사람들은 유덕할 것이고(자애롭고, 친근하며…) 타인을 "온화한" 도덕감으로 평가하고 인식할 것이다. 그들은 또한 그들 자신의 최상의 이익을 추구하는 지혜도 가질 것이다. 그 결과로, 이러한 사람들 각각은 그들의 욕구가 만족되었을 때, 차분한 정념을 누리는 것에서 진정한 행복을 찾을 것이다.

4. 마음의 평정심을 유지하는 강인한 정신은 이성을 통해서가 아니라 차분한 감정이 격렬한 감정을 지배하는 상태이다

흄은 감정적 평정을 통해 인간 행복을 정의하기 위한 모델을 발견했다.[21] 차분한 정념의 상태를 유지하는 것을 강인한 정신, 현자라고 본 점으로 미루어 볼 때, 흄의 철학에 따르면 경험과 지식의 축적을 토대로 가치와 감정에 대해 반성적으로 살펴볼 수 있는 노년에서 현자를 발견할 수 있다. 그렇다면 차분한 정념에 도달할 수 있는 방법은 어떤 것이 있을까? 그것은 다음과 같다. 마음이 "차분한 상황"에 이르고 "완전히 평정의 상태"에 이르는 것은 반대 감정들이 "조우"할 때(T 442), 즉 "어떤 정념을 일으키면서 동시에 그것의 반대를 일으키는 것은 곧 일어난 정념을 즉각 파

---

20) 흄에게서 덕, 지혜 그리고 행복은 교환가능한 말이다. "Of the Middle Station in Life,"에서 흄은 덕과 지혜에 관한 중년의 장점을 논의하면서 행복에 관해 더 부가적으로 말할 필요가 없다고 주장한다(M 551). "Of Impudence and Modesty"에서 비유를 다룰 때, 덕과 지혜는 "불가분"하다고 주장한다(M 554).
21) 흄이 헬레니즘 철학에 영향을 받았다는 사실은 그의 많은 서신들에서 발견된다. 예를 들어 Letter 1(1727)과 Letter 3(1734) 참고 in *Letters*, Vol. 1.

괴시키는 것이고, 이때 마음은 적어도 완전히 차분하고 무관심한 상태로 남아 있어야만"(T 278)하기 때문이다. 흄에 따르면 인간 행복을 위해서는 격렬한 정념을 제한해야 하는데, 이를 위해서는 반대되는 격렬한 정념이 서로 조우하는 상황, 예컨대 "알칼리와 산"이 섞여 중화되는 그런 상황을 만드는 것이다.[22] 흄의 이와 같은 예로서 다음과 같은 것을 든다. 어떤 이가 송사 때문에 괴로워하면서 동시에 얼마 전에 태어난 아이를 떠올리며 쾌락을 느끼는 상황의 예를 든다. 그는 정치적·종교적 관용을 논할 때도 이와 유사한 주장을 한다.

정치적·종교적 관용을 논할 때 그가 온화함moderation을 강조하기 위해 제시한 전략은 우선 논쟁적인 양쪽 다에 반대를 표명하는 것이다. 만약 독자들이 양쪽 다 장점을 가진다는 것을 알 수 있게 만들 수 있다면 그 결과 정념은 부드럽게 될 것이고 온화함의 기회를 갖게 될 것이다. "한쪽 편에 대한 다른 편의 모든 부당한 모욕과 승리를 막고 온화한 의견을 고무하고, 모든 논쟁에서 적절한 중간을 발견하고 반대가 때때로 옳을지도 모른다고 설득하고 우리가 양쪽에 대해 부과하는 칭찬과 비난에 대해 균형을 유지하는 것보다 더 효과적인 선이라는 목적을 증진하는 방법은 없다(『에세이』 464)".[23]

차분한/격렬한 정념 논의를 통해 흄은 두 반대되는 정념을 통해 마음이 완전한 평정 상태에 이르는 것을 말함으로써 '관용'을 말한다. 흄은 이러한 것을 정치적 관용에 대해 적용한다. 흄의 기념비적인 『영국사』에는 휘그당과 토리당의 반대 주장들과 그러한 주장들을 고의적으로 균형을 잡

---

22) 양선이(2015a), p. 30 참고
23) 양선이(2016), p. 211 참고

음으로써 관용을 제시하고자 하는 노력이 나타나 있다. 흄은 양쪽 편에 균형을 잡기를 열렬히 원해서 때때로 그는 양쪽에 똑같이 우위를 주기 위해 "휘그와 토리, 그리고 토리와 휘그"라고 번갈아 말하기도 했다(『편지』 1: 154).[24]

흄은 차분한/격렬한 정념의 대조를 통해 종교적 관용을 논한다. 예를 들어 무지함에서 기인하는 미신과 통속 종교에서 일어나는 분쟁은 격렬한 정념인 테러나 공포로 이끈다. 이러한 것들은 또다시 격렬한 정념을 낳는다. 이와 반대로 세계에 관한 차분하고 과학적인 이해에 토대를 둔 참된 종교인 철학적 이신론[25]은 관용으로 이끌고 행복한 삶으로 인도하며 공적인 정신을 존중하고 격렬한 정념들을 통제하도록 돕는다.[26] 여기서 흄이 말한 '철학적 이신론'에 대해 잠시 살펴보기로 하자.

종교에 관한 흄의 입장은 명확히 말하기 어렵지만 일반적으로 "철학적 이신론" 또는 "참된 이신론"이라 불린다. 이러한 입장은 거스킨이 "조율된 신관"이라고 부른 것과 유사하다. 이에 따르면 신에 대한 믿음은 어떤 의미에서 우주의 질서에 대한 우리의 앎에 토대를 두고 있다.[27] 흄에 따르면 이와 같은 참된 이신론은 그의 시대의 "대중 종교"나 "미신"에서 말하는 종교적 실천과 아주 다르다. 그의 철학적 유일신론은 도덕적 내용을 갖지 않으며, 계시나 기적에 토대를 두지도 않는다. 그가 말하는 이신론 (Theism)은 유일신론이며 따라서 고대의 다신론과 다르다. 대중 종교나 다신론에 대해 흄이 철학적 이신론(유일신론)을 선호한 이유는 적어도 부

---

24) 양선이(2016), p. 211 참고

25) 이성적으로 우주의 기원과 창조주에 대해 정당화되면 신에 대해 믿을 수 있다는 것이다.

26) 양선이(2016), p. 209 참고

27) J.C.A. Gaskin, *Hume's Philosophy of Religion*, 2nd ed. (London, 1988), 219.

감정 상했어요?

분적으로는 인식론적인 것에 토대를 두고 있다. 그러나 또한 감정 이론의 요소도 여전히 있다. 다신론이나 대중 종교는 격렬한 정념으로부터 성장했으며 그것들로부터 지지를 얻고 있다. 철학적 유일신론만이 차분한 정념에 호소하고 있다.

흄에 따르면 다신론은 합리적 토대를 갖지 않는다. 그것은 "자의적인 가정이며, 인정하는 게 가능하더라도 개연성이나 필연성에 의해 지지되어서는 안 된다고 고백해야만 한다"[28] 흄이 이와 같이 주장하는 근거는 무엇인가? "자연을 분석할 수 없는" 원시인들은 자연적 사건들을 이해하거나 추측할 방법이 없었다. 무지 때문에 공포와 희망과 같은 격렬한 정념이 원시인들로 하여금 다수의 신들을 가정하도록 만들었다.[29] 따라서 격렬한 정념만이 다신론과 같은 터무니없는 어떤 것으로 인도한다. 대중들이 믿는 유신론은 다신론에 대해 별로 장점을 갖지 않는다. 대중 종교는 "광란과, 광분, 그리고 격분과 자극적인 상상"과 "미래에 일어날 일에 대한 불안"과 같은 격렬한 정념에 토대를 두고 있다.[30] 최악의 그리고 **가장 위험한 당쟁은 종교적 열정에서 야기되는 것이다.** "종교적 분쟁은 이해관계나 야망에서 일어나는 가장 잔인한 분쟁보다 더 격렬하다"고 흄은 말한다.[31]

인생에서 우연적으로 일어나는 것들은 우리가 통제할 수 없는 것이기 때문에 그것들에 격하게 대응하는 사람들은 종종 더 불행하다. 이에 반해 차분한 정념은 다른 여타의 정념들보다 항상적이고 통제 가능한 것이다.

---

28) David Hume, *The Natural History of Religion*, ed. H. E. Root(Standford, 1956).

29) 『자연종교의 역사』NHR 원문, p. 29.

30) 『자연종교의 역사』NHR, 42, 65.

31) "Of Parties in General", M63, GG 133.

차분한 정념들은 때로 이성과 혼동되기도 하는데, 그 이유는 그것들이 어떤 지각할 수 있는 감정을 일으키지 않기 때문이다. 흄은 이와 같은 마음의 평정심 상태를 유지하는 것을 '강인한 정신the strength of mind'이라고 불렀으며, 이와 같은 상태는 이성을 통해서가 아니라 차분한 정념이 격렬한 정념을 지배할 때만이다.[32] 따라서 행복에 이르는 길은 차분한 정념을 강화하는 데 있으며, 즉 마음의 평정심을 유지하는 것이며, 이를 위해서는 문예교육(liberal arts)이 필요하다[33]고 흄은 말한다.

5. 행복에 이르는 길은 차분한 감정을 강화하는 것이며, 이를 위해서는 우리의 느낌과 행위를 변화시킬 수 있는 (강단 철학이 아닌) '쉬운 철학'을 읽는 것이다

흄은 후기 저작인 『탐구』의 서론에서 스타일이 다른 두 가지 종류의 철학을 구분한다.[34] 그 하나는 '난해한(abstruse) 철학'이고, 다른 하나는 '쉬운(easy) 철학'[35]이다. '난해한 철학(abstruse philosophy)'은 소위 강단 철학이라고 말할 수 있는 것인데, 철학 전공자들을 대상으로 하며 그 목적은 세계에 관한 우리의 이해를 돕기 위한 것이다. '쉬운 철학(easy philosophy)'은 일반 대중을 대상으로 하는 것이며, 그 목적은 우리의 느낌과 행위를 변화시키기 위한 것이라고 한다. 따라서 쉬운 에세이의 목적

---

32) D. Hume(1978), *Treatise of Human Nature*, p. 417-8.

33) Hume(1987), Essays 6.

34) 『탐구』는 『인성론』(1740)과 「에세이」(1741-1742)보다 몇 년 뒤인 1748에 출판되긴 했지만, 그가 말하고 있는 많은 부분인 1739에 쓰인 허치슨과의 서신에서 발전시킨 자료들에 토대를 두고 있다. *The Letters of David Hume*의 letter 13 참고 T. 620-21 참고

35) D. Hume, *Enquiry concerning Human Understanding*, p. 6.

은 분석적이라기보다 치료적이다. 흄에 따르면 그와 같은 에세이는 우리로 하여금 덕과 악의 차이를 느끼게 만들도록 고안되었으며 그것들이 우리의 감성을 일으키고 규제하도록 고안되었다.[36] 이와 같은 철학은 우리에게 강력한 영향을 미칠 수 있다.

> 그것은 일상생활에 더 잘 맞다. 심장과 감정에 맞추어져 있으며 인간
> 을 자극하는 그러한 원리들을 통해 그들의 행위를 교정하고 그것이 묘
> 사하는 완전성의 모델에 더 가까이 데려간다. (「탐구」, 원문 7쪽)

흄은 그가 후기에 쓴 「쉬운 철학」으로서 「에세이」를 읽는 것이 **우리의 감성을 규제**하는 데 도움이 될 수 있다고 주장한다. 좀 더 구체적으로 말하면, 감정과 인간의 삶에 관해 주로 다루는 그의 「에세이」에서 감정과 취미의 개발에 관한 논의를 통해 대중철학의 치유적 역할을 잘 말해 주고 있다. 앞에서 우리가 살펴본 것처럼 그는 인간의 행복한 삶에 차분한 정념이 미치는 효과에 대해 말하고 있다.

흄은 차분한/격렬한 정념의 미묘함에 관해 두 가지 중요한 점을 든다. 둘 다 행복과 관련된다는 점에서 주목할 만하다. 흄의 첫 번째 핵심은 차분한 정념의 섬세함은 바람직한 것이고 격렬한 정념의 거칠고 난폭함은 바람직하지 못하다는 것이다. 인생에서 우연적으로 일어나는 것들은 우리가 통제할 수 없는 것이기 때문에 그것들에 격하게 대응하는 사람들은 종종 더 불행하다. 이에 반해 차분한 정념은 다른 여타의 정념들보다 한결같고 통제 가능한 것이다.

---

36) D. Hume, *Enquiry concerning Human Understanding*, p. 6.

차분한 정념들은 마음속에 감정적 동요를 보다 적게 만들며, "자비심과 삶에 대한 애착, 그리고 아이들에 대한 친절과 같이 우리의 본성 속에 원초적으로 심어진 일종의 본능" 또는 선에 대한 일반적 욕구와 악에 대한 혐오이다."(『인성론』, 원문 415쪽) 흄에 따르면, 이와 같은 차분한 정념은 "영혼에 어떤 혼란도 야기하지 않는" 상위의 원리이다. 우리의 정념들이 차분할 때, 어떤 내적 투쟁의 상태도 존재하지 않는다. 왜냐하면, 차분한 정념들은 영혼 또는 신체에 어떤 식별할 수 있는 동요도 일으킴이 없이 우리를 행위 하도록 동기부여 하기 때문이다. 그러나 차분한 정념도 그것들 사이에 격분을 유도하는 요인들이 있을 경우 격렬해질 수 있다. 화와 같은 격렬한 정념은 감정적 동요와 혼동을 야기한다. 차분한 정념들은 때로 이성과 혼동되기도 하는데, 그 이유는 그것들이 어떤 지각할 수 있는 감정을 일으키지 않기 때문이다. 그러나 흄이 강인한 정신(the strength of mind)이라고 부를 때 그러한 것은 이성을 통해서가 아니라 차분한 정념이 격렬한 정념을 지배할 때만이다.[37]

흄의 두 번째 핵심은 차분한 정념의 미묘함이 격렬한 정념의 미묘함을 감소시킨다는 것이다. 우리의 차분한 정념을 강화함으로써 우리는 격렬한 정념을 약화시킬 수 있다. 행복에 이르는 길은 차분한 정념을 강화하는 데 있으며, 이러한 방법에 도달하기 위해서는 문예(**liberal arts**)가 필요하다.[38] 문예교육을 통해 취미를 개발함으로써 우리의 판단능력이 향상된다고 흄은 주장한다.[39] 나아가 우리가 읽고, 연구하고, 우리의 세계관을 넓힐 때 우리는 차분한 정념을 강화하고 최대 행복을 얻게 된다.

---

37) D. Hume(1978), *Treatise of Human Nature*, pp. 417-418.
38) Essays 6.
39) Essays 1.

감정 상했어요?

우리의 판단은 이러한 훈련을 통해 강화된다. 우리는 삶에 대한 보다 정의로운 개념을 형성하게 된다. 다른 사람들에게는 기쁘고 괴로운 많은 것들이 우리에게는 사소하게 보일 것이다. 우리는 더 이상 옹색한 [격렬한] 정념에 민감하지 않게 될 것이다.[40]

쉬운 철학과 문예교육을 통해서 우리의 관점을 확대해 모든 정념을 평정시킬 수 있고 온화한 상태에 이를 수 있다.

결론적으로 말하자면, 우리는 차분한 정념을 강화함으로써 행복에 이를 수 있으며, 이를 위한 최선의 방법은 취미를 개발하고 관점을 기르고 지식을 쌓는 것이다. 행복에 이르는 하나의 중요한 길은 세계에 관한 우리의 이해를 확장시켜줄 수 있는 잘 쓰인 에세이를 읽는 것이다. 간단히 말하자면, 정념의 미묘함을 치료할 수 있는 하나의 치료책은 흄이 말한 것처럼 '쉬운 철학', 오늘날의 용어로 말하자면 대중철학에 관한 책을 읽는 것이며, 이러한 것은 행복에 이르기 위한 '좋은 약'을 복용하는 것과 같다. 흄에 따르면, 인기 있는 저작의 적절한 목표는 독자들로 하여금 그들의 감성(sentiment)을 "규제함으로써" 보다 유덕한 사람이 되게 하는 것이며(『탐구』, 원문 6쪽), "마음의 약"이 될 수 있다.[41]

---

40) Essays 6.
41) "Of Suicide", M 577.

참고문헌

키케로, 천병희 역(2016), 『노년에 관하여 우정에 관하여』, 파주: 숲.

양선이(2016), 『관용주의자들』, 교우미디어, pp. 202-219.

양선이(2015a), 「흄의 철학에서 행복의 의미와 치유로서의 철학」, 『철학논집』: 43, 서강대 철학연구소. pp. 9-39.

양선이(2015b), 「흄: 이성은 정념의 노예이고 노예여야만 한다」, 『데카르트에서 들뢰즈까지』, 세창출판사, pp. 55-84.

Aristotle(1985), *Nicomachean Ethics*(trans.), T. Irwin. Indianapolis. IN: Hackett.

Epicurus(1964), *Letters, Principal Doctrines, and Vatican Sayings*, trans. by Geer, Russel M., The Library of Liberal Arts, Indianapolis.

Laertius, Diogenes(1925), *Diogenes Laertius: Lives of Eminent Philosophers*, 2 vols. Cambridge/MA: Harvard University Press.

Fogelin, R. J.(1985), *Hume's Scepticism in the Treatise of Human Nature*, London.

Gaskin, J.C.A.(1988), *Hume's Philosophy of Religion*, 2nd (ed.), London.

Greig, J. Y. T.(ed.)(1932), *The Letters of David Hume*, Oxford.

감정 상했어요?

Hume, David. (1975), *Enquiries Concerning Human Understanding and Concerning the Principles of Morals*, ed. by L.A. Selby-Bigge. 3rd edition Oxford: Oxford University Press.

Hume, David. (1978), *A Treatise of Human Nature*, ed by L.A. Selby-Bigge. 2nd edition. Oxford: Oxford University Press.

Hume, David. (1987), *Essays, Morals, Political, and Literary*, ed. Eugene F. Miller, Indianapolis.

Hume, David. (1956), *The Natural History of Religion*, ed. H.E. Root, Standford.

Immerwahr, John(1989), 'Hume's Essay on Happiness', Hume Studies Vol. XV No. 2.

Jones, Peter(1979), "'Art' and 'Moderation' in Hume's Essays", in *McGill Hume Studies*, ed.

David Fate Norton(1980), Nicholas Capaldi, and Wade Robison, San Diego.

Jones, Peter(1982), *Hume's Sentiments: Their Ciceronian and French Connection* Edinburgh.

Saunders, Jason L. (1966) (ed.), *Greek and Roman Philosophy after Aristotle*, New York: The Free Press.

감정 상했어요?

ⓒ 양선이, 2024

초판 1쇄 발행 2024년 5월 3일

지은이   양선이
펴낸이   이기봉
편집   좋은땅 편집팀
펴낸곳   도서출판 좋은땅
주소   서울특별시 마포구 양화로12길 26 지월드빌딩 (서교동 395-7)
전화   02)374-8616~7
팩스   02)374-8614
이메일   gworldbook@naver.com
홈페이지 www.g-world.co.kr

ISBN   979-11-388-3084-3 (03100)